GEOMETRIA ANALÍTICA

GEOMETRIA ANALÍTICA

STEINBRUCH, Alfredo

Professor de Matemática da Universidade Federal
do Rio Grande do Sul (de 1953 a 1980)
e da Pontifícia Universidade Católica do Rio Grande do Sul (de 1969 a 1978)

WINTERLE, Paulo

Professor de Matemática da Universidade Federal do Rio Grande do Sul
e da Pontifícia Universidade Católica do Rio Grande do Sul

© 1987 Pearson Education do Brasil

Todos os direitos reservados. Nenhuma parte desta publicação poderá ser reproduzida ou transmitida de qualquer modo ou por qualquer outro meio, eletrônico ou mecânico, incluindo fotocópia, gravação ou qualquer outro tipo de sistema de armazenamento e transmissão de informação, sem prévia autorização, por escrito, da Pearson Education do Brasil.

Dados Internacionais de Catalogação na Publicação (CIP)
(Câmara Brasileira do Livro, SP, Brasil)

Steinbruch, Alfredo
   Geometria analítica / Steinbruch; Alfredo, Winterle, Paulo,
2. ed.   São Paulo : Pearson Makron Books, 1987.

ISBN: 978-00-745-0409-3

1. Geometria analítica I. Winterle, Paulo. II. Título.

86-1641   CDD-516.3

Índice para catálogo sistemático
1. Geometria analítica 516.3

Printed in Brazil by Reproset RPSA 228376

Direitos exclusivos cedidos à
Pearson Education do Brasil Ltda.,
uma empresa do grupo Pearson Education
Avenida Francisco Matarazzo, 1400
Torre Milano – 7o andar
CEP: 05033-070 -São Paulo-SP-Brasil
Telefone 19 3743-2155
pearsonuniversidades@pearson.com

Distribuição
Grupo A Educação
www.grupoa.com.br
Fone: 0800 703 3444

SUMÁRIO

Prefácio da 2ª edição

Capítulo 1 **VETORES**
    Reta orientada – Eixo 1
    Segmento orientado 1
    Segmentos equipolentes 3
    Vetor 4
    Operações com vetores 7
    Ângulo de dois vetores 12
    Problemas

Capítulo 2 **VETORES NO IR^2 e no IR^3**
    Decomposição de um vetor no plano 15
    Expressão analítica de um vetor 19
    Igualdade e operações 20
    Vetor definido por dois pontos 22
    Decomposição no espaço 24
    Igualdade – Operações – Vetor definido pelas coordenadas dos pontos extremos 32
    Condição de paralelismo de dois vetores 33
    Problemas

Capítulo 3 **PRODUTOS DE VETORES**
    Produto escalar 39
    Módulo de um vetor 40

Propriedades do produto escalar 43
Ângulo de dois vetores 44
Ângulos diretores e co-senos diretores de um vetor 51
Projeção de um vetor 55
Produto escalar no $\mathbb{R}^2$ 59
Produto vetorial 60
Propriedades do produto vetorial 62
Interpretação geométrica do módulo do produto vetorial de dois vetores 70
Produto misto 76
Propriedades do produto misto 77
Interpretação geométrica do módulo do produto misto 82
Duplo produto vetorial 86
Decomposição do duplo produto vetorial 87
Problemas

Capítulo 4 A RETA

Equação vetorial da reta 99
Equações paramétricas da reta 101
Reta definida por dois pontos 103
Equações simétricas da reta 104
Equações reduzidas da reta 106
Retas paralelas aos planos e aos eixos coordenados 109
Ângulo de duas retas 115
Condição de paralelismo de duas retas 117
Condição de ortogonalidade de duas retas 119
Condição de coplanaridade de duas retas 121
Posições relativas de duas retas 123
Interseção de duas retas 127
Reta ortogonal a duas retas 128
Ponto que divide um segmento de reta numa razão dada 129
Problemas

Capítulo 5 O PLANO

Equação geral do plano 143
Determinação de um plano 149
Planos paralelos aos eixos e aos planos coordenados — Casos particulares 157
Equações paramétricas do plano 165
Ângulo de dois planos 167
Ângulo de uma reta com um plano 171

	Interseção de dois planos	175
	Interseção de reta com plano	177
	Problemas	

Capítulo 6 DISTÂNCIAS

Distância entre dois pontos	190
Distância de um ponto a uma reta	191
Distância entre duas retas	193
Distância de um ponto a um plano	196
Distância entre dois planos	199
Distância de uma reta a um plano	200
Problemas	

Capítulo 7 CÔNICAS

A parábola	204
A elipse	226
A hipérbole	244
As seções cônicas	272
Problemas	

Capítulo 8 SUPERFÍCIES QUÁDRICAS

Introdução	275
Superfícies quádricas centradas	276
Superfícies quádricas não centradas	282
Superfície cônica	285
Superfície cilíndrica	287
Problemas	

PREFÁCIO

Este prefácio, embora relativamente curto, está dividido em duas partes:

1ª – Um livro de ÁLGEBRA LINEAR E GEOMETRIA ANALÍTICA foi publicado pela 1ª' vez no início de 1971 em Edição do autor e, a partir de 1972, passou a ser publicado pela Editora McGraw-Hill, em sucessivas reimpressões, até o final de 1985. Nesses 15 anos, fui distinguido com a confiança de professores e estudantes, confiança que tem crescido nos últimos anos e que se traduz pelo aumento das aquisições do livro em todos os Estados do país. Para retribuir a essa distinção e continuar merecendo essa confiança, resolvi, em comum acordo com a Editora McGraw-Hill, transformar o livro em outros dois – um de GEOMETRIA ANALÍTICA e outro de ÁLGEBRA LINEAR – e fazer uma revisão geral nos conteúdos programáticos de modo a torná-los ainda mais acessíveis, embora mantendo a diretriz didática original. Para a realização dessa tarefa, convidei para colaborar comigo o Prof. Paulo Winterle, pela sua capacidade, competência e conhecimento da disciplina.

ALFREDO STEINBRUCH

2ª – Os autores, trabalhando em conjunto neste livro de GEOMETRIA ANALÍTICA, procederam a uma revisão no sentido mais amplo da palavra: reformularam conceitos, fizeram supressões e acréscimos e sobretudo o enriqueceram com 379 problemas que o livro de ÁLGEBRA LINEAR E GEOMETRIA ANALÍTICA não continha. Em suma, o texto se tornou mais prático e mais simples para atender ao objetivo maior, que é o de ser útil no processo de ensino-aprendizagem.

O texto foi preparado para um curso a ser ministrado num semestre com uma carga de 4 aulas por semana. Entretanto, em caso de necessidade ou de condições favoráveis, o curso pode ser ministrado com uma carga de 3 aulas semanais.

Os Capítulos 4 e 5, que tratam da Reta e do Plano, bem como os Capítulos 7 e 8, que tratam das Cônicas e das Quádricas, poderão ser dosados de acordo com as conveniências didáticas, com o programa a ser cumprido e com o tempo disponível. Por outro lado, o Capítulo 6, conforme as prioridades, poderá ser suprimido sem prejuízo sensível.

Críticas, sugestões e informações sobre eventuais erros, enganos ou omissões serão bem recebidas no endereço dos autores*.

ALFREDO STEINBRUCH
PAULO WINTERLE

---

* Rua Vieira de Castro, 275/601 – 90.040 – Porto Alegre – RS – BR.

CAPÍTULO

1

VETORES

1.1 Reta Orientada — Eixo

Uma reta r é orientada quando se fixa nela um sentido de percurso, considerado *positivo* e indicado por uma seta (Fig. 1.1).

Figura 1.1

O sentido oposto é *negativo*. Uma reta orientada é denominada *eixo*.

1.2 Segmento Orientado

Um segmento orientado é determinado por um par ordenado de pontos, o primeiro chamado *origem* do segmento, o segundo chamado *extremidade*.

O segmento orientado de origem A e extremidade B será representado por AB e, geometricamente, indicado por uma seta que caracteriza visualmente o sentido do segmento (Fig. 1.2-a).

Figura 1.2-a

1.2.1 Segmento Nulo

Um segmento nulo é aquele cuja extremidade coincide com a origem.

1.2.2 Segmentos Opostos

Se AB é um segmento orientado, o segmento orientado BA é *oposto* de AB.

1.2.3 Medida de um Segmento

Fixada uma unidade de comprimento, a cada segmento orientado pode-se associar um número real, não negativo, que é a medida do segmento em relação àquela unidade. A medida do segmento orientado é o seu *comprimento* ou seu *módulo*. O comprimento do segmento AB é indicado por $\overline{AB}$.

Assim, o comprimento do segmento AB representado na Figura 1.2-b é de 5 unidades de comprimento:

$\overline{AB}$ = 5 u.c.

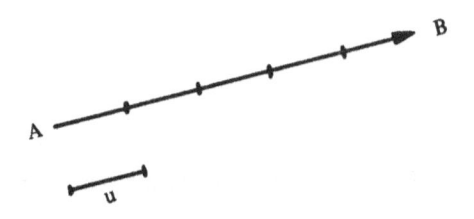

Figura 1.2-b

Observações

a) Os segmentos nulos têm comprimento igual a zero.
b) $\overline{AB} = \overline{BA}$.

1.2.4 Direção e Sentido

Dois segmentos orientados não nulos AB e CD têm a mesma direção se as retas suportes desses segmentos são paralelas (Figs. 1.2-c e 1.2-d):

Figura 1.2-c   Figura 1.2-d

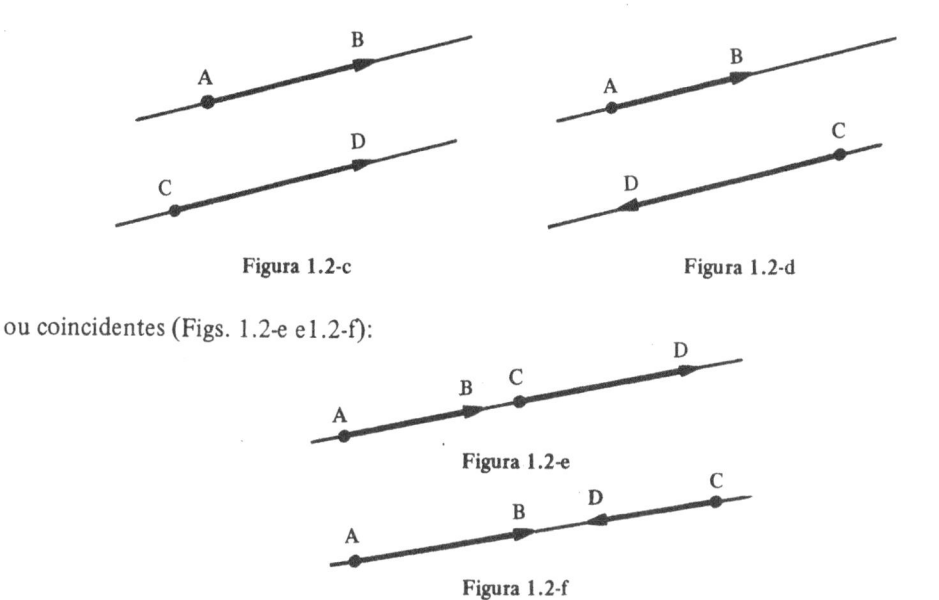

ou coincidentes (Figs. 1.2-e e 1.2-f):

Figura 1.2-e

Figura 1.2-f

Observações

a) Só se pode comparar os sentidos de dois segmentos orientados se eles têm mesma direção.

b) Dois segmentos orientados opostos têm sentidos contrários.

1.3   Segmentos Equipolentes

Dois segmentos orientados AB e CD são *equipolentes* quando têm a mesma direção, o mesmo sentido e o mesmo comprimento (Figs. 1.3-a e 1.3-b).

Se os segmentos AB e CD não pertencem à mesma reta. Fig. 1.3-b, para que AB seja equipolente a CD é necessário que AB//CD e AC/BD, isto é, ABCD deve ser um paralelogramo.

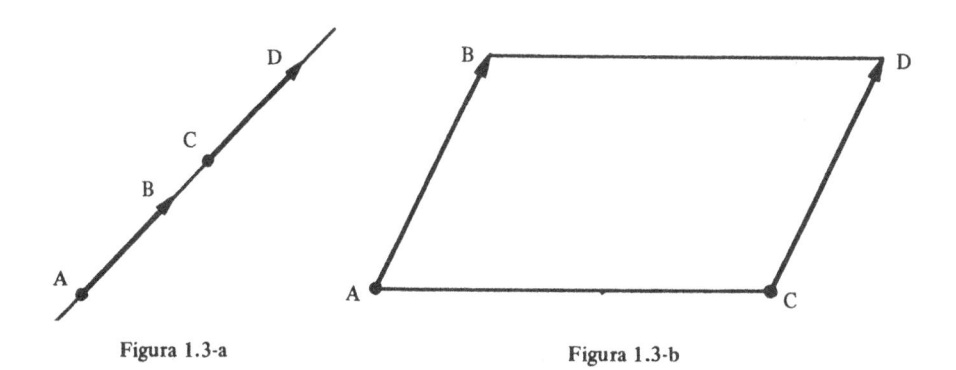

Figura 1.3-a   Figura 1.3-b

Observações

a) Dois segmentos nulos são sempre equipolentes.

b) A equipolência dos segmentos AB e CD é representada por

$$AB \sim CD$$

1.3.1 Propriedades da Equipolência

I) AB ~ AB (reflexiva).
II) Se AB ~ CD, CD ~ AB (simétrica).
III) Se AB ~ CD e CD ~ EF, AB ~ EF (transitiva).
IV) Dado um segmento orientado AB e um ponto C, existe um único ponto D tal que AB ~ CD.

1.4 Vetor

Vetor determinado por um segmento orientado AB é o conjunto de todos os segmentos orientados equipolentes a AB (Fig. 1.4-a).

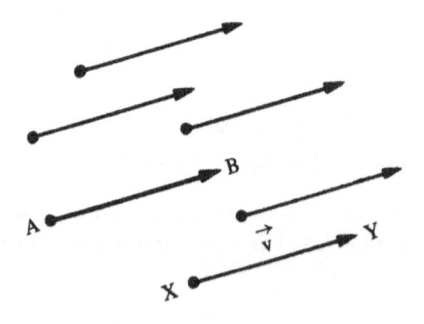

Figura 1.4-a

Se indicarmos com $\vec{v}$ este conjunto, simbolicamente poderemos escrever:

$$\vec{v} = \{ XY / XY \sim AB \}$$

onde XY é um segmento qualquer do conjunto.

O vetor determinado por AB é indicado por $\overrightarrow{AB}$ ou B − A ou $\vec{v}$.

Um mesmo vetor $\overrightarrow{AB}$ é determinado por uma infinidade de segmentos orientados, chamados *representantes* desse vetor, e todos equipolentes entre si. Assim, um segmento determina um conjunto que é o vetor, e qualquer um destes representantes determina o mesmo vetor. Portanto, com origem em cada ponto do espaço, podemos visualizar um representante de um vetor. Usando um pouco mais nossa capacidade de abstração, se considerarmos todos os infinitos segmentos orientados de origem comum, estaremos caracterizando, através de representantes, a totalidade dos vetores do espaço. Ora, cada um destes segmentos é um representante de um só vetor. Conseqüentemente, todos os vetores se acham representados naquele conjunto que imaginamos.

As características de um vetor $\vec{v}$ são as mesmas de qualquer um de seus representantes, isto é: o *módulo*, a *direção* e o *sentido* do vetor são o módulo, a direção e o sentido de qualquer um de seus representantes.

O módulo de $\vec{v}$ se indica por $|\vec{v}|$.

1.4.1 Vetores Iguais

Dois vetores $\overrightarrow{AB}$ e $\overrightarrow{CD}$ são iguais se, e somente se, $AB \sim CD$.

1.4.2 Vetor Nulo

Os segmentos nulos, por serem equipolentes entre si, determinam um *único* vetor, chamado vetor nulo ou vetor zero, e que é indicado por $\vec{0}$.

1.4.3 Vetores Opostos

Dado um vetor $\vec{v} = \overrightarrow{AB}$, o vetor $\overrightarrow{BA}$ é o oposto de $\overrightarrow{AB}$ e se indica por $-\overrightarrow{AB}$ ou por $-\vec{v}$.

1.4.4 Vetor Unitário

Um vetor $\vec{v}$ é *unitário* se $|\vec{v}| = 1$.

1.4.5 Versor

Versor de um vetor não nulo $\vec{v}$ é o vetor unitário de mesma direção e mesmo sentido de $\vec{v}$.

Por exemplo, tomemos um vetor $\vec{v}$ de módulo 3 (Fig. 1.4-b).

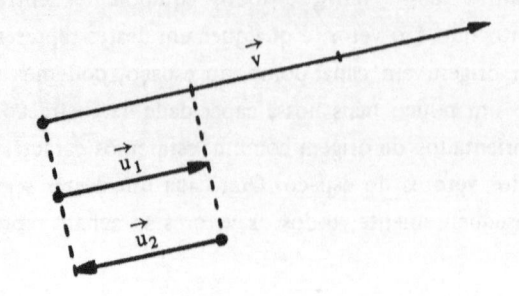

Figura 1.4-b

Os vetores $\vec{u_1}$ e $\vec{u_2}$ da figura são vetores unitários, pois ambos têm módulo 1. No entanto, apenas $\vec{u_1}$ tem a mesma direção e o mesmo sentido de $\vec{v}$. Portanto, este é o versor de $\vec{v}$.

1.4.6 Vetores Colineares

Dois vetores $\vec{u}$ e $\vec{v}$ são *colineares* se tiverem a *mesma direção*. Em outras palavras: $\vec{u}$ e $\vec{v}$ são colineares se tiverem representantes AB e CD pertencentes a uma mesma reta ou a retas paralelas (Fig. 1.4-c).

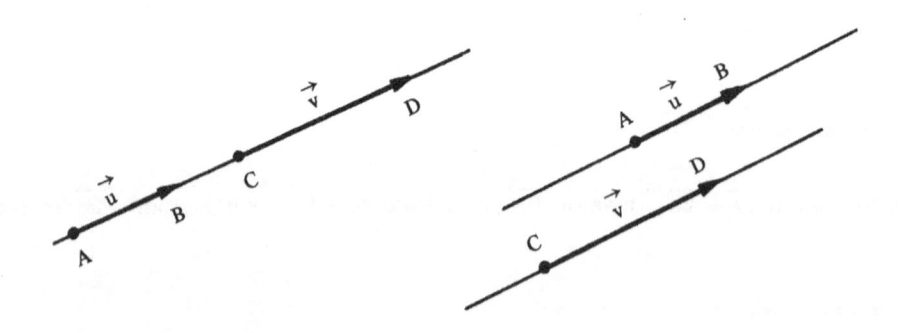

Figura 1.4-c

1.4.7 Vetores Coplanares

Se os vetores não nulos $\vec{u}, \vec{v}$ e $\vec{w}$ (o número de vetores não importa) possuem representantes AB, CD e EF pertencentes a um mesmo plano π (Fig. 1.4-d), diz-se que eles são *coplanares*.

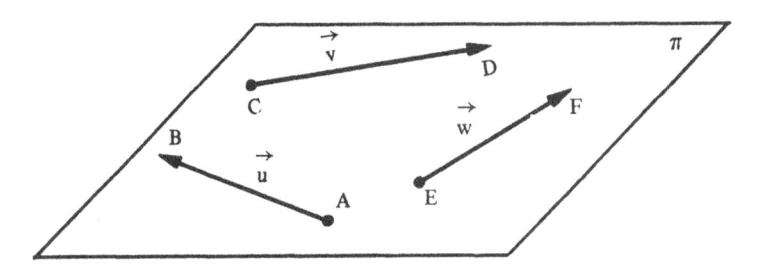

Figura 1.4-d

Guardemos bem o seguinte: *dois vetores* $\vec{u}$ *e* $\vec{v}$ *quaisquer são sempre coplanares*, pois podemos sempre tomar um ponto no espaço e, com origem nele, imaginar os dois representantes de $\vec{u}$ e $\vec{v}$ pertencendo a um plano π que passa por este ponto.

Três vetores poderão ou não ser coplanares (Figs. 1.4-e e 1.4-f).

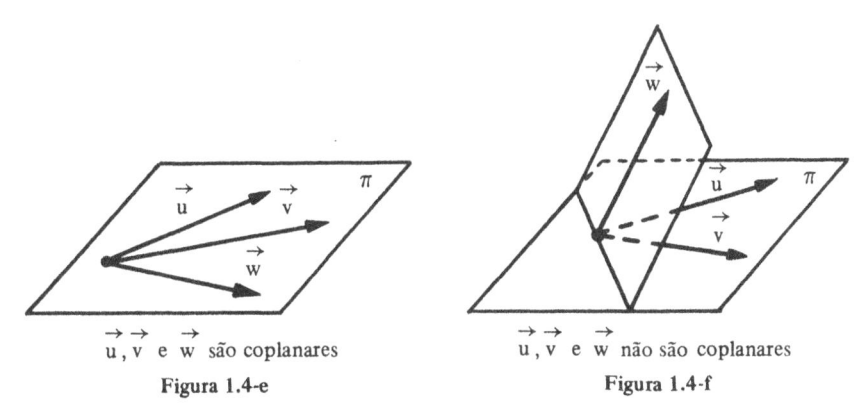

$\vec{u}, \vec{v}$ e $\vec{w}$ são coplanares
Figura 1.4-e

$\vec{u}, \vec{v}$ e $\vec{w}$ não são coplanares
Figura 1.4-f

1.5 Operações com Vetores

1.5.1 Adição de Vetores

Sejam os vetores $\vec{u}$ e $\vec{v}$ representados pelos segmentos orientados AB e BC (Fig. 1.5-a).

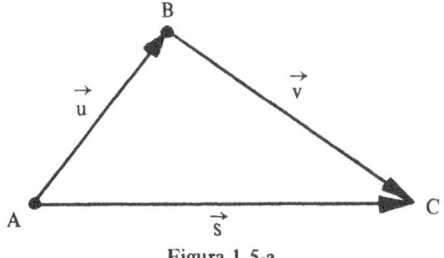

Figura 1.5-a

Os pontos A e C determinam um vetor $\vec{s}$ que é, por definição, a *soma* dos vetores $\vec{u}$ e $\vec{v}$, isto é, $\vec{s} = \vec{u} + \vec{v}$.

1.5.1.1 Propriedades da adição

I) Comutativa: $\vec{u} + \vec{v} = \vec{v} + \vec{u}$

II) Associativa: $(\vec{u} + \vec{v}) + \vec{w} = \vec{u} + (\vec{v} + \vec{w})$

III) Existe um só vetor nulo $\vec{0}$ tal que para todo o vetor $\vec{v}$ se tem:

$$\vec{v} + \vec{0} = \vec{0} + \vec{v} = \vec{v}$$

IV) Qualquer que seja o vetor $\vec{v}$, existe um só vetor $-\vec{v}$ (vetor oposto de $\vec{v}$) tal que

$$\vec{v} + (-\vec{v}) = -\vec{v} + \vec{v} = \vec{0}.$$

1.5.2 Diferença de Vetores

Chama-se *diferença* de dois vetores $\vec{u}$ e $\vec{v}$, e se representa por $\vec{d} = \vec{u} - \vec{v}$, ao vetor $\vec{u} + (-\vec{v})$.

Dados dois vetores $\vec{u}$ e $\vec{v}$, representados pelos segmentos orientados AB e AC, respectivamente, e construído o paralelogramo ABDC (Fig. 1.5-b e Fig. 1.5-c), verifica-se que a soma $\vec{s} = \vec{u} + \vec{v}$ é representada pelo segmento orientado AD (uma das diagonais) e que a diferença $\vec{d} = \vec{u} - \vec{v}$ é representada pelo segmento orientado CB (a outra diagonal).

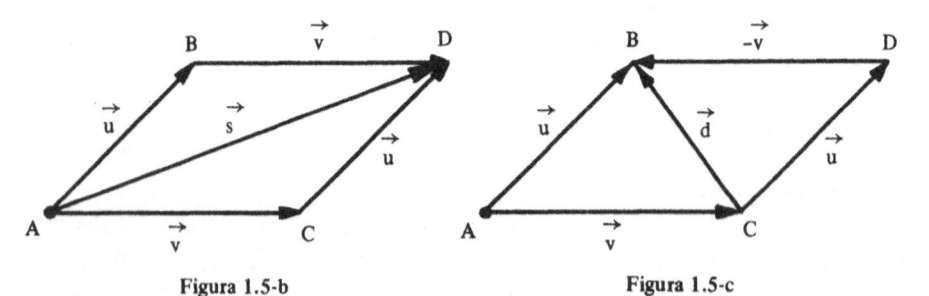

Figura 1.5-b   Figura 1.5-c

1.5.3 Multiplicação por um Número Real

Dado um vetor $\vec{v} \neq \vec{0}$ e um número real $k \neq 0$, chama-se *produto do número real k pelo vetor $\vec{v}$* o vetor $\vec{p} = k\vec{v}$, tal que:

a) módulo: $|\vec{p}| = |k\vec{v}| = |k||\vec{v}|$;
b) direção: a mesma de $\vec{v}$;
c) sentido: o mesmo de $\vec{v}$ se $k > 0$, e contrário ao de $\vec{v}$ se $k < 0$ (Fig. 1.5-d).

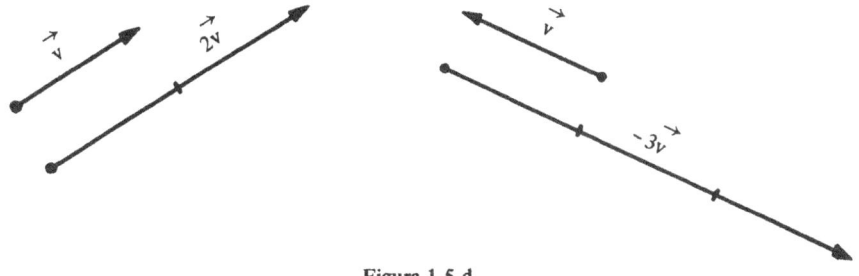

Figura 1.5-d

Observações

a) Se $k = 0$ ou $\vec{v} = \vec{0}$, o produto é o vetor $\vec{0}$.

b) Seja um vetor $k\vec{v}$, com $\vec{v} \neq \vec{0}$. Se fizermos com que o número real k percorra o conjunto $\mathbb{R}$ dos reais, obteremos todos os infinitos vetores colineares a $\vec{v}$, e, portanto, colineares entre si, isto é, qualquer um deles é sempre múltiplo escalar (real) do outro. Reciprocamente, dados dois vetores $\vec{u}$ e $\vec{v}$, colineares, sempre existe $k \in \mathbb{R}$ tal que $\vec{u} = k\vec{v}$. A Figura 1.5-e mostra um exemplo desta última afirmação ($\vec{u} = -\frac{2}{5}\vec{v}$ ou $\vec{v} = -\frac{5}{2}\vec{u}$).

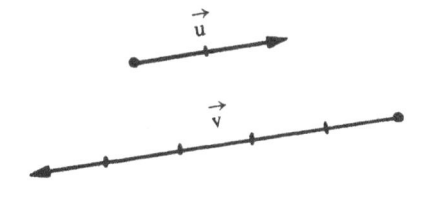

Figura 1.5-e

c) O versor de um vetor $\vec{v} \neq 0$ é o vetor unitário $\vec{u} = \frac{1}{|\vec{v}|}\vec{v}$ ou $\vec{u} = \frac{\vec{v}}{|\vec{v}|}$ (Fig. 1.5-f). De fato ele é unitário, pois:

$$|\vec{u}| = \left|\frac{\vec{v}}{|\vec{v}|}\right| = \frac{|\vec{v}|}{|\vec{v}|} = 1$$

$\vec{u} = \frac{\vec{v}}{|\vec{v}|}$ Figura 1.5-f

Daí, conclui-se que $\vec{v} = |\vec{v}|\vec{u}$, isto é, o vetor $\vec{v}$ é o produto de seu módulo pelo vetor unitário de mesma direção e mesmo sentido de $\vec{v}$.

1.5.3.1 Propriedades da multiplicação por um número real

Se $\vec{u}$ e $\vec{v}$ são vetores quaisquer e a e b números reais, temos:

I) $a(b\vec{v}) = (ab)\vec{v}$ (associativa)
II) $(a + b)\vec{v} = a\vec{v} + b\vec{v}$ (distributiva em relação à adição de escalares)
III) $a(\vec{u} + \vec{v}) = a\vec{u} + a\vec{v}$ (distributiva em relação à adição de vetores)
IV) $1\vec{v} = \vec{v}$ (identidade)

1.6 Problemas Resolvidos

1) Dados os vetores $\vec{u}, \vec{v}$ e $\vec{w}$, de acordo com a figura, construir o vetor $2\vec{u} - 3\vec{v} + \frac{1}{2}\vec{w} = \vec{s}$.

Solução:

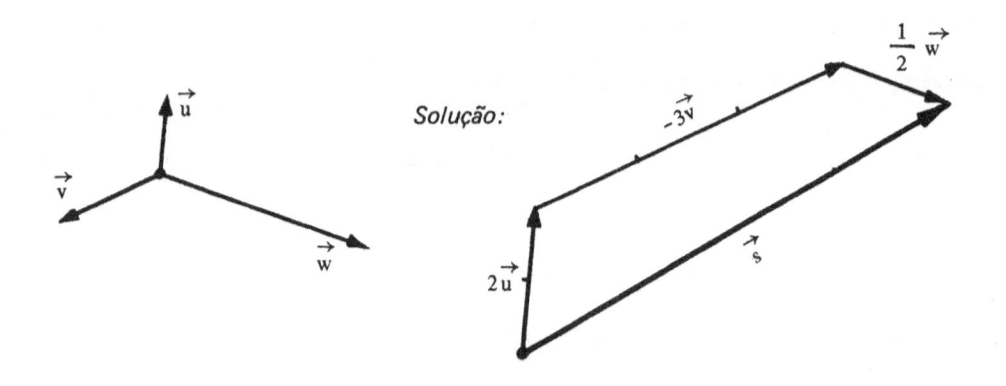

2) O paralelogramo ABCD é determinado pelos vetores $\overrightarrow{AB}$ e $\overrightarrow{AD}$, sendo M e N pontos médios dos lados DC e AB, respectivamente. Completar convenientemente:

a) $\overrightarrow{AD} + \overrightarrow{AB} = \ldots$
b) $\overrightarrow{BA} + \overrightarrow{DA} = \ldots$
c) $\overrightarrow{AC} - \overrightarrow{BC} = \ldots$
d) $\overrightarrow{AN} + \overrightarrow{BC} = \ldots$
e) $\overrightarrow{MD} + \overrightarrow{MB} = \ldots$
f) $\overrightarrow{BM} - \frac{1}{2}\overrightarrow{DC} = \ldots$

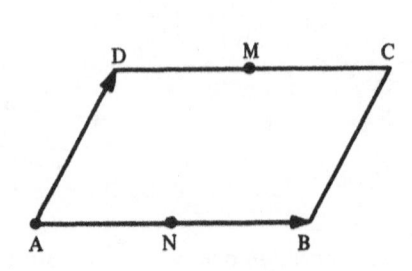

Solução

a) $\overrightarrow{AC}$

b) $\overrightarrow{BA} + \overrightarrow{DA} = \overrightarrow{CD} + \overrightarrow{DA} = \overrightarrow{CA}$

c) $\overrightarrow{AC} - \overrightarrow{BC} = \overrightarrow{AC} + \overrightarrow{CB} = \overrightarrow{AB}$

d) $\overrightarrow{AN} + \overrightarrow{BC} = \overrightarrow{AN} + \overrightarrow{NM} = \overrightarrow{AM}$

e) $\overrightarrow{MD} + \overrightarrow{MB} = \overrightarrow{MD} + \overrightarrow{DN} = \overrightarrow{MN}$

f) $\overrightarrow{BM} - \frac{1}{2}\overrightarrow{DC} = \overrightarrow{BM} + \overrightarrow{MD} = \overrightarrow{BD}$

Observação

Sabe-se que dois vetores quaisquer $\vec{v}_1$ e $\vec{v}_2$, não colineares, são sempre coplanares. Como $a_1\vec{v}_1$ tem a direção de $\vec{v}_1$ e $a_2\vec{v}_2$ a direção de $\vec{v}_2$, o vetor $a_1\vec{v}_1 + a_2\vec{v}_2$ será sempre um vetor representado no mesmo plano de $\vec{v}_1$ e $\vec{v}_2$, sejam quais forem os reais a_1 e a_2 (Fig. 1.6-a)

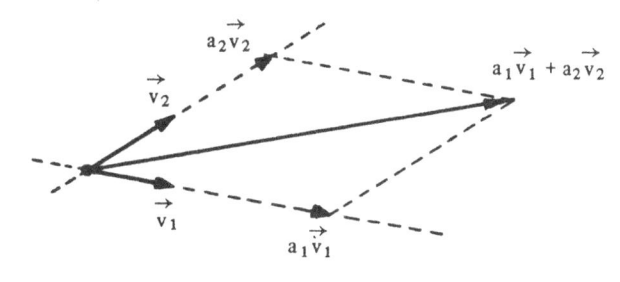

Figura 1.6-a

Reciprocamente, qualquer vetor representado no plano de $\vec{v}_1$ e $\vec{v}_2$ será do tipo $a_1\vec{v}_1 + a_2\vec{v}_2$, para a_1 e a_2 reais.

Vamos acrescentar a estes dois vetores um terceiro vetor $\vec{v}_3$. Então, pode ocorrer uma das situações:

a) o vetor $\vec{v}_3$ está representado no mesmo plano de $\vec{v}_1$ e $\vec{v}_2$

Neste caso, como o vetor $a_1\vec{v}_1 + a_2\vec{v}_2$ está no plano de $\vec{v}_1$ e $\vec{v}_2$ e sendo $a_3\vec{v}_3$ também deste plano, o vetor $a_1\vec{v}_1 + a_2\vec{v}_2 + a_3\vec{v}_3$ estará representado no mesmo plano de $\vec{v}_1$ e $\vec{v}_2$;

b) o vetor $\vec{v}_3$ não está representado no mesmo plano de $\vec{v}_1$ e $\vec{v}_2$.

Neste caso, a soma do vetor $a_1\vec{v}_1 + a_2\vec{v}_2$ (que está no plano de $\vec{v}_1$ e $\vec{v}_2$) com o vetor $a_3\vec{v}_3$, isto é, $a_1\vec{v}_1 + a_2\vec{v}_2 + a_3\vec{v}_3$, será um vetor do espaço, conforme mostra a Figura 1.6-b.

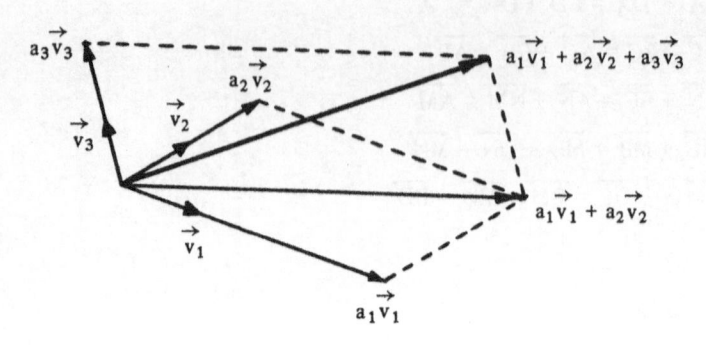

Figura 1.6-b

1.7 Ângulo de Dois Vetores

O *ângulo de dois vetores* $\vec{u}$ e $\vec{v}$ não nulos (Fig. 1.7-a) é o ângulo θ formado pelas semi-retas OA e OB (Fig. 1.7-b) e tal que $0 \leq \theta \leq \pi$.

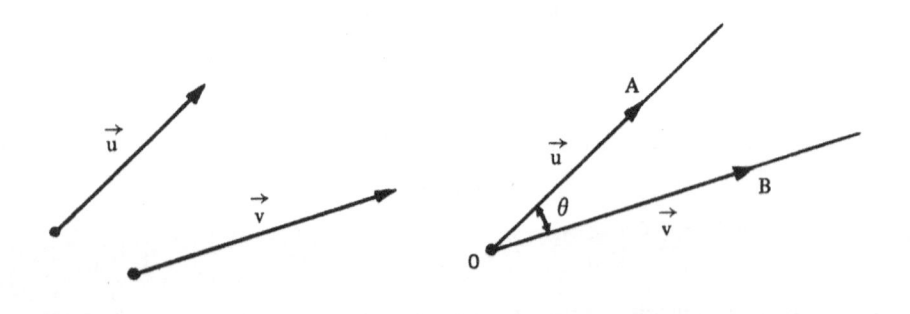

Figura 1.7-a   Figura 1.7-b

Observações

a) Se $\theta = \pi$, $\vec{u}$ e $\vec{v}$ têm a mesma direção e sentidos contrários.

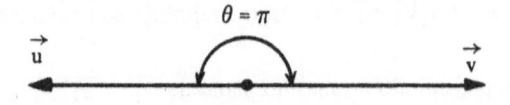

b) Se θ = 0, $\vec{u}$ e $\vec{v}$ têm mesma direção e mesmo sentido.

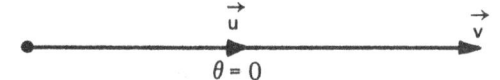

c) Se $\theta = \frac{\pi}{2}$, $\vec{u}$ e $\vec{v}$ são ortogonais (Fig. 1.7-c) e indica-se: $\vec{u} \perp \vec{v}$.

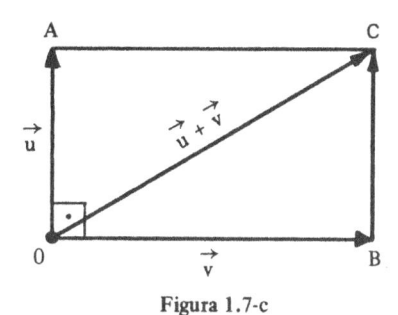

Figura 1.7-c

Neste caso, o △OBC permite escrever:

$$|\vec{u} + \vec{v}|^2 = |\vec{u}|^2 + |\vec{v}|^2$$

d) O vetor nulo é considerado ortogonal a qualquer vetor.

e) Se $\vec{u}$ é ortogonal a $\vec{v}$ e m é um número real qualquer, $\vec{u}$ é ortogonal a $m\vec{v}$.

f) O ângulo formado pelos vetores $\vec{u}$ e $-\vec{v}$ é o suplemento do ângulo de $\vec{u}$ e $\vec{v}$.

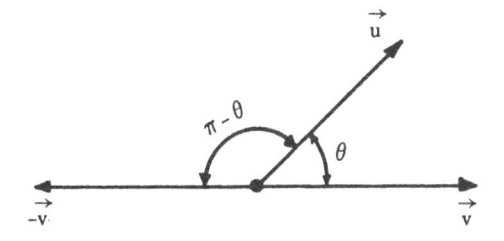

1.8 Problemas Propostos

1) Dados os vetores $\vec{u}$ e $\vec{v}$ da figura, mostrar, num gráfico, um representante do vetor:

   a) $\vec{u} - \vec{v}$
   b) $\vec{v} - \vec{u}$
   c) $-\vec{v} - 2\vec{u}$
   d) $2\vec{u} - 3\vec{v}$

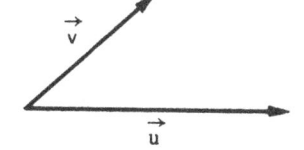

2) Dados os vetores $\vec{a}$, $\vec{b}$ e $\vec{c}$, como na figura, apresentar um representante de cada um dos vetores:

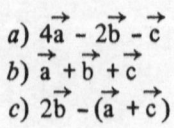

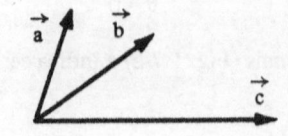

   a) $4\vec{a} - 2\vec{b} - \vec{c}$
   b) $\vec{a} + \vec{b} + \vec{c}$
   c) $2\vec{b} - (\vec{a} + \vec{c})$

3) Sabendo que o ângulo entre os vetores $\vec{u}$ e $\vec{v}$ é de 60°, determinar o ângulo formado pelos vetores:

   a) $\vec{u}$ e $-\vec{v}$
   b) $-\vec{u}$ e $\vec{v}$
   c) $-\vec{u}$ e $-\vec{v}$
   d) $2\vec{u}$ e $3\vec{v}$

1.8.1 Resposta dos Problemas Propostos

3) a) 120°
    b) 120°
    c) 60°
    d) 60°

CAPÍTULO

2

VETORES NO $\mathbb{R}^2$ E NO $\mathbb{R}^3$

No Capítulo 1, estudamos os vetores do ponto de vista geométrico e, no caso, eles eram representados por um segmento de reta orientado. No presente capítulo, vamos mostrar uma outra forma de representá-los: os segmentos orientados estarão relacionados com os sistemas de eixos cartesianos do plano e do espaço.

2.1 Decomposição de um Vetor no Plano

Dados dois vetores $\vec{v}_1$ e $\vec{v}_2$, *não colineares*, qualquer vetor $\vec{v}$ (*coplanar* com $\vec{v}_1$ e $\vec{v}_2$) pode ser decomposto segundo as direções de $\vec{v}_1$ e $\vec{v}_2$. O problema consiste em determinar dois vetores cujas direções sejam as de $\vec{v}_1$ e $\vec{v}_2$ e cuja soma seja $\vec{v}$. Em outras palavras, iremos determinar dois números reais a_1 e a_2 tais que:

$$\vec{v} = a_1 \vec{v}_1 + a_2 \vec{v}_2$$

Exemplos

1) Dados os vetores $\vec{v}_1$ e $\vec{v}_2$ não colineares e $\vec{v}$ (arbitrário), a figura mostra como é possível formar um paralelogramo em que os lados são determinados pelos vetores $a_1 \vec{v}_1$ e $a_2 \vec{v}_2$ e, portanto, a soma deles é o vetor $\vec{v}$, que corresponde à diagonal desse paralelogramo:

16 *Geometria analítica*

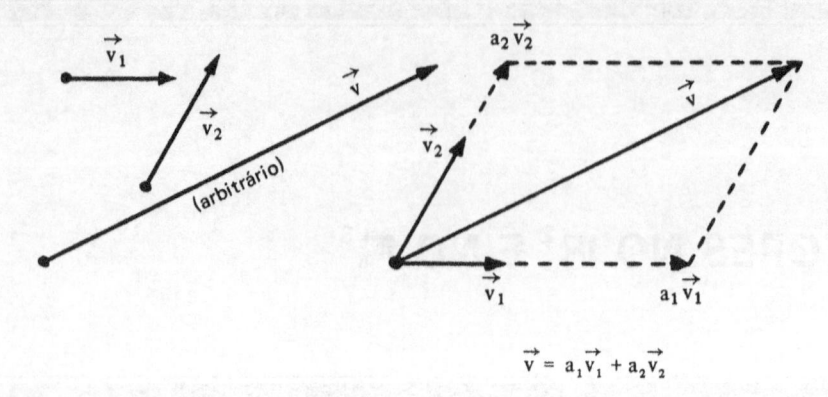

$$\vec{v} = a_1\vec{v}_1 + a_2\vec{v}_2$$

2) Na figura seguinte os vetores $\vec{v}_1$ e $\vec{v}_2$ são mantidos e consideramos um outro vetor $\vec{v}$:

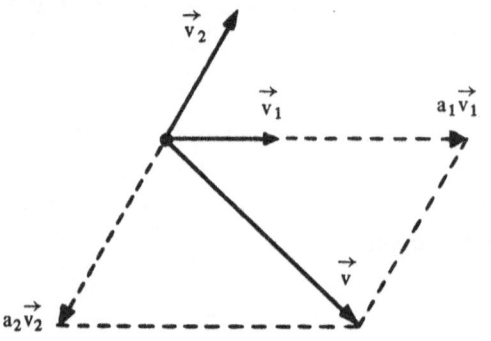

Para esta figura, tem-se: $a_1 > 0$ e $a_2 < 0$.

3) Se, no caso particular, o vetor $\vec{v}$ tiver a mesma direção de $\vec{v}_1$ ou de $\vec{v}_2$, digamos de $\vec{v}_1$, como na figura, $\vec{v}$ não pode ser diagonal do paralelogramo e, portanto, a_2 deve ser igual a zero:

$$\vec{v} = a_1\vec{v}_1 + 0\vec{v}_2$$

Quando o vetor $\vec{v}$ estiver representado por:

$$\vec{v} = a_1\vec{v}_1 + a_2\vec{v}_2 \tag{2.1}$$

dizemos que $\vec{v}$ é *combinação linear* de $\vec{v}_1$ e $\vec{v}_2$. O par de vetores $\vec{v}_1$ e $\vec{v}_2$, não colineares, é chamado *base* no plano. Aliás, qualquer conjunto $\{\vec{v}_1, \vec{v}_2\}$ de vetores não colineares constitui uma base no plano. Os números a_1 e a_2 da representação (2.1) são chamados *componentes* ou *coordenadas* de $\vec{v}$ em relação à base $\{\vec{v}_1, \vec{v}_2\}$. É bom logo esclarecer que, embora estejamos simbolizando a base como um conjunto, nós a pensamos como um conjunto ordenado. O vetor $a_1\vec{v}_1$ é chamado *projeção de* $\vec{v}$ *sobre* $\vec{v}_1$ *segundo a direção de* $\vec{v}_2$. Do mesmo modo, $a_2\vec{v}_2$ *é a projeção de* $\vec{v}$ *sobre* $\vec{v}_2$ *segundo a direção de* $\vec{v}_1$ (Fig. 2.1-a).

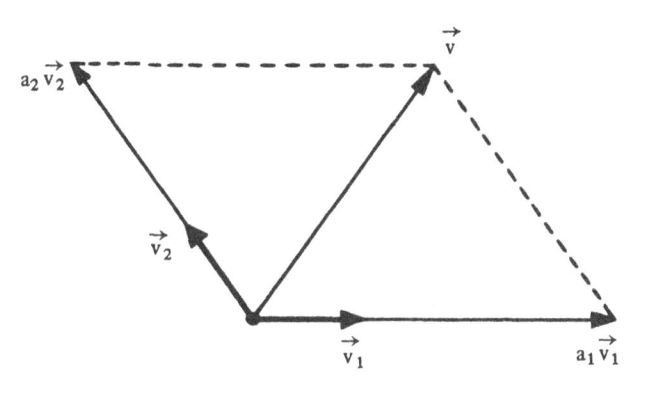

Figura 2.1-a

Na prática, as bases mais utilizadas são as bases *ortonormais*.

Uma base $\{\vec{e}_1, \vec{e}_2\}$ é dita ortonormal se os seus vetores forem ortogonais e unitários, isto é, $\vec{e}_1 \perp \vec{e}_2$ e $|\vec{e}_1| = |\vec{e}_2| = 1$.

Na Figura 2.1-b consideramos uma base ortonormal $\{\vec{e}_1, \vec{e}_2\}$ no plano xOy e um vetor $\vec{v}$ com componentes 3 e 2, respectivamente, isto é, $\vec{v} = 3\vec{e}_1 + 2\vec{e}_2$.

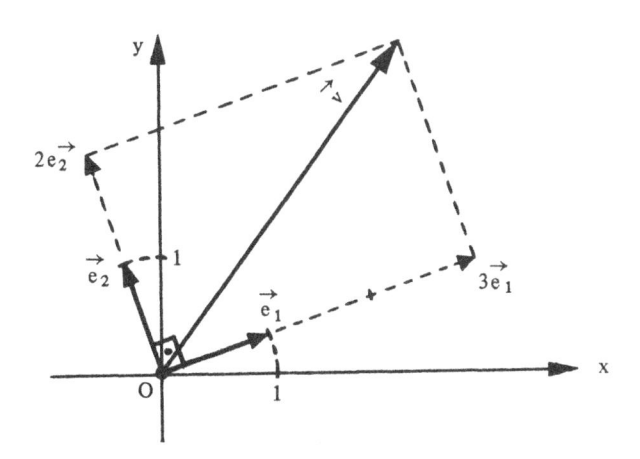

Figura 2.1-b

No caso de uma base ortonormal como esta, os vetores $3\vec{e}_1$ e $2\vec{e}_2$ são *projeções ortogonais* de $\vec{v}$ sobre $\vec{e}_1$ e $\vec{e}_2$, respectivamente.

Existem naturalmente infinitas bases ortonormais no plano xOy, porém uma delas é particularmente importante. Trata-se da base formada pelos vetores representados por segmentos orientados com origem em O e extremidade nos pontos (1,0) e (0,1). Estes vetores são simbolizados com $\vec{i}$ e $\vec{j}$ e a base $\{\vec{i},\vec{j}\}$ é chamada *canônica* (Fig. 2.1-c).

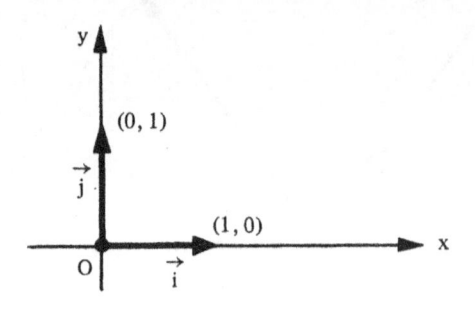

Figura 2.1-c

Em nosso estudo, a menos que haja referência em contrário, trataremos somente da base canônica.

Dado um vetor $\vec{v} = x\vec{i} + y\vec{j}$ (Fig. 2.1-d) no qual x e y são as componentes de $\vec{v}$ em relação à base $\{\vec{i},\vec{j}\}$, o vetor $x\vec{i}$ é a projeção ortogonal de $\vec{v}$ sobre $\vec{i}$ (ou sobre o eixo dos x) e $y\vec{j}$ é a projeção ortogonal de $\vec{v}$ sobre $\vec{j}$ (ou sobre o eixo dos y). Como a projeção sempre será ortogonal, diremos somente *projeção*.

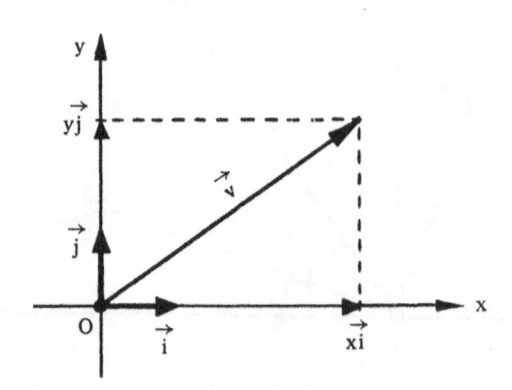

Figura 2.1-d

2.2 Expressão Analítica de um Vetor

Ora, fixada a base $\{\vec{i},\vec{j}\}$, fica estabelecida uma correspondência biunívoca entre os vetores do plano e os pares ordenados (x,y) de números reais. Nestas condições, a cada vetor $\vec{v}$ do plano pode-se associar um par (x,y) de números reais que são suas componentes na base dada, razão porque define-se:

vetor no plano é um par ordenado (x,y) *de números reais* e se representa por:

$$\vec{v} = (x, y)$$

que é a *expressão analítica de* $\vec{v}$.

A primeira componente x é chamada abscissa e a segunda, ordenada. Por exemplo, em vez de escrever $\vec{v} = 3\vec{i} - 5\vec{j}$, pode-se escrever $\vec{v} = (3,-5)$. Assim também,

$$\begin{aligned}
-\vec{i} + \vec{j} &= (-1, 1) \\
3\vec{j} &= (0, 3) \\
-10\vec{i} &= (-10, 0)
\end{aligned}$$

e, particularmente, $\vec{i} = (1, 0)$, $\vec{j} = (0, 1)$ e $\vec{0} = (0, 0)$.

Observação

Deve ter ficado claro que a escolha proposital da base $\{\vec{i},\vec{j}\}$ deve-se à simplificação. Assim, para exemplificar, quando nos referimos a um ponto $P(x, y)$, ele pode ser identificado com o vetor $\vec{v} = \overrightarrow{OP} = x\vec{i} + y\vec{j}$, sendo O a origem do sistema (Fig. 2.2).

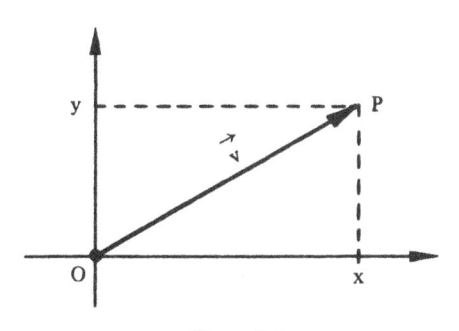

Figura 2.2

Desta forma, o plano pode ser encarado como um conjunto de pontos ou um conjunto de vetores.

2.3 Igualdade e Operações

2.3.1 Igualdade

Dois vetores $\vec{u} = (x_1, y_1)$ e $\vec{v} = (x_2, y_2)$ são iguais se, e somente se, $x_1 = x_2$ e $y_1 = y_2$, e escreve-se $\vec{u} = \vec{v}$.

Exemplos

1) Os vetores $\vec{u} = (3, 5)$ e $\vec{v} = (3, 5)$ são iguais.

2) Se o vetor $\vec{u} = (x + 1, 4)$ é igual ao vetor $\vec{v} = (5, 2y - 6)$, de acordo com a definição de igualdade dos vetores, $x + 1 = 5$ e $2y - 6 = 4$ ou $x = 4$ e $y = 5$. Assim, se $\vec{u} = \vec{v}$, então $x = 4$ e $y = 5$.

2.3.2 Operações

Sejam os vetores $\vec{u} = (x_1, y_1)$ e $\vec{v} = (x_2, y_2)$ e $a \in \mathbb{R}$. Define-se:

a) $\vec{u} + \vec{v} = (x_1 + x_2, y_1 + y_2)$
b) $a\vec{u} = (ax_1, ay_1)$

Portanto, para somar dois vetores, somam-se as suas coordenadas correspondentes, e para multiplicar um vetor por um número, multiplica-se cada componente do vetor por este número.

Exemplo

Dados os vetores $\vec{u} = (4, 1)$ e $\vec{v} = (2, 6)$, calcular $\vec{u} + \vec{v}$ e $2\vec{u}$.

A Figura 2.3-a mostra, geometricamente, que $\vec{u} + \vec{v} = (4, 1) + (2, 6) = (4 + 2, 1 + 6) = (6, 7)$, e a Figura 2.3-b que $2\vec{u} = 2(4, 1) = (8, 2)$.

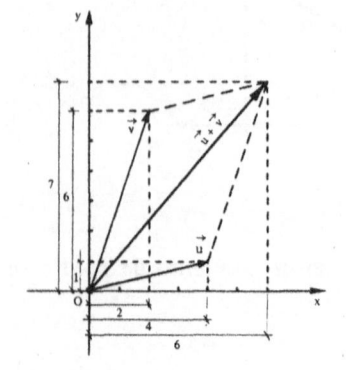

Figura 2.3-a

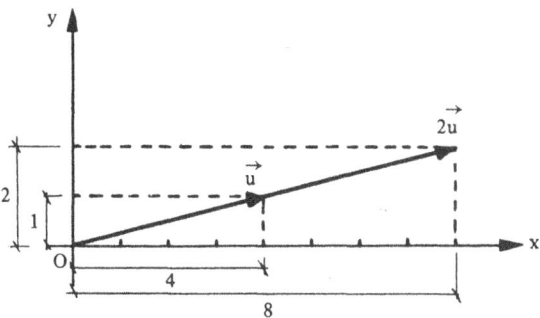

Figura 2.3-b

As definições acima e as operações algébricas dos números reais permitem demonstrar as propriedades citadas em 1.5:

a) para quaisquer vetores $\vec{u}, \vec{v}$ e $\vec{w}$, tem-se

$$\vec{u} + \vec{v} = \vec{v} + \vec{u}$$
$$(\vec{u} + \vec{v}) + \vec{w} = \vec{u} + (\vec{v} + \vec{w})$$
$$\vec{u} + \vec{0} = \vec{u}$$
$$\vec{u} + (-\vec{u}) = \vec{0}$$

b) para quaisquer vetores $\vec{u}$ e $\vec{v}$ e os números reais a e b, tem-se

$$a(b\vec{v}) = (ab)\vec{v}$$
$$(a + b)\vec{u} = a\vec{u} + b\vec{u}$$
$$a(\vec{u} + \vec{v}) = a\vec{u} + a\vec{v}$$
$$1\vec{v} = \vec{v}$$

2.3.3 Problemas Resolvidos

1) Determinar o vetor $\vec{w}$ na igualdade $3\vec{w} + 2\vec{u} = \frac{1}{2}\vec{v} + \vec{w}$, sendo dados $\vec{u} = (3, -1)$ e $\vec{v} = (-2, 4)$.

Solução

Esta equação $3\vec{w} + 2\vec{u} = \frac{1}{2}\vec{v} + \vec{w}$ pode ser resolvida como uma equação numérica:

$$6\vec{w} + 4\vec{u} = \vec{v} + 2\vec{w}$$
$$6\vec{w} - 2\vec{w} = \vec{v} - 4\vec{u}$$
$$4\vec{w} = \vec{v} - 4\vec{u}$$
$$\vec{w} = \frac{1}{4}\vec{v} - \vec{u}$$

Substituindo $\vec{u}$ e $\vec{v}$ na equação, vem

$$\vec{w} = \frac{1}{4}(-2, 4) - (3, -1)$$

$$\vec{w} = (-\frac{1}{2}, 1) - (3, -1)$$

$$\vec{w} = (-\frac{1}{2} + (-3), 1 + (+1))$$

$$\vec{w} = (-\frac{7}{2}, 2)$$

2) Encontrar os números a_1 e a_2 tais que

$$\vec{w} = a_1\vec{u} + a_2\vec{v}, \text{ sendo } \vec{u} = (1, 2), \vec{v} = (4, -2) \text{ e } \vec{w} = (-1, 8).$$

Solução

Substituindo os vetores na igualdade acima, temos:

$(-1, 8) = a_1(1, 2) + a_2(4, -2)$
$(-1, 8) = (a_1, 2a_1) + (4a_2, -2a_2)$
$(-1, 8) = (a_1 + 4a_2, 2a_1 - 2a_2)$

Da condição de igualdade de dois vetores, conclui-se que:

$$\begin{cases} a_1 + 4a_2 = -1 \\ 2a_1 - 2a_2 = 8 \end{cases}$$

sistema de solução $a_1 = 3$ e $a_2 = -1$. Logo, $\vec{w} = 3\vec{v}_1 - \vec{v}_2$.

2.4 Vetor Definido por Dois Pontos

Inúmeras vezes um vetor é representado por um segmento orientado que não parte da origem do sistema. Consideremos o vetor $\vec{AB}$ de origem no ponto $A(x_1, y_1)$ e extremidade em $B(x_2, y_2)$ (Fig. 2.4-a).

De acordo com o que foi visto em 2.2, os vetores $\vec{OA}$ e $\vec{OB}$ têm expressões analíticas:

$\vec{OA} = (x_1, y_1)$ e $\vec{OB} = (x_2, y_2)$.

Por outro lado, do triângulo OAB da figura, vem:

$\vec{OA} + \vec{AB} = \vec{OB}$

donde

$\vec{AB} = \vec{OB} - \vec{OA}$

ou:

$\vec{AB} = (x_2, y_2) - (x_1, y_1)$

e:

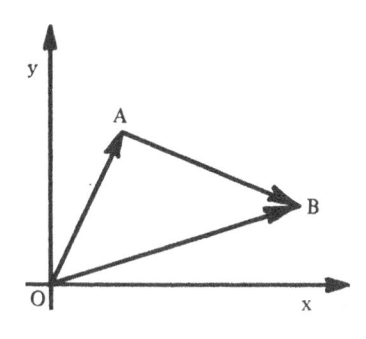

$\vec{AB} = (x_2 - x_1, y_2 - y_1)$

Figura 2.4-a

isto é, as componentes de $\vec{AB}$ são obtidas subtraindo-se das coordenadas da extremidade B as coordenadas da origem A, razão pela qual também se escreve $\vec{AB} = B - A$.

É importante assinalar que as componentes do vetor $\vec{AB}$, calculadas por meio de B-A, são sempre as mesmas componentes do representante OP com origem no início do sistema. Este detalhe fica claro na Figura 2.4-b onde os segmentos orientados equipolentes AB, CD e OP representam o mesmo vetor (3,1).

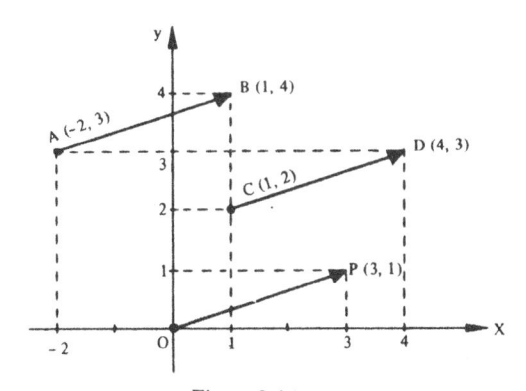

$\vec{AB} = B - A = (1,4) - (-2,3) = (3,1)$
$\vec{CD} = D - C = (4,3) - (1,2) = (3,1)$

Figura 2.4-b

2.4.1 Problema Resolvido

3) Dados os pontos $A(-1, 2)$, $B(3, -1)$ e $C(-2, 4)$, determinar $D(x, y)$ de modo que $\overrightarrow{CD} = \frac{1}{2}\overrightarrow{AB}$.

Solução

$\overrightarrow{CD} = D - C = (x, y) - (-2, 4) = (x + (+2), y + (-4)) = (x + 2, y - 4)$

$\overrightarrow{AB} = B - A = (3, -1) - (-1, 2) = (3 + (+1), -1 + (-2)) = (4, -3)$

logo:

$$(x + 2, y - 4) = \frac{1}{2}(4, -3)$$

$$(x + 2, y - 4) = (2, -\frac{3}{2})$$

Pela condição de igualdade de dois vetores:

$$\begin{cases} x + 2 = 2 \\ y - 4 = -\frac{3}{2}, \end{cases}$$

sistema cuja solução é $x = 0$ e $y = \frac{5}{2}$.

Por conseguinte:

$$D(0, \frac{5}{2}).$$

2.5 Decomposição no Espaço

Todo o estudo de vetores feito até aqui, no plano, pode ser realizado no espaço de forma análoga, consideradas as adequações necessárias.

No plano, qualquer conjunto $\{\vec{v_1}, \vec{v_2}\}$ de dois vetores, não colineares, é uma base e, portanto, todo vetor $\vec{v}$ deste plano é combinação linear dos vetores da base, isto é, sempre existem os números a_1 e a_2 reais tais que $\vec{v} = a_1\vec{v}_1 + a_2\vec{v}_2$. No espaço, qualquer conjunto $\{\vec{v}_1, \vec{v}_2, \vec{v}_3\}$ de três vetores *não coplanares* é uma base e, de forma análoga, demonstra-se que todo vetor $\vec{v}$ do espaço é combinação linear dos vetores da base, isto é, sempre existem números reais a_1, a_2 e a_3 tais que:

$$\vec{v} = a_1\vec{v}_1 + a_2\vec{v}_2 + a_3\vec{v}_3$$

onde a_1, a_2 e a_3 são as componentes de $\vec{v}$ em relação à base considerada.

Uma base no espaço é ortonormal se os três vetores forem unitários e dois a dois, ortogonais. Por analogia ao que fizemos no plano, dentre as infinitas bases ortonormais existentes, escolheremos para nosso estudo a base canônica representada por $\{\vec{i}, \vec{j}, \vec{k}\}$. Consideremos estes três vetores representados com origem no mesmo ponto O e por este ponto três retas como mostra a Figura 2.5-a. A reta com a direção do vetor $\vec{i}$ é o eixo dos x (das abscissas), a reta com a direção do vetor $\vec{j}$ é o eixo dos y (das ordenadas) e a reta com a direção do vetor $\vec{k}$ é o eixo dos z (das cotas). As setas indicam o sentido positivo de cada eixo. Estes eixos são chamados eixos coordenados.

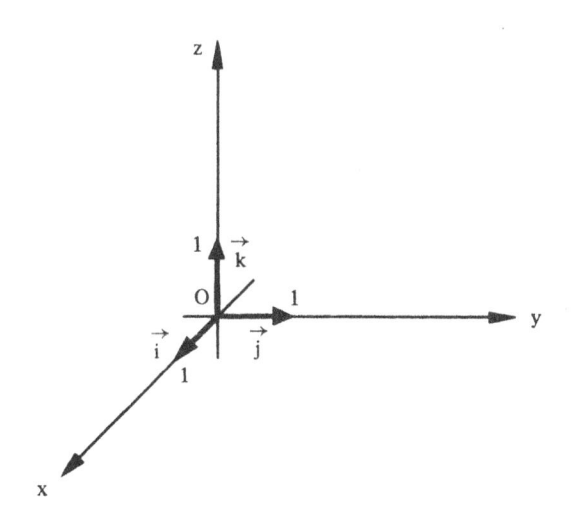

Figura 2.5-a

Cada dupla de eixos determina um plano coordenado. Portanto, temos três planos coordenados: o plano xOy ou xy, o plano xOz ou xz e o plano yOz ou yz. As Figuras 2.5-b, 2.5-c e 2.5-d dão uma idéia dos planos xy, xz e yz, respectivamente.

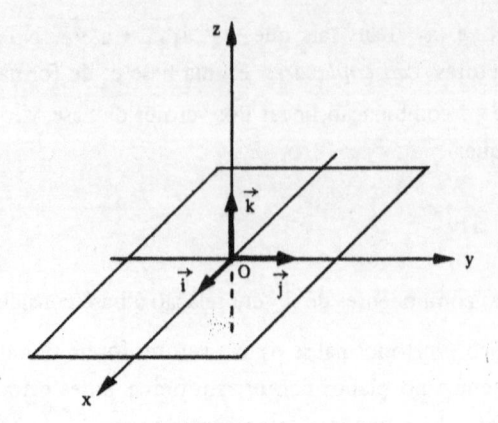

Figura 2.5-b

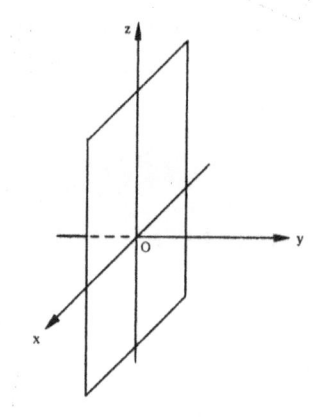

Figura 2.5-c

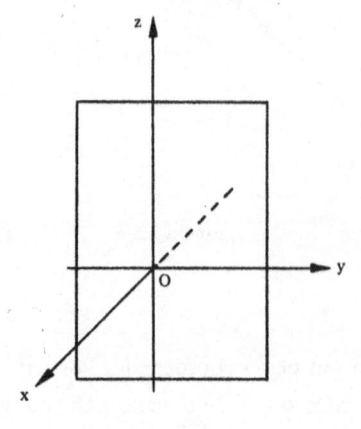

Figura 2.5-d

Estes três planos se interceptam segundo os três eixos dividindo o espaço em oito regiões, cada uma delas chamada octante. A Figura 2.5-e dá uma idéia do 1º octante, a Figura 2.5-f do 2º octante e a Figura 2.5-g do 3º octante.

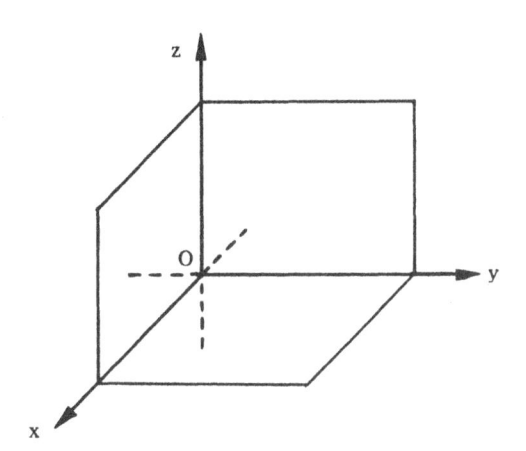

Figura 2.5-e

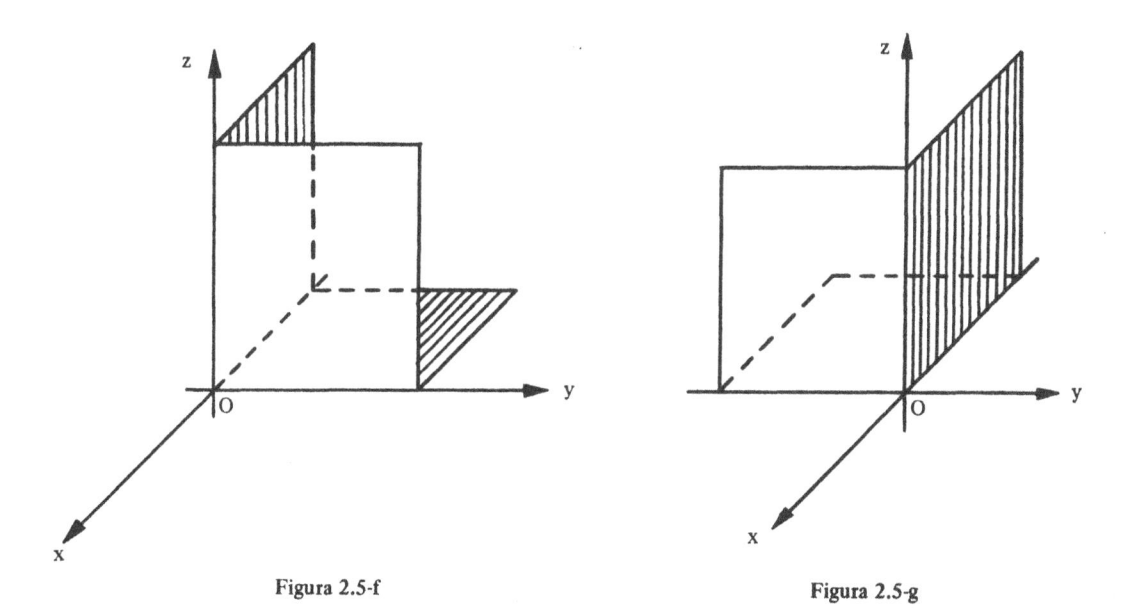

Figura 2.5-f

Figura 2.5-g

A cada ponto P do espaço vai corresponder uma terna (a, b, c) de números reais, chamadas coordenadas de P e denominadas abscissa, ordenada e cota, respectivamente. Para obter a abscissa de P, tracemos por P um plano paralelo ao plano yz; o ponto de interseção deste plano com o eixo dos x tem, nesse eixo, uma coordenada a, que é a abscissa de P

(Fig. 2.5-h). Para obter a ordenada de P, tracemos por P um plano paralelo ao plano xz; o ponto de interseção deste plano com o eixo dos y tem, nesse eixo, uma coordenada b, que é a ordenada de P (Fig. 2.5-i). De forma análoga, ao traçar por P um plano paralelo ao plano xy, fica determinada a coordenada c, que é a cota de P (Fig. 2.5-j).

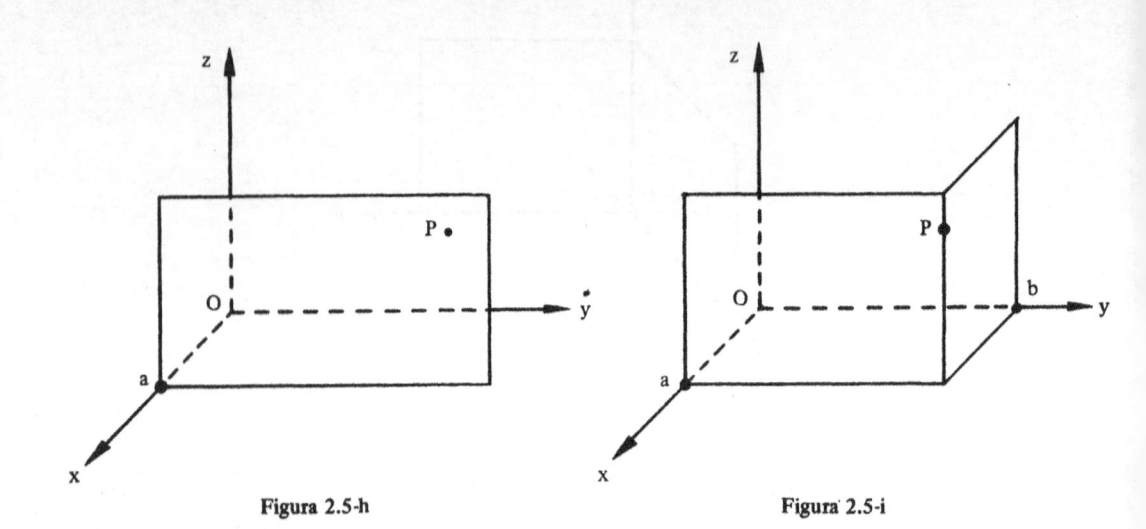

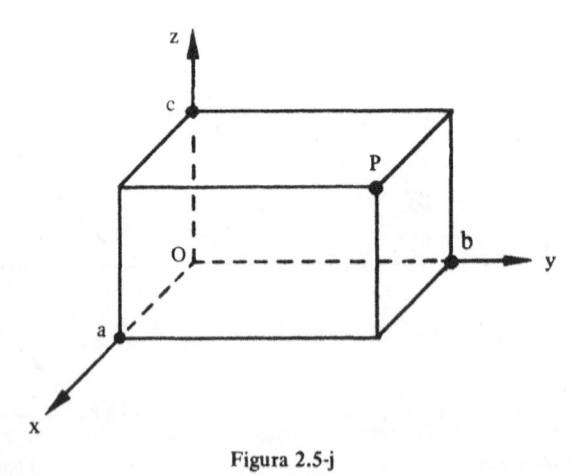

Figura 2.5-h

Figura 2.5-i

Figura 2.5-j

Com este procedimento de traçar os três planos pelo ponto P, fica determinado um paralelepípedo retângulo como o da Figura 2.5-j. Se o ponto fosse P(2,4,3), com idêntico procedimento, teríamos o paralelepípedo da Figura 2.5-ℓ.

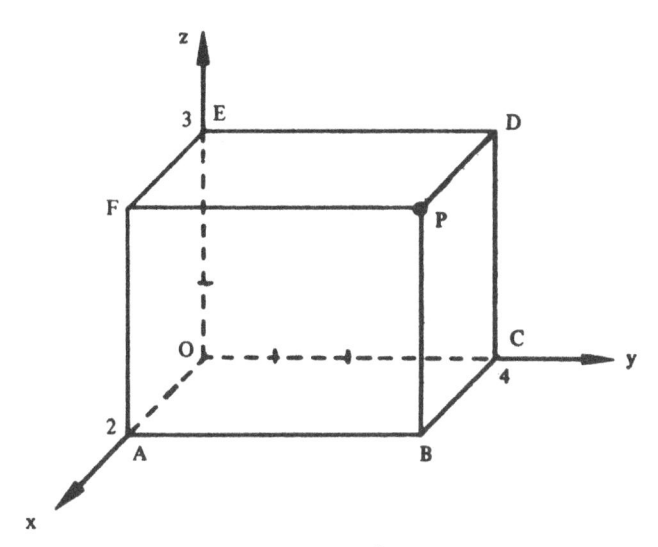

Figura 2.5-ℓ

Com base nesta figura, temos:

A(2, 0, 0) – um ponto P(x, y, z) está no eixo dos x quando y = 0 e z = 0;
C(0, 4, 0) – um ponto está no eixo dos y quando x = 0 e z = 0;
E(0, 0, 3) – um ponto está no eixo dos z quando x = 0 e y = 0;
B(2, 4, 0) – um ponto está no plano xy quando z = 0;
D(0, 4, 3) – um ponto está no plano yz quando x = 0;
F(2, 0, 3) – um ponto está no plano xz quando y = 0.

O ponto B é a projeção de P no plano xy, assim como D e F são as projeções de P nos planos yz e xz, respectivamente. O ponto A(2, 0, 0) é a projeção de P(2, 4, 3) no eixo dos x, assim como C(0, 4, 0) e E(0, 0, 3) são as projeções de P nos eixos dos y e dos z, respectivamente.

Está claro que um ponto do plano xy é do tipo (x, y, 0). Ao desejarmos marcar um ponto no espaço, digamos A(3, -2, 4), procedemos assim:

1º) marca-se o ponto A'(3, -2, 0) no plano xy;

2º) desloca-se A' paralelamente ao eixo dos z, 4 unidades para cima (se fosse -4 seriam 4 unidades para baixo) (Fig. 2.5-m).

Para completar nosso estudo, consideremos um vetor $\vec{v} = x\vec{i} + y\vec{j} + z\vec{k}$, onde x, y e z são as componentes de $\vec{v}$ na base canônica $\{\vec{i}, \vec{j}, \vec{k}\}$. Da mesma forma como fizemos para

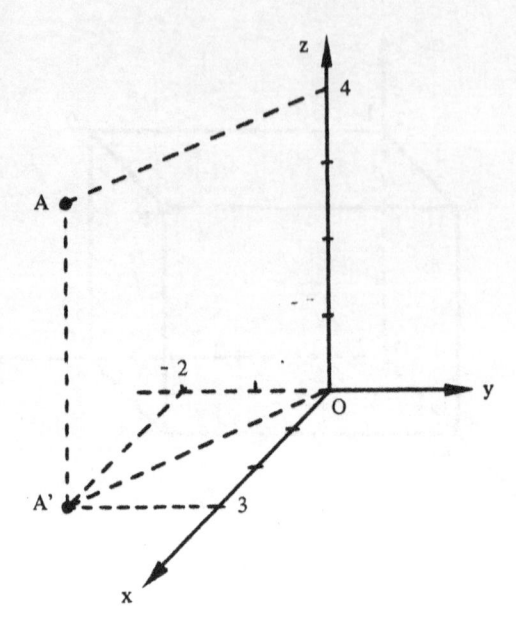

Figura 2.5-m

o plano, este vetor $\vec{v}$ é igual ao vetor $\overrightarrow{OP}$ com O (0, 0, 0) e P(x, y, z). Na Figura 2.5-n, o vetor $\vec{v}$ corresponde à diagonal do paralelepípedo, cujos lados são determinados pelos vetores $x\vec{i}, y\vec{j}$ e $z\vec{k}$. E, para simplificar, escreveremos

$$\vec{v} = (x, y, z)$$

que é a expressão analítica de $\vec{v}$.

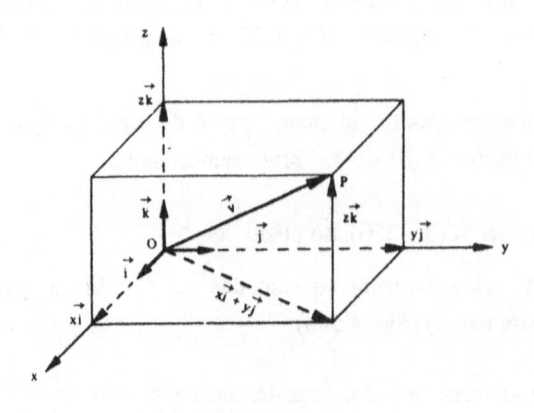

Figura 2.5-n

Em vez de escrever $\vec{v} = 2\vec{i} - 3\vec{j} + \vec{k}$, pode-se escrever $\vec{v} = (2, -3, 1)$. Assim, também,

$$\vec{i} - \vec{j} = (1, -1, 0)$$
$$2\vec{j} - \vec{k} = (0, 2, -1)$$
$$4\vec{k} = (0, 0, 4)$$

e, em particular, $\vec{i} = (1, 0, 0), \vec{j} = (0, 1, 0)$ e $\vec{k} = (0, 0, 1)$.

Tendo em vista a correspondência biunívoca entre o conjunto de pontos $P(x, y, z)$ do espaço e o conjunto de vetores $\vec{v} = \overrightarrow{OP} = x\vec{i} + y\vec{j} + z\vec{k}$, o espaço pode ser encarado como um conjunto de pontos ou um conjunto de vetores. Diz-se que este espaço tem três dimensões ou que ele é *tridimensional*, porque qualquer uma de suas bases tem três vetores e, portanto, o número de componentes de um vetor é três. De forma análoga, o plano tem dimensão 2 ou é *bidimensional*. Fica fácil entender que a reta tem dimensão 1 ou é unidimensional.

O conjunto formado por um ponto e por uma base constitui um sistema referencial. Em particular, que é o nosso caso, o conjunto formado pelo ponto O e pela base $\{\vec{i}, \vec{j}, \vec{k}\}$ é chamado *referencial ortonormal de origem* O ou, ainda, *sistema cartesiano ortonormal* Oxyz. Este sistema (Fig. 2.5-a) é indicado por $(O, \vec{i}, \vec{j}, \vec{k})$. Por analogia, no plano, o sistema $(O, \vec{i}, \vec{j})$ é chamado *sistema cartesiano ortonormal* xOy ou, simplesmente, *sistema cartesiano* xOy.

Por outro lado, sabemos que a representação geométrica do conjunto $\mathbb{R}$ dos reais é a reta, por isso também chamada *reta real* (Fig. 2.5-o).

Figura 2.5-o

O produto cartesiano $\mathbb{R} \times \mathbb{R}$ ou $\mathbb{R}^2$ é o conjunto $\mathbb{R}^2 = \{(x, y) / x, y \in \mathbb{R}\}$ e sua representação geométrica é o *plano cartesiano* determinado pelos dois eixos cartesianos ortogonais x e y (Fig. 2.5-p).

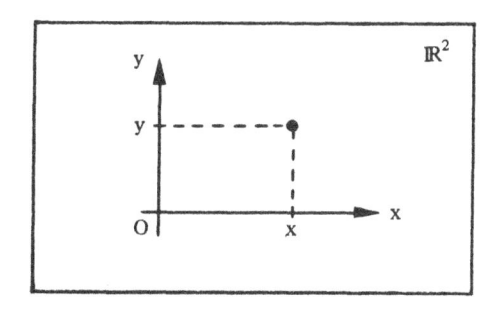

Figura 2.5-p

O produto cartesiano $\mathbb{R} \times \mathbb{R} \times \mathbb{R}$ ou $\mathbb{R}^3$ é o conjunto $\mathbb{R}^3 = \{(x, y, z)/x, y, z \in \mathbb{R}\}$ e sua representação geométrica é o *espaço cartesiano* determinado pelos três eixos cartesianos, dois a dois ortogonais, Ox, Oy e Oz (Fig. 2.5-q).

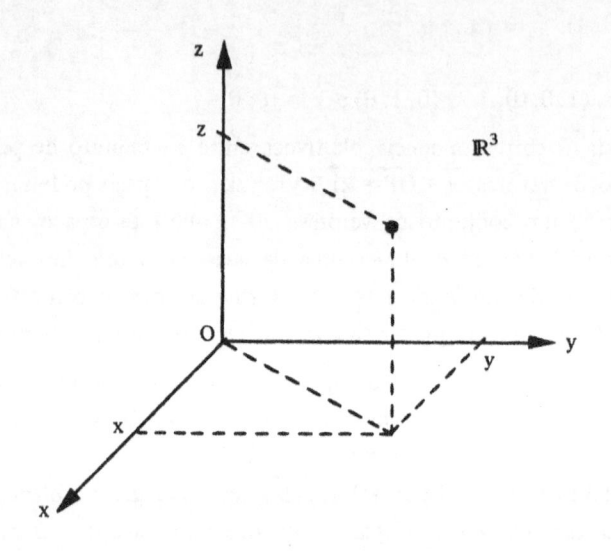

Figura 2.5-q

2.6 Igualdade – Operações – Vetor Definido por Dois Pontos

Da mesma forma como tivemos no plano, teremos no espaço:

I) Dois vetores $\vec{u} = (x_1, y_1, z_1)$ e $\vec{v} = (x_2, y_2, z_2)$ são iguais se, e somente se, $x_1 = x_2$, $y_1 = y_2$ e $z_1 = z_2$;

II) Dados os vetores $\vec{u} = (x_1, y_1, z_1)$ e $\vec{v} = (x_2, y_2, z_2)$ e $a \in \mathbb{R}$, define-se:
$$\vec{u} + \vec{v} = (x_1 + x_2, y_1 + y_2, z_1 + z_2)$$
$$a\vec{u} = (ax_1, ay_1, az_1)$$

III) Se $A(x_1, y_1, z_1)$ e $B(x_2, y_2, z_2)$ são dois pontos quaisquer no espaço, então:
$$\vec{AB} = (x_2 - x_1, y_2 - y_1, z_2 - z_1)$$

2.7 Condição de Paralelismo de Dois Vetores

Em 1.5.3 vimos que, se dois vetores $\vec{u} = (x_1, y_1, z_1)$ e $\vec{v} = (x_2, y_2, z_2)$ são colineares (ou paralelos), existe um número k tal que $\vec{u} = k\vec{v}$, ou seja,

$$(x_1, y_1, z_1) = k(x_2, y_2, z_2)$$

ou:

$$(x_1, y_1, z_1) = (kx_2, ky_2, kz_2)$$

mas, pela definição de igualdade de vetores:

$x_1 = kx_2$
$y_1 = ky_2$
$z_1 = kz_2$

ou:

$$\frac{x_1}{x_2} = \frac{y_1}{y_2} = \frac{z_1}{z_2} = k$$

Esta é a condição de paralelismo de dois vetores, isto é, dois vetores são paralelos quando suas coordenadas são proporcionais. Representa-se por $\vec{u}//\vec{v}$ dois vetores $\vec{u}$ e $\vec{v}$ paralelos.

Exemplo

Os vetores $\vec{u} = (-2, 3 - 4)$ e $\vec{v} = (-4, 6, -8)$ são paralelos pois:

$\dfrac{-2}{-4} = \dfrac{3}{6} = \dfrac{-4}{-8}$, ou seja, $\vec{u} = \dfrac{1}{2} \vec{v}$.

É claro que se uma componente de um vetor é nula, a componente correspondente de um vetor paralelo também é nula.

2.7.1 Problemas Resolvidos

4) Dados os pontos A(0, 1, -1) e B(1, 2, -1) e os vetores $\vec{u} = (-2, -1, 1)$, $\vec{v} = (3, 0, -1)$ e $\vec{w} = (-2, 2, 2)$, verificar se existem os números a_1, a_2 e a_3 tais que $\vec{w} = a_1 \vec{AB} + a_2 \vec{u} + a_3 \vec{v}$.

Solução

Tem-se: $\vec{AB} = B - A = (1, 2, -1) - (0, 1, -1) = (1 - 0, 2 + (-1), -1 + (+1)) = (1, 1, 0)$

Substituindo os vetores na igualdade dada, resulta:

$(-2, 2, 2) = a_1(1, 1, 0) + a_2(-2, -1, 1) + a_3(3, 0, -1)$

ou:

$(-2, 2, 2) = (a_1, a_1, 0) + (-2a_2, -a_2, a_2) + (3a_3, 0, -a_3)$

Somando os três vetores do segundo membro da igualdade, vem:

$(-2, 2, 2) = (a_1 - 2a_2 + 3a_3, a_1 - a_2, a_2 - a_3)$

Pela condição de igualdade de vetores, obteremos o sistema:

$$\begin{cases} a_1 - 2a_2 + 3a_3 = -2 \\ a_1 - a_2 = 2 \\ a_2 - a_3 = 2 \end{cases}$$

que tem por solução $a_1 = 3$, $a_2 = 1$ e $a_3 = -1$.

Logo:

$\vec{w} = 3\vec{AB} + \vec{u} - \vec{v}$

5) Dados os pontos $P(1, 2, 4)$, $Q(2, 3, 2)$ e $R(2, 1, -1)$, determinar as coordenadas de um ponto S tal que P, Q, R e S sejam vértices de um paralelogramo.

Solução

Se PQRS é o paralelogramo da figura, então $\vec{PQ} = \vec{SR}$ e $\vec{PS} = \vec{QR}$.

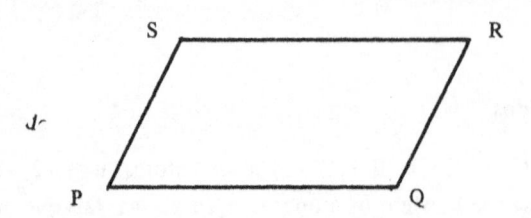

Para $S(x, y, z)$, vamos ter na primeira igualdade:

$Q - P = R - S$

ou:

$(1, 1, -2) = (2 - x, 1 - y, -1 - z)$

mas, pela definição de igualdade de vetores:

$2 - x = 1$
$1 - y = 1$
$-1 - z = -2$

Essas igualdades implicam ser $x = 1$, $y = 0$ e $z = 1$.
Logo:

$S = (1, 0, 1)$.

Com a utilização da 2ª igualdade, o resultado obviamente seria o mesmo. Além desta solução, existem duas outras que ficam a cargo do leitor.

6) Determinar os valores de m e n para que sejam paralelos os vetores $\vec{u} = (m + 1, 3, 1)$ e $\vec{v} = (4, 2, 2n - 1)$.

Solução

A condição de paralelismo de dois vetores permite escrever:

$$\frac{m + 1}{4} = \frac{3}{2} = \frac{1}{2n - 1}$$

ou:

$$\begin{cases} 2(m + 1) = 12 \\ 3(2n - 1) = 2 \end{cases}$$

$$\begin{cases} 2m + 2 = 12 \\ 6n - 3 = 2 \end{cases}$$

A solução do sistema permite dizer que $m = 5$ e $n = \frac{5}{6}$.

7) Dar as expressões das coordenadas do ponto médio do segmento de reta de extremidades $A(x_1, y_1)$ e $B(x_2, y_2)$.

Solução

```
A             M             B
•─────────────•─────────────•
```

O ponto médio M é tal que

$$\overrightarrow{AM} = \overrightarrow{MB}$$

ou:

$$M - A = B - M$$

Sendo M (x, y), vem:

$$(x - x_1,\ y - y_1) = (x_2 - x,\ y_2 - y)$$

e daí:

$$x - x_1 = x_2 - x$$
$$y - y_1 = y_2 - y$$

portanto:

$$2x = x_2 + x_1$$
$$2y = y_2 + y_1$$

logo:

$$x = \frac{x_2 + x_1}{2} = \frac{x_1 + x_2}{2}$$

$$y = \frac{y_2 + y_1}{2} = \frac{y_1 + y_2}{2}$$

2.8 Problemas Propostos

1) Determinar a extremidade do segmento que representa o vetor $\vec{v} = (2, -5)$, sabendo que sua origem é o ponto $A(-1, 3)$.

2) Dados os vetores $\vec{u} = (3, -1)$ e $\vec{v} = (-1, 2)$, determinar o vetor $\vec{w}$ tal que

   a) $4(\vec{u} - \vec{v}) + \frac{1}{3}\vec{w} = 2\vec{u} - \vec{w}$

   b) $3\vec{w} - (2\vec{v} - \vec{u}) = 2(4\vec{w} - 3\vec{u})$

3) Dados os pontos $A(-1, 3)$, $B(2, 5)$ e $C(3, -1)$, calcular $\vec{OA} - \vec{AB}$, $\vec{OC} - \vec{BC}$ e $3\vec{BA} - 4\vec{CB}$.

4) Dados os vetores $\vec{u} = (3, -4)$ e $\vec{v} = (-\frac{9}{4}, 3)$, verificar se existem números a e b tais que $\vec{u} = a\vec{v}$ e $\vec{v} = b\vec{u}$.

5) Dados os vetores $\vec{u} = (2, -4)$, $\vec{v} = (-5, 1)$ e $\vec{w} = (-12, 6)$, determinar k_1 e k_2 tal que $\vec{w} = k_1 \vec{u} + k_2 \vec{v}$.

6) Dados os pontos $A(-1, 3)$, $B(1, 0)$, $C(2, -1)$, determinar D tal que $\vec{DC} = \vec{BA}$.

7) Dados os pontos $A(2, -3, 1)$ e $B(4, 5, -2)$, determinar o ponto P tal que $\vec{AP} = \vec{PB}$.

8) Dados os pontos $A(-1, 2, 3)$ e $B(4, -2, 0)$, determinar o ponto P tal que $\vec{AP} = 3\vec{AB}$.

9) Determinar o vetor $\vec{v}$ sabendo que $(3, 7, 1) + 2\vec{v} = (6, 10, 4) - \vec{v}$.

10) Encontrar os números a_1 e a_2 tais que $\vec{w} = a_1 \vec{v}_1 + a_2 \vec{v}_2$, sendo $\vec{v}_1 = (1, -2, 1)$, $\vec{v}_2 = (2, 0, -4)$ e $\vec{w} = (-4, -4, 14)$.

11) Determinar a e b de modo que os vetores $\vec{u} = (4, 1, -3)$ e $\vec{v} = (6, a, b)$ sejam paralelos.

12) Verificar se são colineares os pontos:

    a) $A(-1, -5, 0)$, $B(2, 1, 3)$ e $C(-2, -7, -1)$

    b) $A(2, 1, -1)$, $B(3, -1, 0)$ e $C(1, 0, 4)$

13) Calcular a e b de modo que sejam colineares os pontos $A(3, 1, -2)$, $B(1, 5, 1)$ e $C(a, b, 7)$.

14) Mostrar que os pontos A(4,0,1), B(5,1,3), C(3,2,5) e D(2,1,3) são vértices de um paralelogramo.

15) Determinar o simétrico do ponto P(3,1,-2) em relação ao ponto A(-1,0,-3).

2.8.1 Respostas dos Problemas Propostos

1) (1,-2)

2) a) $\vec{w} = (-\frac{15}{2}, \frac{15}{2})$; b) $\vec{w} = (\frac{23}{5}, -\frac{11}{5})$

3) (-4,1), (2,5), (-5,-30)

4) $a = -\frac{4}{3}$, $b = -\frac{3}{4}$

5) $k_1 = -1$ e $k_2 = 2$

6) D(4,-4)

7) $P(3, 1, -\frac{1}{2})$

8) (14,-10,-6)

9) $\vec{v} = (1,1,1)$

10) $a_1 = 2$, $a_2 = -3$

11) $a = \frac{3}{2}$ $b = -\frac{9}{2}$

12) a) sim   b) não

13) $a = -3$ $b = 13$

15) (-5,-1,-4)

CAPÍTULO 3

PRODUTOS DE VETORES

3.1 Produto Escalar

Chama-se *produto escalar* (ou produto interno usual) de dois vetores $\vec{u} = x_1\vec{i} + y_1\vec{j} + z_1\vec{k}$ e $\vec{v} = x_2\vec{i} + y_2\vec{j} + z_2\vec{k}$, e se representa por $\vec{u} \cdot \vec{v}$, ao número real

$$\vec{u} \cdot \vec{v} = x_1 x_2 + y_1 y_2 + z_1 z_2$$

O produto escalar de $\vec{u}$ por $\vec{v}$ também é indicado por $<\vec{u}, \vec{v}>$ e se lê "$\vec{u}$ escalar $\vec{v}$".

Exemplo

Se $\vec{u} = 3\vec{i} - 5\vec{j} + 8\vec{k}$ e $\vec{v} = 4\vec{i} - 2\vec{j} - \vec{k}$, tem-se
$\vec{u} \cdot \vec{v} = 3 \times 4 + (-5)(-2) + 8 \times (-1) = 12 + 10 - 8 = 14$

3.1.1 Problema Resolvido

1) Dados os vetores $\vec{u} = (4, \alpha, -1)$ e $\vec{v} = (\alpha, 2, 3)$ e os pontos $A(4, -1, 2)$ e $B(3, 2, -1)$, determinar o valor de α tal que $\vec{u} \cdot (\vec{v} + \vec{BA}) = 5$.

Solução

$\vec{BA} = A - B = (4 - 3, -1 -2, 2 - (-1)) = (1, -3, 3)$

Substituindo e resolvendo a equação dada, vem

$(4, \alpha, -1) \cdot ((\alpha, 2, 3) + (1, -3, 3)) = 5$

$(4, \alpha, -1) \cdot (\alpha + 1, -1, 6) = 5$

$4(\alpha + 1) + \alpha(-1) - 1(6) = 5$

$4\alpha + 4 - \alpha - 6 = 5$

$\quad\quad 3\alpha = 5 - 4 + 6$

$\quad\quad 3\alpha = 7$

e:

$$\alpha = \frac{7}{3}$$

3.2 Módulo de um Vetor

Módulo de um vetor $\vec{v} = (x, y, z)$, representado por $|\vec{v}|$, é o número real não negativo

$$|\vec{v}| = \sqrt{\vec{v} \cdot \vec{v}}$$

ou, em coordenadas,

$$|\vec{v}| = \sqrt{(x, y, z) \cdot (x, y, z)}$$

ou

$$|\vec{v}| = \sqrt{x^2 + y^2 + z^2}$$

Exemplo

Se $\vec{v} = (2, 1, -2)$, então

$$|\vec{v}| = \sqrt{(2)^2 + (1)^2 + (-2)^2} = \sqrt{4 + 1 + 4} = \sqrt{9} = 3$$

Observações

a) Versor de um vetor

Se o versor do vetor $\vec{v}$ do exemplo for designado por $\vec{u}$, tem-se:

$$\vec{u} = \frac{\vec{v}}{|\vec{v}|} = \frac{1}{3}(2,1,-2) = (\frac{2}{3}, \frac{1}{3}, -\frac{2}{3})$$

O versor é, na verdade, um vetor unitário, pois:

$$\left|(\frac{2}{3}, \frac{1}{3}, -\frac{2}{3})\right| = \sqrt{(\frac{2}{3})^2 + (\frac{1}{3})^2 + (-\frac{2}{3})^2} = \sqrt{\frac{4}{9} + \frac{1}{9} + \frac{4}{9}} = \sqrt{\frac{9}{9}} = 1$$

b) Distância entre dois pontos

A distância d entre os pontos $A(x_1, y_1, z_1)$ e $B(x_2, y_2, z_2)$ é assim definida:

$$d = |\overrightarrow{AB}| = |B - A|$$

e, portanto,

$$d = \sqrt{(x_2 - x_1)^2 + (y_2 - y_1)^2 + (z_2 - z_1)^2}$$

3.2.1 Problemas Resolvidos

2) Sabendo que a distância entre os pontos $A(-1, 2, 3)$ e $B(1, -1, m)$ é 7, calcular m.

Solução

$$\overrightarrow{AB} = B - A = (1 - (-1), -1 - 2, m - 3) = (2, -3, m - 3)$$

mas:

$$d = |\overrightarrow{AB}| = 7$$

logo:

$$|(2, -3, m - 3)| = 7$$

$$\sqrt{(2)^2 + (-3)^2 + (m - 3)^2} = 7$$

Elevando ambos os membros ao quadrado e ordenando a equação vem:

$4 + 9 + m^2 - 6m + 9 = 49$

$m^2 - 6m - 27 = 0$

Resolvendo esta equação do 2º grau pela conhecida fórmula

$m = \dfrac{-b \pm \sqrt{b^2 - 4ac}}{2a}$, na qual $a = 1$, $b = -6$ e $c = -27$, obtém-se:

$m = 9$

e:

$m = -3$

logo:

$m = 9$ ou $m = -3$.

3) Determinar α para que o vetor $\vec{v} = (\alpha, -\dfrac{1}{2}, \dfrac{1}{4})$ seja unitário.

Solução

Deve-se ter $|\vec{v}| = 1$, ou seja,

$\sqrt{\alpha^2 + (-\dfrac{1}{2})^2 + (\dfrac{1}{4})^2} = 1$

$\alpha^2 + \dfrac{1}{4} + \dfrac{1}{16} = 1$

$\alpha^2 = 1 - \dfrac{1}{4} - \dfrac{1}{16} = \dfrac{16 - 4 - 1}{16}$

$\alpha^2 = \dfrac{11}{16}$

$\alpha = \pm \dfrac{\sqrt{11}}{4}$

3.3 Propriedades do Produto Escalar

Para quaisquer que sejam os vetores $\vec{u} = (x_1, y_1, z_1)$, $\vec{v} = (x_2, y_2, z_2)$, $\vec{w} = (x_3, y_3, z_3)$ e $m \in \mathbb{R}$, é fácil verificar que:

I) $\vec{u} \cdot \vec{u} \geq 0$ e $\vec{u} \cdot \vec{u} = 0$ somente se $\vec{u} = \vec{0} = (0, 0, 0)$ (imediato)

II) $\vec{u} \cdot \vec{v} = \vec{v} \cdot \vec{u}$ (comutativa)

De fato:

$$\vec{u} \cdot \vec{v} = x_1 x_2 + y_1 y_2 + z_1 z_2 = x_2 x_1 + y_2 y_1 + z_2 z_1 = \vec{v} \cdot \vec{u}$$

III) $\vec{u} \cdot (\vec{v} + \vec{w}) = \vec{u} \cdot \vec{v} + \vec{u} \cdot \vec{w}$ (distributiva em relação à adição de vetores)

De fato:

$$\vec{u} \cdot (\vec{v} + \vec{w}) = x_1 (x_2 + x_3) + y_1 (y_2 + y_3) + z_1 (z_2 + z_3)$$
$$\vec{u} \cdot (\vec{v} + \vec{w}) = (x_1 x_2 + y_1 y_2 + z_1 z_2) + (x_1 x_3 + y_1 y_3 + z_1 z_3)$$
$$\vec{u} \cdot (\vec{v} + \vec{w}) = \vec{u} \cdot \vec{v} + \vec{u} \cdot \vec{w}$$

IV) $(m\vec{u}) \cdot \vec{v} = m(\vec{u} \cdot \vec{v}) = \vec{u} \cdot (m\vec{v})$ (exercício para o leitor)

V) $\vec{u} \cdot \vec{u} = |\vec{u}|^2$

De fato, de acordo com a definição de módulo de um vetor:

$$\sqrt{\vec{u} \cdot \vec{u}} = |\vec{u}|$$

Elevando ambos os membros ao quadrado, vem:

$$\vec{u} \cdot \vec{u} = |\vec{u}|^2$$

3.3.1 Problemas Resolvidos

4) Provar que $|\vec{u} + \vec{v}|^2 = |\vec{u}|^2 + 2\vec{u} \cdot \vec{v} + |\vec{v}|^2$

Solução

$$|\vec{u} + \vec{v}|^2 = (\vec{u} + \vec{v}) \cdot (\vec{u} + \vec{v}) = \vec{u} \cdot (\vec{u} + \vec{v}) + \vec{v} \cdot (\vec{u} + \vec{v})$$
$$|\vec{u} + \vec{v}|^2 = \vec{u} \cdot \vec{u} + \vec{u} \cdot \vec{v} + \vec{v} \cdot \vec{u} + \vec{v} \cdot \vec{v}$$
$$|\vec{u} + \vec{v}|^2 = |\vec{u}|^2 + 2\vec{u} \cdot \vec{v} + |\vec{v}|^2$$

Observação

De forma análoga demonstra-se que:

$|\vec{u} - \vec{v}|^2 = |\vec{u}|^2 - 2\vec{u} \cdot \vec{v} + |\vec{v}|^2$

5) Provar que $(\vec{u} + \vec{v}) \cdot (\vec{u} - \vec{v}) = |\vec{u}|^2 - |\vec{v}|^2$

Solução

$(\vec{u} + \vec{v}) \cdot (\vec{u} - \vec{v}) = \vec{u} \cdot (\vec{u} - \vec{v}) + \vec{v} \cdot (\vec{u} - \vec{v})$
$(\vec{u} + \vec{v}) \cdot (\vec{u} - \vec{v}) = \vec{u} \cdot \vec{u} - \vec{u} \cdot \vec{v} + \vec{v} \cdot \vec{u} - \vec{v} \cdot \vec{v}$
$(\vec{u} + \vec{v}) \cdot (\vec{u} - \vec{v}) = |\vec{u}|^2 - |\vec{v}|^2$

3.4 Ângulo de Dois Vetores

Já vimos em 1.7 que o ângulo θ entre dois vetores não nulos $\vec{u}$ e $\vec{v}$ varia de 0° a 180°. Vamos mostrar que o produto escalar de dois vetores está relacionado com o ângulo por eles formado. Se $\vec{u} \neq \vec{0}$, $\vec{v} \neq \vec{0}$ e se θ é o ângulo dos vetores $\vec{u}$ e $\vec{v}$, então:

$\vec{u} \cdot \vec{v} = |\vec{u}||\vec{v}| \cos \theta$

Com efeito:

aplicando a lei dos co-senos ao triângulo ABC da Fig. 3.4, temos:

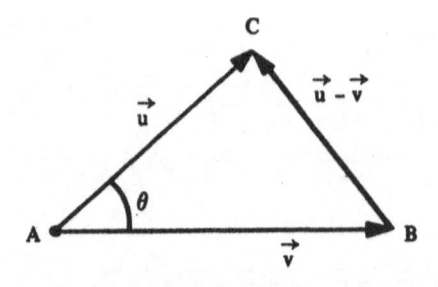

Figura 3.4

$|\vec{u} - \vec{v}|^2 = |\vec{u}|^2 + |\vec{v}|^2 - 2|\vec{u}||\vec{v}| \cos \theta$ \hfill (1)

Por outro lado, de acordo com as propriedades II, III e V do produto escalar (ver Problemas 4 e 5, Item 3.3.1):

$$|\vec{u} - \vec{v}|^2 = |\vec{u}|^2 + |\vec{v}|^2 - 2\vec{u} \cdot \vec{v} \tag{2}$$

Comparando as igualdades (2) e (1):

$$|\vec{u}|^2 + |\vec{v}|^2 - 2\vec{u} \cdot \vec{v} = |\vec{u}|^2 + |\vec{v}|^2 - 2|\vec{u}||\vec{v}| \cos \theta$$

logo:

$$\vec{u} \cdot \vec{v} = |\vec{u}||\vec{v}| \cos \theta \tag{3.4-I}$$

Conclusão: O produto escalar de dois vetores $\vec{u}$ e $\vec{v}$ é o produto dos seus módulos pelo co-seno do ângulo por eles formado.

Observações

a) Se $\vec{u} \cdot \vec{v} > 0$, de acordo com a Fórmula 3.4-I, $\cos \theta$ deve ser um número positivo, isto é, $\cos \theta > 0$, o que implica $0° \leq \theta < 90°$. Nesse caso, θ é ângulo agudo ou nulo:

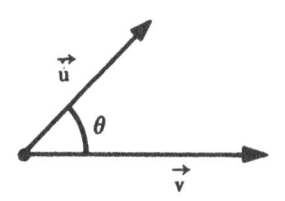

b) Se $\vec{u} \cdot \vec{v} < 0$, de acordo com a Fórmula 3.4-I, $\cos \theta$ deve ser um número negativo, isto é, $\cos \theta < 0$, o que implica $90° < \theta \leq 180°$. Nesse caso, θ é ângulo obtuso ou raso:

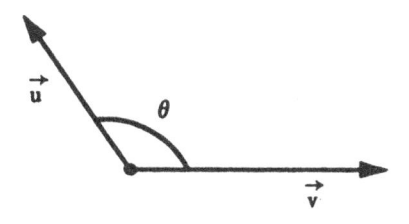

c) Se $\vec{u} \cdot \vec{v} = 0$, de acordo com a Fórmula 3.4-I, $\cos\theta$ deve ser igual a zero, isto é, $\cos\theta = 0$, o que implica $\theta = 90°$. Nesse caso, θ é ângulo reto:

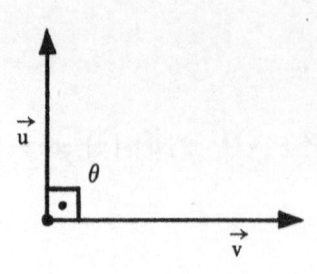

3.4.1 Cálculo do Ângulo de Dois Vetores

Da fórmula (3.4-I):

$$\vec{u} \cdot \vec{v} = |\vec{u}| \, |\vec{v}| \cos\theta, \text{ vem:}$$

$$\cos\theta = \frac{\vec{u} \cdot \vec{v}}{|\vec{u}| \, |\vec{v}|} \qquad (3.4\text{-II})$$

Esta fórmula é de larga aplicação no cálculo do ângulo de dois vetores.

3.4.2 Condição de Ortogonalidade de Dois Vetores

De acordo com a observação da alínea c) do Item 3.4, podemos afirmar: dois vetores são *ortogonais* se, e somente se, o produto escalar deles é nulo, isto é, se:

$$\vec{u} \cdot \vec{v} = 0$$

Exemplo

$\vec{u} = (-2, 3, -2)$ é ortogonal a $\vec{v} = (-1, 2, 4)$, pois:

$$\vec{u} \cdot \vec{v} = -2(-1) + 3(2) + (-2)4 = 2 + 6 - 8 = 0$$

3.4.3 Problemas Resolvidos

6) Calcular o ângulo entre os vetores $\vec{u} = (1, 1, 4)$ e $\vec{v} = (-1, 2, 2)$.

Solução

$$\cos \theta = \frac{\vec{u} \cdot \vec{v}}{|\vec{u}| \, |\vec{v}|} = \frac{(1, 1, 4) \cdot (-1, 2, 2)}{\sqrt{1^2 + 1^2 + 4^2} \times \sqrt{(-1)^2 + 2^2 + 2^2}} = \frac{-1 + 2 + 8}{\sqrt{18} \times \sqrt{9}}$$

$$\cos \theta = \frac{9}{3\sqrt{2} \times 3}$$

$$\cos \theta = \frac{1}{\sqrt{2}} = \frac{1\sqrt{2}}{\sqrt{2}\sqrt{2}} = \frac{\sqrt{2}}{2}$$

logo:

$$\theta = \text{arc cos}\left(\frac{\sqrt{2}}{2}\right) = 45°$$

7) Sabendo que o vetor $\vec{v} = (2, 1, -1)$ forma um ângulo de 60° com o vetor $\overrightarrow{AB}$ determinado pelos pontos $A(3, 1, -2)$ e $B(4, 0, m)$, calcular m.

Solução

De acordo com a igualdade (3.4-II), podemos escrever:

$$\cos 60° = \frac{\vec{v} \cdot \overrightarrow{AB}}{|\vec{v}| \, |\overrightarrow{AB}|}$$

mas:

$$\overrightarrow{AB} = B - A = (4 - 3, 0 - 1, m - (-2)) = (1, -1, m + 2)$$

e:

$$\cos 60° = \frac{1}{2}$$

logo:

$$\frac{1}{2} = \frac{(2, 1, -1) \cdot (1, -1, m + 2)}{\sqrt{4 + 1 + 1} \sqrt{1 + 1 + m^2 + 4m + 4}}$$

$$\frac{1}{2} = \frac{2 - 1 - m - 2}{\sqrt{6} \sqrt{m^2 + 4m + 6}}$$

$$\left(\frac{1}{2}\right)^2 = \left(\frac{-1 - m}{\sqrt{6} \sqrt{m^2 + 4m + 6}}\right)^2$$

$$\frac{1}{4} = \frac{1 + 2m + m^2}{6(m^2 + 4m + 6)}$$

$$6m^2 + 24m + 36 = 4 + 8m + 4m^2$$

$$2m^2 + 16m + 32 = 0$$

$$m^2 + 8m + 16 = 0$$

$$\therefore \ m = -4 \text{ (raiz dupla)}$$

8) Determinar os ângulos internos ao triângulo ABC, sendo $A(3, -3, 3)$, $B(2, -1, 2)$ e $C(1, 0, 2)$.

Solução

Observemos que o ângulo A é o ângulo entre os vetores $\vec{AB}$ e $\vec{AC}$. Logo:

$$\cos \hat{A} = \frac{\vec{AB} \cdot \vec{AC}}{|\vec{AB}| |\vec{AC}|} = \frac{(-1, 2, -1) \cdot (-2, 3, -1)}{\sqrt{1 + 4 + 1} \sqrt{4 + 9 + 1}} = \frac{2 + 6 + 1}{\sqrt{6} \sqrt{14}} = \frac{9}{\sqrt{84}} \cong 0,982$$

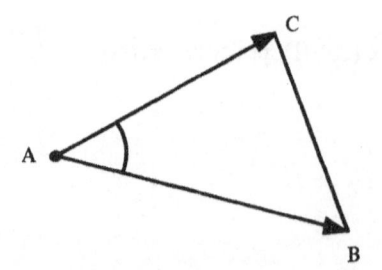

$$\hat{A} = \arccos \left(\frac{9}{\sqrt{84}}\right) \cong 10°53'$$

Analogamente,

$$\cos \hat{B} = \frac{\overrightarrow{BA} \cdot \overrightarrow{BC}}{|\overrightarrow{BA}||\overrightarrow{BC}|} = \frac{(1,-2,1) \cdot (-1,1,0)}{\sqrt{1+4+1}\sqrt{1+1+0}} = \frac{-1-2}{\sqrt{6}\sqrt{2}} = \frac{-3}{2\sqrt{3}} = -\frac{\sqrt{3}}{2}$$

$$\hat{B} = \arccos\left(-\frac{\sqrt{3}}{2}\right) = 150°$$

$$\cos \hat{C} = \frac{\overrightarrow{CA} \cdot \overrightarrow{CB}}{|\overrightarrow{CA}||\overrightarrow{CB}|} = \frac{(2,-3,1) \cdot (1,-1,0)}{\sqrt{4+9+1}\sqrt{1+1}} = \frac{2+3}{\sqrt{14}\sqrt{2}} = \frac{5}{\sqrt{28}} \cong 0{,}9449$$

$$\hat{C} = \arccos\left(\frac{5}{\sqrt{28}}\right) \cong 19° \, 7'$$

Notemos que $\hat{A} + \hat{B} + \hat{C} = 180°$.

9) Provar que o triângulo de vértices $A(2,3,1)$, $B(2,1,-1)$ e $C(2,2,-2)$ é um triângulo retângulo.

Solução

A forma mais simples de provar a existência de um ângulo reto é mostrar que o produto escalar de dois vetores que determinam os lados do triângulo é nulo. Consideremos os vetores:

$\overrightarrow{AB} = (0, -2, -2)$
$\overrightarrow{AC} = (0, -1, -3)$
$\overrightarrow{BC} = (0, 1, -1)$

(Poderíamos também considerar os vetores opostos deles.)

Calculemos:

$\overrightarrow{AB} \cdot \overrightarrow{AC} = (0,-2,-2) \cdot (0,-1,-3) = 0 + 2 + 6 = 8 \neq 0$
$\overrightarrow{AB} \cdot \overrightarrow{BC} = (0,-2,-2) \cdot (0,1,-1) = 0 - 2 + 2 = 0$

Tendo em vista que $\overrightarrow{AB} \cdot \overrightarrow{BC} = 0$, o ângulo formado pelos vetores $\overrightarrow{AB}$ e $\overrightarrow{BC}$, de vértice B, é reto. Logo, $\triangle ABC$ é retângulo.

10) Determinar um vetor ortogonal aos vetores $\vec{v}_1 = (1, -1, 0)$ e $\vec{v}_2 = (1, 0, 1)$.

Solução

Seja $\vec{u} = (x, y, z)$ o vetor procurado. Para que $\vec{u}$ seja ortogonal aos vetores $\vec{v}_1$ e $\vec{v}_2$, devemos ter:

$\vec{u} \cdot \vec{v}_1 = (x, y, z) \cdot (1, -1, 0) = x - y = 0$
$\vec{u} \cdot \vec{v}_2 = (x, y, z) \cdot (1, 0, 1) = x + z = 0$

O sistema:

$$\begin{cases} x - y = 0 \\ x + z = 0 \end{cases}$$

é indeterminado e sua solução é:

$y = x$

$z = -x$

Isto significa que os vetores ortogonais a $\vec{v}_1$ e $\vec{v}_2$ são da forma $(x, x, -x)$. Um deles é o vetor $\vec{u}_1 = 1, 1, -1)$.

Observação

Os vetores da base canônica:

$\{\vec{i} = (1, 0, 0), \vec{j} = (0, 1, 0), \vec{k} = (0, 0, 1)\}$

são ortogonais entre si:

$\vec{i} \cdot \vec{j} = \vec{i} \cdot \vec{k} = \vec{j} \cdot \vec{k} = 0$

e unitários:

$|\vec{i}| = |\vec{j}| = |\vec{k}| = 1$

3.5 Ângulos Diretores e Co-Senos Diretores de um Vetor

Seja o vetor $\vec{v} = x\vec{i} + y\vec{j} + z\vec{k}$.

Ângulos diretores de $\vec{v}$ são os ângulos α, β e γ que $\vec{v}$ forma com os vetores $\vec{i}, \vec{j}$ e $\vec{k}$, respectivamente (Fig. 3.5).

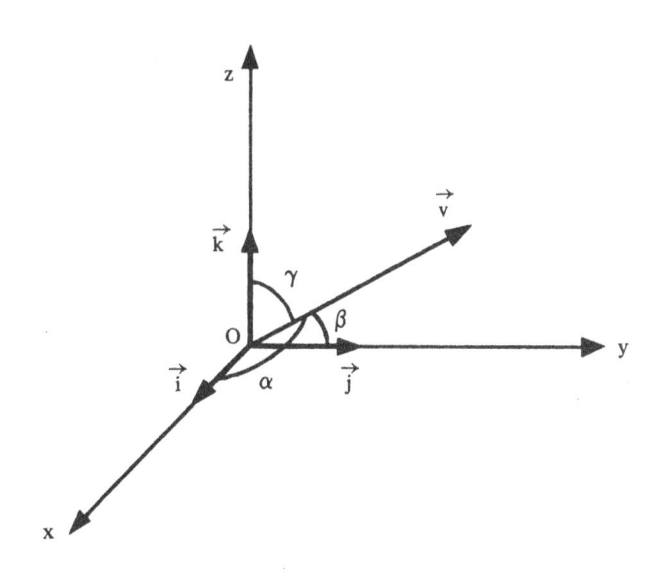

Figura 3.5

Co-senos diretores de $\vec{v}$ são os co-senos de seus ângulos diretores, isto é, $\cos \alpha$, $\cos \beta$ e $\cos \gamma$.

Para o cálculo dos co-senos diretores utilizaremos a Fórmula 3.4-II:

$$\cos \alpha = \frac{\vec{v} \cdot \vec{i}}{|\vec{v}||\vec{i}|} = \frac{(x, y, z) \cdot (1, 0, 0)}{|\vec{v}| \, 1} = \frac{x}{|\vec{v}|}$$

$$\cos \beta = \frac{\vec{v} \cdot \vec{j}}{|\vec{v}||\vec{j}|} = \frac{(x, y, z) \cdot (0, 1, 0)}{|\vec{v}| \, 1} = \frac{y}{|\vec{v}|}$$

$$\cos \gamma = \frac{\vec{v} \cdot \vec{k}}{|\vec{v}||\vec{k}|} = \frac{(x, y, z) \cdot (0, 0, 1)}{|\vec{v}| \, 1} = \frac{z}{|\vec{v}|}$$

3.5.1 Problemas Resolvidos

11) Calcular os co-senos diretores e os ângulos diretores do vetor $\vec{v} = (6, -2, 3)$.

Solução

$$|\vec{v}| = \sqrt{6^2 + (-2)^2 + 3} = \sqrt{36 + 4 + 9} = \sqrt{49} = 7$$

$\cos \alpha = \dfrac{6}{7} \cong 0{,}857 \therefore \alpha \cong 31° $ ou $0{,}541$ rad

$\cos \beta = \dfrac{-2}{7} \cong -0{,}286 \therefore \beta \cong 107°$ ou $1{,}866$ rad

$\cos \gamma = \dfrac{3}{7} \cong 0{,}428 \therefore \gamma \cong 65°$ ou $1{,}134$ rad

12) Dados os pontos $A(2, 2, -3)$ e $B(3, 1, -3)$, calcular os ângulos diretores do vetor $\overrightarrow{AB}$.

Solução

$$\overrightarrow{AB} = B - A = (3 - 2, 1 - 2, -3 - (-3)) = (1, -1, 0)$$

$$|\overrightarrow{AB}| = \sqrt{1^2 + (-1)^2 + 0^2} = \sqrt{1 + 1} = \sqrt{2}$$

$\cos \alpha = \dfrac{1}{\sqrt{2}} = \dfrac{\sqrt{2}}{2} \therefore \alpha = 45°$

$\cos \beta = \dfrac{-1}{\sqrt{2}} = \dfrac{-\sqrt{2}}{2} \therefore \beta = 135°$

$\cos \gamma = \dfrac{0}{\sqrt{2}} = 0 \therefore \gamma = 90°$

Observação

Como $\gamma = 90°$, o vetor $\overrightarrow{AB}$ é ortogonal ao vetor $\vec{k}$ ou ao eixo dos z. Assim, sempre que um vetor tem nula a terceira componente, ele é ortogonal ao eixo dos z. De forma análoga, um vetor do tipo $\vec{v} = (0, y, z)$ é ortogonal ao eixo dos x e um do tipo $\vec{v} = (x, 0, z)$ é ortogonal ao eixo dos y.

3.5.2 Propriedades

I) Seja o vetor $\vec{v} = (x, y, z)$. Designando o versor de $\vec{v}$ por $\vec{u}$, vem:

$$\vec{u} = \frac{\vec{v}}{|\vec{v}|} = \frac{(x, y, z)}{|\vec{v}|} = \left(\frac{x}{|\vec{v}|}, \frac{y}{|\vec{v}|}, \frac{z}{|\vec{v}|}\right)$$

ou:

$$\vec{u} = (\cos\alpha, \cos\beta, \cos\gamma)$$

Portanto, as componentes do versor de um vetor são os co-senos diretores deste vetor.

II) Como o versor de $\vec{v}$ é um vetor unitário, tem-se

$$|(\cos\alpha, \cos\beta, \cos\gamma)| = 1$$

mas:

$$|(\cos\alpha, \cos\beta, \cos\gamma)| = \sqrt{\cos^2\alpha + \cos^2\beta + \cos^2\gamma}$$

logo:

$$\sqrt{\cos^2\alpha + \cos^2\beta + \cos^2\gamma} = 1$$

e:

$$\cos^2\alpha + \cos^2\beta + \cos^2\gamma = 1$$

Portanto, a soma dos quadrados dos co-senos diretores de um vetor é igual a 1.

3.5.2.1 Problemas resolvidos

13) Os ângulos diretores de um vetor são α, 45° e 60°. Determinar α.

Solução

Substituindo na igualdade:
$$\cos^2\alpha + \cos^2\beta + \cos^2\gamma = 1$$

β por 45° e γ por 60°, vem:

$$\cos^2 \alpha + \cos^2 45° + \cos^2 60° = 1$$

$$\cos^2 \alpha + \left(\frac{\sqrt{2}}{2}\right)^2 + \left(\frac{1}{2}\right)^2 = 1$$

ou:

$$\cos^2 \alpha = 1 - \frac{2}{4} - \frac{1}{4} = \frac{4-2-1}{4} = \frac{1}{4}$$

$$\cos \alpha = \pm \sqrt{\frac{1}{4}} = \pm \frac{1}{2}$$

logo:

$\alpha = 60°$ ou $\alpha = 120°$

14) Um vetor $\vec{v}$ forma com os vetores $\vec{i}$ e $\vec{j}$ ângulos de 60° e 120°, respectivamente. Determinar o vetor $\vec{v}$, sabendo que $|\vec{v}| = 2$.

Solução

Seja $\vec{v} = (x, y, z)$. No caso presente: $\alpha = 60°$ e $\beta = 120°$,

logo:

$$\cos 60° = \frac{x}{|\vec{v}|} = \frac{x}{2}$$

mas:

$$\cos 60° = \frac{1}{2}$$

logo:

$$\frac{x}{2} = \frac{1}{2} \therefore x = 1$$

Por outro lado:

$$\cos 120° = \frac{y}{|\vec{v}|} = \frac{y}{2}$$

mas:

$$\cos 120° = -\frac{1}{2}$$

logo:

$$\frac{y}{2} = -\frac{1}{2} \therefore y = -1$$

Sabemos que:

$$|\vec{v}| = \sqrt{x^2 + y^2 + z^2}$$

isto é:

$$2 = \sqrt{1^2 + (-1)^2 + z^2}$$

ou:

$$4 = 1^2 + 1^2 + z^2$$
$$z^2 = 4 - 1 - 1$$
$$z^2 = 2$$
$$z = \pm\sqrt{2}$$

portanto:

$$\vec{v} = (1, -1, \sqrt{2}) \text{ ou } \vec{v} = (1, -1, -\sqrt{2})$$

3.6   Projeção de um Vetor

Sejam os vetores $\vec{u}$ e $\vec{v}$, com $\vec{u} \neq 0$ e $\vec{v} \neq 0$, e θ o ângulo por eles formado. Pretendemos calcular o vetor $\vec{w}$ que representa a projeção de $\vec{u}$ sobre $\vec{v}$. A Figura 3.6 ilustra as duas situações possíveis podendo ser θ um ângulo agudo ou obtuso.

Do triângulo retângulo, vem:

$$|\vec{w}| = |\vec{u}||\cos\theta| = |\vec{u}|\frac{|\vec{u}\cdot\vec{v}|}{|\vec{u}||\vec{v}|} = \frac{|\vec{u}\cdot\vec{v}|}{|\vec{v}|}$$

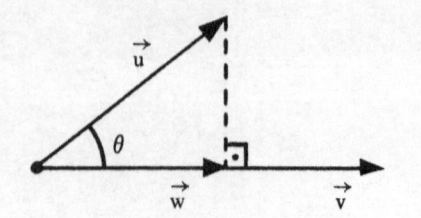

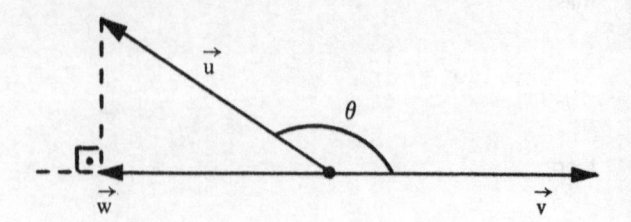

Figura 3.6

Como $\vec{w}$ e $\vec{v}$ têm a mesma direção, segue-se que:

$$\vec{w} = k\vec{v}, \quad k \in \mathbb{R}$$

Então:

$$|\vec{w}| = |k| \, |\vec{v}|$$

ou:

$$|k| = |\vec{w}| \frac{1}{|\vec{v}|} = \frac{|\vec{u} \cdot \vec{v}|}{|\vec{v}|} \frac{1}{|\vec{v}|} \quad \therefore \quad k = \frac{\vec{u} \cdot \vec{v}}{|\vec{v}|^2}$$

logo:

$$\vec{w} = \left(\frac{\vec{u} \cdot \vec{v}}{|\vec{v}|^2} \right) \vec{v}$$

Portanto, o vetor projeção de $\vec{u}$ sobre $\vec{v}$ (proj$_{\vec{v}} \vec{u} = \vec{w}$) é:

$$\text{proj}_{\vec{v}} \vec{u} = \left(\vec{u} \cdot \frac{\vec{v}}{|\vec{v}|} \right) \frac{\vec{v}}{|\vec{v}|}$$

ou:

$$\text{proj}_{\vec{v}} \vec{u} = \left(\frac{\vec{u} \cdot \vec{v}}{\vec{v} \cdot \vec{v}} \right) \vec{v} \tag{3.6}$$

3.6.1 Problemas Resolvidos

15) Determinar o vetor projeção de $\vec{u} = (2, 3, 4)$ sobre $\vec{v} = (1, -1, 0)$.

Solução

Utilizando a fórmula:

$$\text{proj.}_{\vec{v}} \vec{u} = \left(\frac{\vec{u} \cdot \vec{v}}{\vec{v} \cdot \vec{v}} \right) \vec{v}$$

obtém-se:

$$\text{proj.}_{\vec{v}} \vec{u} = \left(\frac{(2,3,4) \cdot (1,-1,0)}{(1,-1,0) \cdot (1,-1,0)} \right) (1,-1,0) = \left(\frac{2-3+0}{1+1+0} \right) (1,-1,0)$$

$$\text{proj.}_{\vec{v}} \vec{u} = \left(\frac{2-3}{2} \right) (1,-1,0) = -\frac{1}{2}(1,-1,0) = \left(-\frac{1}{2}, \frac{1}{2}, 0 \right)$$

16) Sejam os pontos $A(1,2,-1)$, $B(-1,0,-1)$ e $C(2,1,2)$. Pede-se:

   a) mostrar que o triângulo ABC é retângulo em A;

   b) calcular a medida da projeção do cateto AB sobre a hipotenusa BC;

   c) determinar o pé da altura do triângulo relativa ao vértice A.

Solução

a) Para mostrar que o ângulo A é reto basta mostrar que os vetores $\vec{AB}$ e $\vec{AC}$ são ortogonais, isto é, $\vec{AB} \cdot \vec{AC} = 0$.

Como $\vec{AB} = (-2, -2, 0)$ e $\vec{AC} = (1, -1, 3)$, temos:

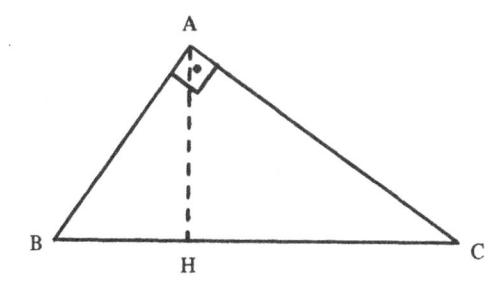

$\vec{AB} \cdot \vec{AC} = (-2, -2, 0) \cdot (1, -1, 3) = -2 + 2 = 0$

b) Vamos calcular primeiramente o vetor projeção do vetor $\overrightarrow{BA}$ sobre o vetor $\overrightarrow{BC}$. Pela Fórmula 3.6, sabe-se que:

$$\text{proj.}\,\frac{\overrightarrow{BA}}{\overrightarrow{BC}} = \frac{\overrightarrow{BA}\cdot\overrightarrow{BC}}{\overrightarrow{BC}\cdot\overrightarrow{BC}}\,\overrightarrow{BC}$$

Sendo $\overrightarrow{BA} = (2, 2, 0)$ e $\overrightarrow{BC} = (3, 1, 3)$, vem:

$$\text{proj.}\,\frac{\overrightarrow{BA}}{\overrightarrow{BC}} = \frac{(2,2,0)\cdot(3,1,3)}{(3,1,3)\cdot(3,1,3)}(3,1,3) = \frac{6+2}{9+1+9}(3,1,3) = \frac{8}{19}(3,1,3)$$

A medida da projeção do cateto AB sobre a hipotenusa BC é o módulo do vetor, ou seja:

$$\left|\frac{8}{19}(3,1,3)\right| = \frac{64}{361}\sqrt{9+1+9} = \frac{64}{361}\sqrt{19}$$

c) Seja H(x, y, z) o pé da altura relativa ao vértice A.

mas:

$$\overrightarrow{BH} = \text{proj.}\,_{\overrightarrow{BC}}\overrightarrow{BA}$$

$$\overrightarrow{BH} = H - B = (x - (-1), y - 0, z - (-1)) = (x + 1, y, z + 1)$$

e:

$$\text{proj.}\,\frac{\overrightarrow{BA}}{\overrightarrow{BC}} = \frac{8}{19}\times(3,1,3)$$

logo:

$$(x+1, y, z+1) = \left(\frac{24}{19}, \frac{8}{19}, \frac{24}{19}\right)$$

Tendo em vista a definição de igualdade de vetores, vem:

$$\begin{cases} x + 1 = \dfrac{24}{19} \\[6pt] y = \dfrac{8}{19} \\[6pt] z + 1 = \dfrac{24}{19} \end{cases}$$

Resolvendo o sistema, se obtém: $x = \frac{5}{19}$, $y = \frac{8}{19}$ e $z = \frac{5}{19}$,

logo:

$$H\left(\frac{5}{19}, \frac{8}{19}, \frac{5}{19}\right)$$

Observação

Se $\vec{v}$ é um vetor unitário, a fórmula (3.6) reduz-se a:

$\text{proj.}_{\vec{v}}\vec{u} = (\vec{u} \cdot \vec{v})\vec{v}$, pois: $\vec{v} \cdot \vec{v} = 1$

Sendo $\vec{u} = (x, y, z)$, e considerando os vetores particulares $\vec{i} = (1, 0, 0)$, $\vec{j} = (0, 1, 0)$ e $\vec{k} = (0, 0, 1)$, resulta:

$$\text{proj.}_{\vec{i}}\vec{u} = (\vec{u} \cdot \vec{i})\vec{i} = x\vec{i}$$

$$\text{proj.}_{\vec{j}}\vec{u} = (\vec{u} \cdot \vec{j})\vec{j} = y\vec{j}$$

$$\text{proj.}_{\vec{k}}\vec{u} = (\vec{u} \cdot \vec{k})\vec{k} = z\vec{k}$$

Especificando, os vetores projeções do vetor $\vec{u} = 3\vec{i} + 4\vec{j} + 5\vec{k}$ sobre os vetores $\vec{i}, \vec{j}$ e $\vec{k}$ são $3\vec{i}, 4\vec{j}$ e $5\vec{k}$, respectivamente.

3.7 Produto Escalar no $\mathbb{R}^2$

Todo o estudo feito neste capítulo em relação a vetores do $\mathbb{R}^3$ é válido também no $\mathbb{R}^2$. Considerando os vetores $\vec{u} = (x_1, y_1)$ e $\vec{v} = (x_2, y_2)$, temos:

a) $\vec{u} \cdot \vec{v} = x_1 x_2 + y_1 y_2$

b) $|\vec{u}| = \sqrt{\vec{u} \cdot \vec{u}} = \sqrt{x_1^2 + y_1^2}$

c) validade das mesmas propriedades do produto escalar

d) se θ é o ângulo entre $\vec{u} \neq \vec{0}$ e $\vec{v} \neq \vec{0}$, então

$$\cos \theta = \frac{\vec{u} \cdot \vec{v}}{|\vec{u}||\vec{v}|}$$

e) $\vec{u} \perp \vec{v}$ se, e somente se, $\vec{u} \cdot \vec{v} = 0$; observemos que vetores do tipo (a, b) e (-b, a) são ortogonais

f) se α e β são os ângulos diretores de $\vec{u}$, então:

$$\cos \alpha = \frac{x_1}{|\vec{u}|} \quad \text{e} \quad \cos \beta = \frac{y_1}{|\vec{u}|}$$

g) $\cos^2 \alpha + \cos^2 \beta = 1$

h) $\text{proj.}_{\vec{v}} \vec{u} = \left(\frac{\vec{u} \cdot \vec{v}}{\vec{v} \cdot \vec{v}} \right) \vec{v}$

3.8 Produto Vetorial

Dados os vetores $\vec{u} = x_1\vec{i} + y_1\vec{j} + z_1\vec{k}$ e $\vec{v} = x_2\vec{i} + y_2\vec{j} + z_2\vec{k}$, tomados nesta ordem, chama-se *produto vetorial* dos vetores $\vec{u}$ e $\vec{v}$, e se representa por $\vec{u} \times \vec{v}$, ao vetor:

$$\vec{u} \times \vec{v} = (y_1 z_2 - z_1 y_2)\vec{i} - (x_1 z_2 - z_1 x_2)\vec{j} + (x_1 y_2 - y_1 x_2)\vec{k}$$

Cada componente deste vetor pode ainda ser expresso na forma de um determinante de 2ª ordem:

$$\vec{u} \times \vec{v} = \begin{vmatrix} y_1 & z_1 \\ y_2 & z_2 \end{vmatrix} \vec{i} - \begin{vmatrix} x_1 & z_1 \\ x_2 & z_2 \end{vmatrix} \vec{j} + \begin{vmatrix} x_1 & y_1 \\ x_2 & y_2 \end{vmatrix} \vec{k} \qquad (3.8)$$

Uma maneira fácil de memorizar esta fórmula é utilizar a notação:

$$\vec{u} \times \vec{v} = \begin{vmatrix} \vec{i} & \vec{j} & \vec{k} \\ x_1 & y_1 & z_1 \\ x_2 & y_2 & z_2 \end{vmatrix} \qquad (3.8\text{-I})$$

pois o 2º membro de 3.8 é o desenvolvimento deste determinante simbólico segundo os elementos da 1ª linha, observada a alternância dos sinais que precedem os termos desse 2º membro. Na verdade, o símbolo à direita da igualdade (3.8-I) não é um determinante, pois a primeira linha contém vetores ao invés de escalares. No entanto, usaremos esta notação pela facilidade de memorização que ela propicia no cálculo do produto vetorial.

Observação

O produto vetorial do vetor $\vec{u}$ pelo vetor $\vec{v}$ é também indicado por $\vec{u} \wedge \vec{v}$ e se lê "$\vec{u}$ vetorial $\vec{v}$".

Exemplo

Cálculo do produto vetorial dos vetores $\vec{u} = 5\vec{i} + 4\vec{j} + 3\vec{k}$ e $\vec{v} = \vec{i} + \vec{k}$.

$$\vec{u} \times \vec{v} = \begin{vmatrix} \vec{i} & \vec{j} & \vec{k} \\ 5 & 4 & 3 \\ 1 & 0 & 1 \end{vmatrix}$$

$$\vec{u} \times \vec{v} = \begin{vmatrix} 4 & 3 \\ 0 & 1 \end{vmatrix} \vec{i} - \begin{vmatrix} 5 & 3 \\ 1 & 1 \end{vmatrix} \vec{j} + \begin{vmatrix} 5 & 4 \\ 1 & 0 \end{vmatrix} \vec{k}$$

$$\vec{u} \times \vec{v} = (4-0)\vec{i} - (5-3)\vec{j} + (0-4)\vec{k}$$
$$\vec{u} \times \vec{v} = 4\vec{i} - 2\vec{j} - 4\vec{k}$$

Se trocarmos a ordem dos vetores, vem:

$$\vec{v} \times \vec{u} = \begin{vmatrix} \vec{i} & \vec{j} & \vec{k} \\ 1 & 0 & 1 \\ 5 & 4 & 3 \end{vmatrix}$$

$$\vec{v} \times \vec{u} = \begin{vmatrix} 0 & 1 \\ 4 & 3 \end{vmatrix} \vec{i} - \begin{vmatrix} 1 & 1 \\ 5 & 3 \end{vmatrix} \vec{j} + \begin{vmatrix} 1 & 0 \\ 5 & 4 \end{vmatrix} \vec{k}$$

ou:

$$\vec{v} \times \vec{u} = (0-4)\vec{i} - (3-5)\vec{j} + (4-0)\vec{k}$$

e:

$$\vec{v} \times \vec{u} = -4\vec{i} + 2\vec{j} + 4\vec{k}$$

Logo, os vetores $\vec{u} \times \vec{v}$ e $\vec{v} \times \vec{u}$ são opostos, isto é, $\vec{u} \times \vec{v} = -\vec{v} \times \vec{u}$, o que significa que o produto vetorial não é comutativo.

3.9 Propriedades do Produto Vetorial

Veremos que algumas propriedades do produto vetorial estão intimamente relacionadas com propriedades dos determinantes.

I) $\vec{u} \times \vec{u} = \vec{0}$, qualquer que seja $\vec{u}$.

De fato, de acordo com a definição:

$$\vec{u} \times \vec{u} = \begin{vmatrix} i & j & k \\ x_1 & y_1 & z_1 \\ x_1 & y_1 & z_1 \end{vmatrix}$$

Tendo em vista uma propriedade dos determinantes (... *duas linhas iguais* ...):

$$\vec{u} \times \vec{u} = 0$$

Observação

Resulta desta propriedade que:

$$\vec{i} \times \vec{i} = \vec{j} \times \vec{j} = \vec{k} \times \vec{k} = \vec{0}$$

II) $\vec{u} \times \vec{v} = -\vec{v} \times \vec{u}$.

De fato, de acordo com a definição:

$$\vec{u} \times \vec{v} = \begin{vmatrix} \vec{i} & \vec{j} & \vec{k} \\ x_1 & y_1 & z_1 \\ x_2 & y_2 & z_2 \end{vmatrix}$$

$$\vec{v} \times \vec{u} = \begin{vmatrix} \vec{i} & \vec{j} & \vec{k} \\ x_2 & y_2 & z_2 \\ x_1 & y_1 & z_1 \end{vmatrix}$$

Tendo em vista uma propriedade dos determinantes (... *trocando-se entre si duas linhas* ...):

$$\vec{u} \times \vec{v} = -\vec{v} \times \vec{u}$$

Observação

Resulta desta propriedade que:

$\vec{i} \times \vec{j} = -\vec{j} \times \vec{i}$
$\vec{j} \times \vec{k} = -\vec{k} \times \vec{j}$
$\vec{k} \times \vec{i} = -\vec{i} \times \vec{k}$

III) $\vec{u} \times (\vec{v} + \vec{w}) = \vec{u} \times \vec{v} + \vec{u} \times \vec{w}$.

De fato, se

$\vec{w} = x_3 \vec{i} + y_3 \vec{j} + z_3 \vec{k}$,
$\vec{v} + \vec{w} = (x_2 + x_3) \vec{i} + (y_2 + y_3) \vec{j} + (z_2 + z_3) \vec{k}$

logo:

$$\vec{u} \times (\vec{v} + \vec{w}) = \begin{vmatrix} \vec{i} & \vec{j} & \vec{k} \\ x_1 & y_1 & z_1 \\ x_2 + x_3 & y_2 + y_3 & z_2 + z_3 \end{vmatrix}$$

De acordo com uma propriedade dos determinantes (... *cada elemento de uma linha é uma soma de duas parcelas* ...):

$$\vec{u} \times (\vec{v} + \vec{w}) = \begin{vmatrix} \vec{i} & \vec{j} & \vec{k} \\ x_1 & y_1 & z_1 \\ x_2 & y_2 & z_2 \end{vmatrix} + \begin{vmatrix} \vec{i} & \vec{j} & \vec{k} \\ x_1 & y_1 & z_1 \\ x_3 & y_3 & z_3 \end{vmatrix}$$

Portanto:

$$\vec{u} \times (\vec{v} + \vec{w}) = \vec{u} \times \vec{v} + \vec{u} \times \vec{w}.$$

IV) $(m\vec{u}) \times \vec{v} = m(\vec{u} \times \vec{v})$.

De fato:

$$m\vec{u} = mx_1\vec{i} + my_1\vec{j} + mz_1\vec{k},$$

logo:

$$(m\vec{u}) \times \vec{v} = \begin{vmatrix} \vec{i} & \vec{j} & \vec{k} \\ mx_1 & my_1 & mz_1 \\ x_2 & y_2 & z_2 \end{vmatrix}$$

De acordo com uma propriedade dos determinantes (... *quando se multiplicam pelo número* m *todos os elementos de uma linha*...):

$$(m\vec{u}) \times \vec{v} = m \begin{vmatrix} \vec{i} & \vec{j} & \vec{k} \\ x_1 & y_1 & z_1 \\ x_2 & y_2 & z_2 \end{vmatrix}$$

Portanto:

$$(m\vec{u}) \times \vec{v} = m(\vec{u} \times \vec{v}).$$

Observação

Do mesmo modo, demonstra-se que:

$$(m\vec{u}) \times \vec{v} = m(\vec{u} \times \vec{v}) = \vec{u} \times (m\vec{v}).$$

V) $\vec{u} \times \vec{v} = \vec{0}$ se, e somente se, um dos vetores é nulo ou se $\vec{u}$ e $\vec{v}$ são colineares.

De fato:

a) Se $\vec{u}$ é nulo, as suas componentes são $(0, 0, 0)$:

$$\vec{u} \times \vec{v} = \begin{vmatrix} \vec{i} & \vec{j} & \vec{k} \\ 0 & 0 & 0 \\ x_2 & y_2 & z_2 \end{vmatrix}$$

De acordo com uma propriedade dos determinantes (... *uma linha constituída de elementos todos nulos* ...):

$$\vec{u} \times \vec{v} = 0$$

b) Se nem $\vec{u}$ nem $\vec{v}$ são nulos, mas se $\vec{u}$ e $\vec{v}$ são colineares:

$$\vec{u} = m\vec{v}$$

ou:

$$\vec{u} = mx_2\vec{i} + my_2\vec{j} + mz_2\vec{k},$$

logo:

$$\vec{u} \times \vec{v} = \begin{vmatrix} \vec{i} & \vec{j} & \vec{k} \\ mx_2 & my_2 & mz_2 \\ x_2 & y_2 & z_2 \end{vmatrix}$$

De acordo com uma propriedade dos determinantes (... *duas linhas que têm seus elementos proporcionais* ...):

$$\vec{u} \times \vec{v} = \vec{0}$$

Reciprocamente: se $\vec{u} \times \vec{v} = \vec{0}$, as componentes de $\vec{u} \times \vec{v}$ são todas nulas, isto é, os determinantes:

$$\begin{vmatrix} y_1 & z_1 \\ y_2 & z_2 \end{vmatrix}, \begin{vmatrix} x_1 & z_1 \\ x_2 & z_2 \end{vmatrix}, \begin{vmatrix} x_1 & y_1 \\ x_2 & y_2 \end{vmatrix}$$

são todos nulos. Isto significa que, ou $x_1 = y_1 = z_1 = 0$, ou x_1, y_1, z_1 são proporcionais a x_2, y_2, z_2; por conseguinte, ou $\vec{u} = \vec{0}$, ou $\vec{u}$ e $\vec{v}$ são colineares.

VI) $\vec{u} \times \vec{v}$ é ortogonal simultaneamente aos vetores $\vec{u}$ e $\vec{v}$.

Tendo em vista o que dispõe o Item 3.4-II do *produto escalar*, se

$$\vec{u} \cdot (\vec{u} \times \vec{v}) = \vec{v} \cdot (\vec{u} \times \vec{v}) = 0,$$

$\vec{u} \times \vec{v}$ é ortogonal simultaneamente aos vetores $\vec{u}$ e $\vec{v}$.

Ora,

$$\vec{u} \cdot (\vec{u} \times \vec{v}) = x_1 \begin{vmatrix} y_1 & z_1 \\ y_2 & z_2 \end{vmatrix} - y_1 \begin{vmatrix} x_1 & z_1 \\ x_2 & z_2 \end{vmatrix} + z_1 \begin{vmatrix} x_1 & y_1 \\ x_2 & y_2 \end{vmatrix}$$

logo:

$$\vec{u} \cdot (\vec{u} \times \vec{v}) = \begin{vmatrix} x_1 & y_1 & z_1 \\ x_1 & y_1 & z_1 \\ x_2 & y_2 & z_2 \end{vmatrix} = 0$$

de acordo com a propriedade dos determinantes (... *duas linhas iguais* ...).

De form'

$$\vec{v} \cdot (\vec{u} \times \vec{v}) = x_2 \begin{vmatrix} y_1 & z_1 \\ y_2 & z_2 \end{vmatrix} - y_2 \begin{vmatrix} x_1 & z_1 \\ x_2 & z_2 \end{vmatrix} + z_2 \begin{vmatrix} x_1 & y_1 \\ x_2 & y_2 \end{vmatrix}$$

logo:

$$\vec{v} \cdot (\vec{u} \times \vec{v}) = \begin{vmatrix} x_2 & y_2 & z_2 \\ x_1 & y_1 & z_1 \\ x_2 & y_2 & z_2 \end{vmatrix} = 0$$

de acordo com a mesma propriedade dos determinantes.

Por conseguinte, $\vec{u} \times \vec{v}$ é ortogonal simultaneamente aos vetores $\vec{u}$ e $\vec{v}$.

Exemplo

O produto vetorial dos vetores $\vec{u} = 3\vec{i} + 2\vec{j} - 4\vec{k}$ e $\vec{v} = 2\vec{i} - 2\vec{j} + \vec{k}$ é o vetor:

$$\vec{u} \times \vec{v} = -6\vec{i} - 11\vec{j} - 10\vec{k}$$

O vetor $\vec{u} \times \vec{v}$ é ortogonal, simultaneamente, aos vetores $\vec{u}$ e $\vec{v}$. De fato:

$$(\vec{u} \times \vec{v}) \cdot \vec{u} = -6(3) - 11(2) - 10(-4) = -18 - 22 + 40 = 0$$

$$(\vec{u} \times \vec{v}) \cdot \vec{v} = -6(2) - 11(-2) - 10(1) = -12 + 22 - 10 = 0$$

VII) Os vetores $\vec{u}, \vec{v}$ e $\vec{u} \times \vec{v}$ têm as direções das arestas de um triedro Oxyz direto (se um saca-rolhas, girando de um ângulo menor do que π, de Ox para Oy, avançar no sentido positivo de Oz, o triedro é direto).

Tendo em vista que

$$\vec{u} \times \vec{v} = -\vec{v} \times \vec{u}$$

e que os vetores $\vec{u} \times \vec{v}$ e $\vec{v} \times \vec{u}$ são simultaneamente ortogonais a $\vec{u}$ e $\vec{v}$ (Fig. 3.9-a), os vetores $\vec{u}, \vec{v}$ e $\vec{u} \times \vec{v}$ têm as direções das arestas de um triedro direto, enquanto os vetores $\vec{u}, \vec{v}$ e $\vec{v} \times \vec{u}$ têm as direções das arestas de um triedro não direto.

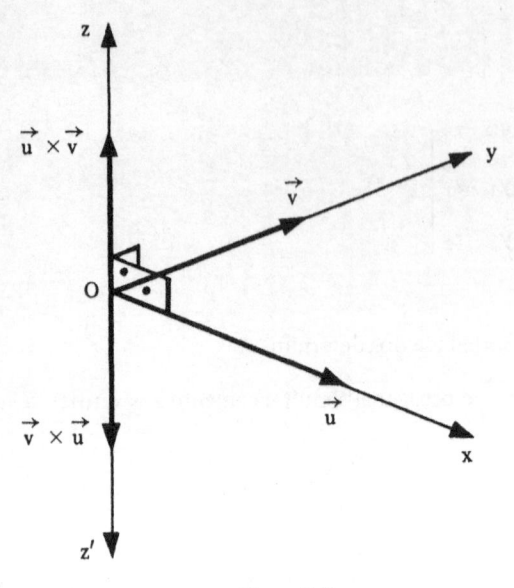

Figura 3.9-a

Considerando os vetores da base canônica $\{\vec{i}, \vec{j}, \vec{k}\}$, e observando que:

$$\vec{i} \times \vec{j} = \begin{vmatrix} \vec{i} & \vec{j} & \vec{k} \\ 1 & 0 & 0 \\ 0 & 1 & 0 \end{vmatrix}$$

isto é:

$$\vec{i} \times \vec{j} = \vec{k}$$

conclui-se que os vetores $\vec{i}, \vec{j}$ e $\vec{k}$ têm as direções das arestas de um triedro direto. Também costuma-se dizer que a base $\{\vec{i}, \vec{j}, \vec{k}\}$ é de sentido positivo e, no momento em que o sentido fica caracterizado, ao adotarmos uma ordem circular (Fig. 3.9-b) para estes vetores, o sentido

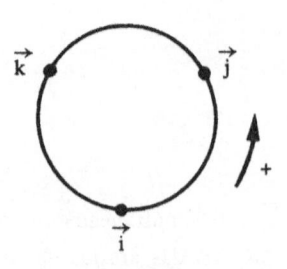

Figura 3.9-b

se mantém, isto é, as bases $\{\vec{j},\vec{k},\vec{i}\}$ e $\{\vec{k},\vec{i},\vec{j}\}$ também têm sentido positivo. Em outras palavras, podemos, neste caso, também dizer: o produto vetorial dos dois primeiros vetores destas bases é igual ao terceiro.

VIII) $|\vec{u} \times \vec{v}|^2 = |\vec{u}|^2 |\vec{v}|^2 - (\vec{u} \cdot \vec{v})^2$.

De fato:

$$\vec{u} \times \vec{v} = \begin{vmatrix} y_1 & z_1 \\ y_2 & z_2 \end{vmatrix} \vec{i} - \begin{vmatrix} x_1 & z_1 \\ x_2 & z_2 \end{vmatrix} \vec{j} + \begin{vmatrix} x_1 & y_1 \\ x_2 & y_2 \end{vmatrix} \vec{k},$$

logo:

$$|\vec{u} \times \vec{v}|^2 = (y_1 z_2 - z_1 y_2)^2 + (-x_1 z_2 + z_1 x_2)^2 + (x_1 y_2 - y_1 x_2)^2$$

Por outro lado:

$$|\vec{u}|^2 |\vec{v}|^2 = (x_1^2 + y_1^2 + z_1^2)(x_2^2 + y_2^2 + z_2^2)$$

e:

$$(\vec{u} \cdot \vec{v})^2 = (x_1 x_2 + y_1 y_2 + z_1 z_2)^2$$

Efetuando as operações indicadas, verifica-se que:

$$|\vec{u} \times \vec{v}|^2 = |\vec{u}|^2 |\vec{v}|^2 - (\vec{u} \cdot \vec{v})^2$$

A identidade acima, conhecida como Identidade de Lagrange, também pode ser expressa por:

$$(\vec{u} \times \vec{v}) \cdot (\vec{u} \times \vec{v}) = (\vec{u} \cdot \vec{u})(\vec{v} \cdot \vec{v}) - (\vec{u} \cdot \vec{v})^2.$$

IX) Se $\vec{u} \neq \vec{0}$, $\vec{v} \neq \vec{0}$ e se θ é o ângulo dos vetores $\vec{u}$ e $\vec{v}$:

$$|\vec{u} \times \vec{v}| = |\vec{u}| |\vec{v}| \operatorname{sen} \theta$$

De fato, de acordo com a Identidade de Lagrange:

$$|\vec{u} \times \vec{v}|^2 = |\vec{u}|^2 |\vec{v}|^2 - (\vec{u} \cdot \vec{v})^2$$

ou:

$$|\vec{u} \times \vec{v}|^2 = |\vec{u}|^2 |\vec{v}|^2 - (|\vec{u}||\vec{v}| \cos \theta)^2$$
$$|\vec{u} \times \vec{v}|^2 = |\vec{u}|^2 |\vec{v}|^2 - |\vec{u}|^2 |\vec{v}|^2 \cos^2 \theta$$
$$|\vec{u} \times \vec{v}|^2 = |\vec{u}|^2 |\vec{v}|^2 (1 - \cos^2 \theta)$$
$$1 - \cos^2 \theta = \mathrm{sen}^2 \theta$$

logo:

$$|\vec{u} \times \vec{v}|^2 = |\vec{u}|^2 |\vec{v}|^2 \mathrm{sen}^2 \theta$$

e, finalmente:

$$|\vec{u} \times \vec{v}| = |\vec{u}||\vec{v}| \mathrm{sen} \theta$$

X) O produto vetorial *não é associativo*.

De fato, o vetor $\vec{u} \times (\vec{v} \times \vec{w})$ é coplanar com $\vec{v}$ e $\vec{w}$, ao passo que o vetor $(\vec{u} \times \vec{v}) \times \vec{w}$ é coplanar com $\vec{u}$ e $\vec{v}$. Então, em geral:

$$\vec{u} \times (\vec{v} \times \vec{w}) \neq (\vec{u} \times \vec{v}) \times \vec{w}$$

3.10 Interpretação Geométrica do Módulo do Produto Vetorial de Dois Vetores

Geometricamente, o módulo do produto vetorial dos vetores $\vec{u}$ e $\vec{v}$ mede a área do paralelogramo ABCD determinado pelos vetores $\vec{u} = \overrightarrow{AB}$ e $\vec{v} = \overrightarrow{AC}$ (Fig. 3.10-a).

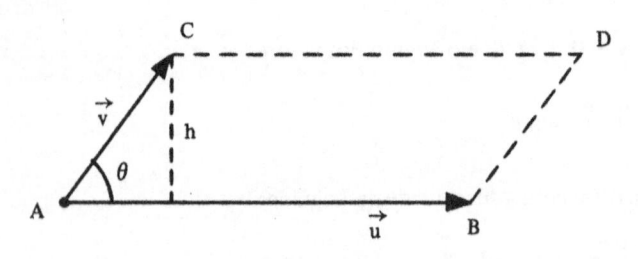

Figura 3.10-a

De fato:

Área ABCD = $|\vec{u}|$ h

$\qquad$ h = $|\vec{v}|$ senθ

Área ABCD = $|\vec{u}||\vec{v}|$ senθ

mas:

$\qquad |\vec{u} \times \vec{v}| = |\vec{u}||\vec{v}|$ senθ,

logo:

$\qquad |\vec{u} \times \vec{v}|$ = Área ABCD.

3.10.1 Problemas Resolvidos

17) Determinar um vetor unitário simultaneamente ortogonal aos vetores $\vec{u} = (2, -6, 3)$ e $\vec{v} = (4, 3, 1)$.

Solução

A propriedade VI do produto vetorial afirma que o vetor $\vec{u} \times \vec{v}$, como também o vetor $\vec{v} \times \vec{u}$, é simultaneamente ortogonal a $\vec{u}$ e $\vec{v}$. Logo, os versores de $\vec{u} \times \vec{v}$ e de $\vec{v} \times \vec{u}$ constituem a solução do problema.

$$\vec{u} \times \vec{v} = \begin{vmatrix} \vec{i} & \vec{j} & \vec{k} \\ 2 & -6 & 3 \\ 4 & 3 & 1 \end{vmatrix} = \begin{vmatrix} -6 & 3 \\ 3 & 1 \end{vmatrix} \vec{i} - \begin{vmatrix} 2 & 3 \\ 4 & 1 \end{vmatrix} \vec{j} + \begin{vmatrix} 2 & -6 \\ 4 & 3 \end{vmatrix} \vec{k}$$

ou:

$\qquad \vec{u} \times \vec{v} = (-6 - 9)\vec{i} - (2 - 12)\vec{j} + (6 + 24)\vec{k}$

e:

$\qquad \vec{u} \times \vec{v} = -15\vec{i} + 10\vec{j} + 30\vec{k}$

isto é:

$$\vec{u} \times \vec{v} = (-15, 10, 30)$$

Tendo em vista que $\vec{u} \times \vec{v} = -\vec{v} \times \vec{u}$, vem:

$$\vec{v} \times \vec{u} = (15, -10, -30)$$

Logo, os correspondentes versores são:

$$\frac{\vec{u} \times \vec{v}}{|\vec{u} \times \vec{v}|} = \frac{(-15, 10, 30)}{\sqrt{225 + 100 + 900}} = \frac{(-15, 10, 30)}{\sqrt{1225}} = \frac{1}{35}(-15, 10, 30) = (-\frac{3}{7}, \frac{2}{7}, \frac{6}{7})$$

e $\quad \dfrac{(\vec{v} \times \vec{u})}{|\vec{v} \times \vec{u}|} = (\dfrac{3}{7}, -\dfrac{2}{7}, -\dfrac{6}{7})$

Observação

Daqui por diante, com o objetivo de proporcionar ao estudante a oportunidade de auto-avaliar seus conhecimentos, não serão realizados, durante a solução de um problema, os cálculos sobre assuntos já vistos anteriormente, a não ser em casos especiais.

Assim, por exemplo:

1) O determinante simbólico

$$\begin{vmatrix} \vec{i} & \vec{j} & \vec{k} \\ 2 & -6 & 3 \\ 4 & 3 & 1 \end{vmatrix}$$

será escrito simplesmente do seguinte modo:

$$\begin{vmatrix} \vec{i} & \vec{j} & \vec{k} \\ 2 & -6 & 3 \\ 4 & 3 & 1 \end{vmatrix} = (-15, 10, 30)$$

em lugar de ser desenvolvido por uma linha como foi feito no problema anterior (desenvolvimento do determinante pela 1ª linha).

2) Quando um vetor for definido pelas coordenadas da origem e da extremidade, como, por exemplo, $A(1, -2, 1)$ e $B(2, -1, 4)$, escrever-se-á simplesmente

$$\overrightarrow{AB} = (1, 1, 3),$$

em lugar de:

$$\overrightarrow{AB} = B - A = (2 - 1, -1 - (-2), 4 - 1) = (1, 1, 3).$$

3) Se se tiver um vetor $\vec{u} = (4, -2, 1)$ e um vetor $\vec{v} = (3, 6, -4)$ e se necessitar do vetor $\vec{u} - \vec{v}$, escrever-se-á simplesmente

$$\vec{u} - \vec{v} = (1, -8, 5),$$

em lugar de:

$$\vec{u} - \vec{v} = (4, -2, 1) - (3, 6, -4) = (4 - 3, -2 - 6, 1 - (-4)) = (1, -8, 5)$$

4) Operações com Matrizes, cálculo de Determinantes e resolução de Sistemas de Equações Lineares, quando intervierem na solução de um problema, terão somente as respostas, uma vez que esses assuntos se constituem em conteúdos de revisão.

Enfim, os cálculos de assuntos já abordados ficarão a cargo do estudante, a título de exercício. Se as respostas encontradas conferirem com as apresentadas, ótimo. Entretanto, se após algumas tentativas não houver completa concordância, é sinal de que, provavelmente, o assunto deve ser revisto.

18) Dados os vetores $\vec{u} = (1, 2, -1)$ e $\vec{v} = (0, -1, 3)$, calcular a área do paralelogramo determinado pelos vetores $3\vec{u}$ e $\vec{v} - \vec{u}$.

Solução

Sabemos que a área A é dada por

$$A = |(3\vec{u}) \times (\vec{v} - \vec{u})|$$

mas:

$$3\vec{u} = (3, 6, -3)$$

e:

$$\vec{v} - \vec{u} = (-1, -3, 4)$$

logo:

$$3\vec{u} \times (\vec{v} - \vec{u}) = \begin{vmatrix} \vec{i} & \vec{j} & \vec{k} \\ 3 & 6 & -3 \\ -1 & -3 & 4 \end{vmatrix} = (15, -9, -3)$$

Por conseguinte:

$$A = |(15, -9, -3)| = \sqrt{225 + 81 + 9} = \sqrt{315} = 3\sqrt{35} \text{ u.a. (unidades de área)}.$$

19) Sejam os vetores $\vec{u} = (3, 1, -1)$ e $\vec{v} = (a, 0, 2)$. Calcular o valor de a para que a área do paralelogramo determinado por $\vec{u}$ e $\vec{v}$ seja igual a $2\sqrt{6}$.

Solução

A área do paralelogramo é dada por:

$$A = |\vec{u} \times \vec{v}|$$

Deseja-se que:

$$|\vec{u} \times \vec{v}| = 2\sqrt{6}$$

mas:

$$\vec{u} \times \vec{v} = \begin{vmatrix} \vec{i} & \vec{j} & \vec{k} \\ 3 & 1 & -1 \\ a & 0 & 2 \end{vmatrix} = (2, -6 - a, -a)$$

e:

$$|(2, -6 - a, -a)| = 2\sqrt{6}$$

ou:

$$\sqrt{2^2 + (-6-a)^2 + (-a)^2} = 2\sqrt{6}$$

Elevando ao quadrado ambos os membros da igualdade, vem:

$4 + 36 + 12a + a^2 + a^2 = 24$

$2a^2 + 12a + 16 = 0$

$a^2 + 6a + 8 = 0$

Resolvendo esta equação do 2º grau, tem-se:

$a = -4$ ou $a = -2$

20) Calcular a área do triângulo de vértices $A(1, -2, 1)$, $B(2, -1, 4)$ e $C(-1, -3, 3)$.

Solução

A Figura 3.10-b mostra que, a partir do triângulo ABC, é possível construir um paralelogramo ABDC, cuja área é o dobro da área do triângulo.

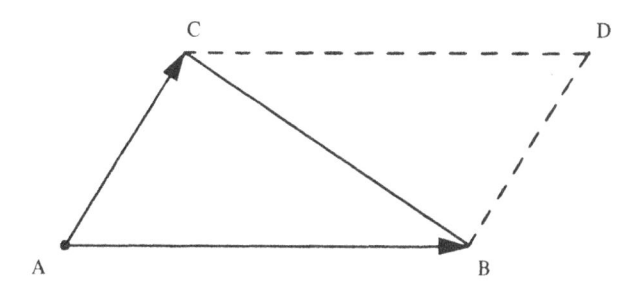

Figura 3.10-b

Considerando o paralelogramo determinado pelos vetores $\overrightarrow{AB}$ e $\overrightarrow{AC}$, conclui-se que a área A do triângulo é:

$$A_\triangle = \frac{1}{2} \mid \overrightarrow{AB} \times \overrightarrow{AC} \mid$$

mas:

$$\vec{AB} = (1, 1, 3)$$

$$\vec{AC} = (-2, -1, 2)$$

$$\vec{AB} \times \vec{AC} = \begin{vmatrix} \vec{i} & \vec{j} & \vec{k} \\ 1 & 1 & 3 \\ -2 & -1 & 2 \end{vmatrix} = (5, -8, 1)$$

$$|\vec{AB} \times \vec{AC}| = \sqrt{5^2 + (-8)^2 + 1^2} = \sqrt{25 + 64 + 1} = \sqrt{90} = 3\sqrt{10}$$

logo:

$$A_\triangle = \frac{1}{2} |\vec{AB} \times \vec{AC}| = \frac{1}{2} \times 3\sqrt{10} = \frac{3}{2}\sqrt{10} \text{ u.a.}$$

3.11 Produto Misto

Dados os vetores $\vec{u} = x_1\vec{i} + y_1\vec{j} + z_1\vec{k}$, $\vec{v} = x_2\vec{i} + y_2\vec{j} + z_2\vec{k}$ e $\vec{w} = x_3\vec{i} + y_3\vec{j} + z_3\vec{k}$, tomados nesta ordem, chama-se *produto misto* dos vetores $\vec{u}$, $\vec{v}$ e $\vec{w}$ ao número real $\vec{u} \cdot (\vec{v} \times \vec{w})$. Indica-se o produto misto por $(\vec{u}, \vec{v}, \vec{w})$. Tendo em vista que:

$$\vec{v} \times \vec{w} = \begin{vmatrix} \vec{i} & \vec{j} & \vec{k} \\ x_2 & y_2 & z_2 \\ x_3 & y_3 & z_3 \end{vmatrix} = \begin{vmatrix} y_2 & z_2 \\ y_3 & z_3 \end{vmatrix} \vec{i} - \begin{vmatrix} x_2 & z_2 \\ x_3 & z_3 \end{vmatrix} \vec{j} + \begin{vmatrix} x_2 & y_2 \\ x_3 & y_3 \end{vmatrix} \vec{k}$$

e levando em consideração a definição de produto escalar de dois vetores, o valor de $\vec{u} \cdot (\vec{v} \times \vec{w})$ é dado por:

$$(\vec{u}, \vec{v}, \vec{w}) = x_1 \begin{vmatrix} y_2 & z_2 \\ y_3 & z_3 \end{vmatrix} - y_1 \begin{vmatrix} x_2 & z_2 \\ x_3 & z_3 \end{vmatrix} + z_1 \begin{vmatrix} x_2 & y_2 \\ x_3 & y_3 \end{vmatrix}$$

ou:

$$(\vec{u}, \vec{v}, \vec{w}) = \begin{vmatrix} x_1 & y_1 & z_1 \\ x_2 & y_2 & z_2 \\ x_3 & y_3 & z_3 \end{vmatrix}$$

Exemplo

Calcular o produto misto dos vetores $\vec{u} = 2\vec{i} + 3\vec{j} + 5\vec{k}$, $\vec{v} = -\vec{i} + 3\vec{j} + 3\vec{k}$ e $\vec{w} = 4\vec{i} - 3\vec{j} + 2\vec{k}$.

$$(\vec{u}, \vec{v}, \vec{w}) = \begin{vmatrix} 2 & 3 & 5 \\ -1 & 3 & 3 \\ 4 & -3 & 2 \end{vmatrix} = 27$$

3.12 Propriedades do Produto Misto

I) $(\vec{u}, \vec{v}, \vec{w}) = 0$ se um dos vetores é nulo, se dois deles são colineares, ou se os três são coplanares.

De fato:

a) se $\vec{u}$ é nulo as suas componentes são $(0, 0, 0)$:

$$(\vec{u}, \vec{v}, \vec{w}) = \begin{vmatrix} 0 & 0 & 0 \\ x_2 & y_2 & z_2 \\ x_3 & y_3 & z_3 \end{vmatrix} = 0$$

b) Se nem $\vec{u}$, nem $\vec{v}$ são nulos, mas se $\vec{u}$ e $\vec{v}$ são colineares:

$$\vec{u} = m\vec{v}$$

ou

$$\vec{u} = mx_2\vec{i} + my_2\vec{j} + mz_2\vec{k},$$

logo:

$$(\vec{u}, \vec{v}, \vec{w}) = \begin{vmatrix} mx_2 & my_2 & mz_2 \\ x_2 & y_2 & z_2 \\ x_3 & y_3 & z_3 \end{vmatrix} = 0$$

c) Se $\vec{u}, \vec{v}$ e $\vec{w}$ são coplanares, o vetor $\vec{v} \times \vec{w}$, por ser ortogonal aos vetores $\vec{v}$ e $\vec{w}$, é ortogonal ao vetor $\vec{u}$ (Fig. 3.12-a).

Se $\vec{u}$ e $\vec{v} \times \vec{w}$ são ortogonais, o produto escalar $\vec{u} \cdot (\vec{v} \times \vec{w})$ é nulo. É fácil verificar que, reciprocamente, se nenhum dos vetores $\vec{u}, \vec{v}$ e $\vec{w}$ é nulo e se dois quaisquer deles não são colineares, o anulamento de $(\vec{u}, \vec{v}, \vec{w})$ significa que $\vec{u}, \vec{v}$ e $\vec{w}$ são coplanares.

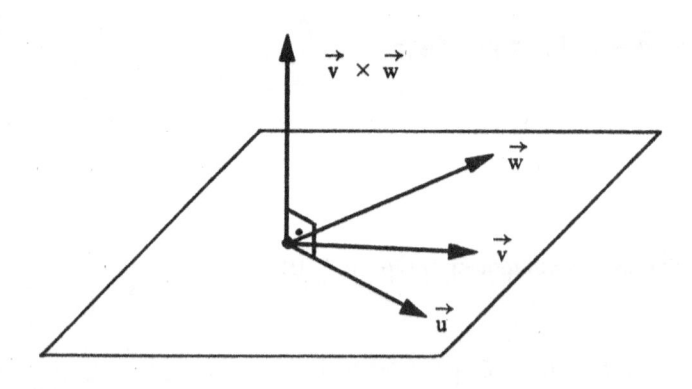

Figura 3.12-a

Repetindo: se $\vec{u}, \vec{v}$ e $\vec{w}$ são coplanares, $(\vec{u}, \vec{v}, \vec{w}) = 0$.

Esta propriedade é de fundamental importância em vários tópicos a serem estudados.

De forma análoga, dizemos que quatro pontos A, B, C e D pertencem a um mesmo plano (Fig. 3.12-b) se os vetores $\vec{AB}$, $\vec{AC}$ e $\vec{AD}$ forem coplanares, isto é, se

$$(\vec{AB}, \vec{AC}, \vec{AD}) = 0$$

Três vetores
coplanares

Três vetores não
coplanares

Figura 3.12-b

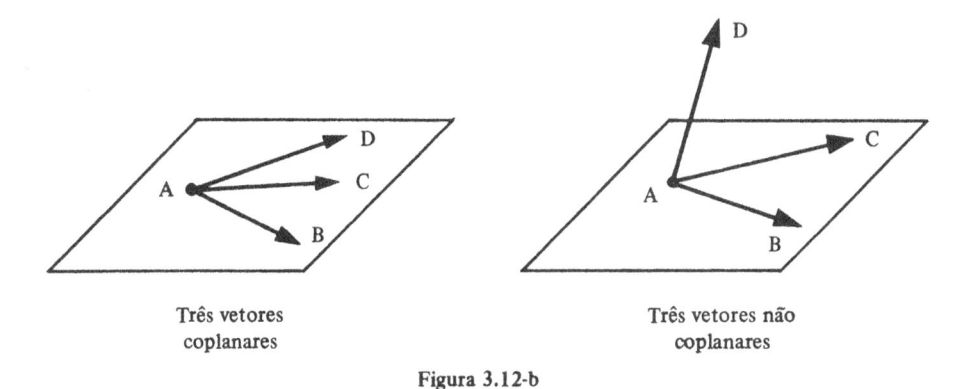

II) O produto misto independe da ordem circular dos vetores (Fig. 3.12-c), isto é:

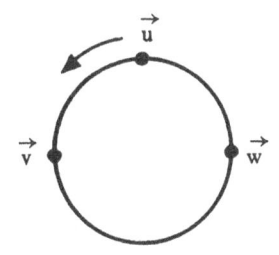

$$(\vec{u}, \vec{v}, \vec{w}) = (\vec{v}, \vec{w}, \vec{u}) = (\vec{w}, \vec{u}, \vec{v})$$

Figura 3.12-c

Entretanto, o produto misto muda de sinal quando se trocam as posições de dois vetores consecutivos, isto é:

$$(\vec{u}, \vec{v}, \vec{w}) = -(\vec{v}, \vec{u}, \vec{w})$$

Esta propriedade do produto misto é uma conseqüência da propriedade dos determinantes relativamente à circulação de linhas e à troca de duas linhas.

Observação

Resulta desta propriedade, denominada *propriedade cíclica*, que os sinais . e × permutam entre si no produto misto de três vetores:

$$\vec{u} \cdot (\vec{v} \times \vec{w}) = (\vec{u} \times \vec{v}) \cdot \vec{w}$$

III) $(\vec{u}, \vec{v}, \vec{w} + \vec{r}) = (\vec{u}, \vec{v}, \vec{w}) + (\vec{u}, \vec{v}, \vec{r})$

Demonstração: a cargo do leitor.

IV) $(\vec{u}, \vec{v}, m\vec{w}) = (\vec{u}, m\vec{v}, \vec{w}) = (m\vec{u}, \vec{v}, \vec{w}) = m(\vec{u}, \vec{v}, \vec{w})$

Demonstração: a cargo do leitor.

Observação

O produto vetorial e o produto misto não são definidos no $\mathbb{R}^2$.

3.12.1 Problemas Resolvidos

21) Verificar se são coplanares os seguintes vetores:

$\vec{u} = (3, -1, 4)$, $\vec{v} = (1, 0, -1)$ e $\vec{w} = (2, -1, 0)$

Solução

Os três vetores são coplanares se:

$(\vec{u}, \vec{v}, \vec{w}) = 0$

mas:

$(\vec{u}, \vec{v}, \vec{w}) = \begin{vmatrix} 3 & -1 & 4 \\ 1 & 0 & -1 \\ 2 & -1 & 0 \end{vmatrix} = -5 \neq 0$

Logo, os vetores não são coplanares.

22) Qual deve ser o valor de m para que os vetores $\vec{a} = (m, 2, -1)$, $\vec{b} = (1, -1, 3)$ e $\vec{c} = (0, -2, 4)$ sejam coplanares?

Solução

Para que $\vec{a}, \vec{b}$ e $\vec{c}$ sejam coplanares, deve-se ter:

$(\vec{a}, \vec{b}, \vec{c}) = 0$

isto é:

$$\begin{vmatrix} m & 2 & -1 \\ 1 & -1 & 3 \\ 0 & -2 & 4 \end{vmatrix} = 0$$

ou:

$-4m + 6m - 8 + 2 = 0$

e:

$2m - 6 = 0$

$2m = 6$

$m = 3$

23) Verificar se os pontos $A(1, 2, 4)$, $B(-1, 0, -2)$, $C(0, 2, 2)$ e $D(-2, 1, -3)$ estão no mesmo plano.

Solução

Os quatro pontos dados são coplanares se forem coplanares os vetores $\vec{AB}, \vec{AC}$ e $\vec{AD}$, e, para tanto, deve-se ter:

$(\vec{AB}, \vec{AC}, \vec{AD}) = 0$

e:

$$(\vec{AB}, \vec{AC}, \vec{AD}) = \begin{vmatrix} -2 & -2 & -6 \\ -1 & 0 & -2 \\ -3 & -1 & -7 \end{vmatrix} = 0$$

Logo, os pontos dados são coplanares.

3.13 Interpretação Geométrica do Módulo do Produto Misto

Geometricamente, o produto misto $\vec{u} \cdot (\vec{v} \times \vec{w})$ é igual, em módulo, ao volume do paralelepípedo de arestas determinadas pelos vetores $\vec{u} = \vec{AD}$, $\vec{v} = \vec{AB}$ e $\vec{w} = \vec{AC}$ (Fig. 3.13-a).

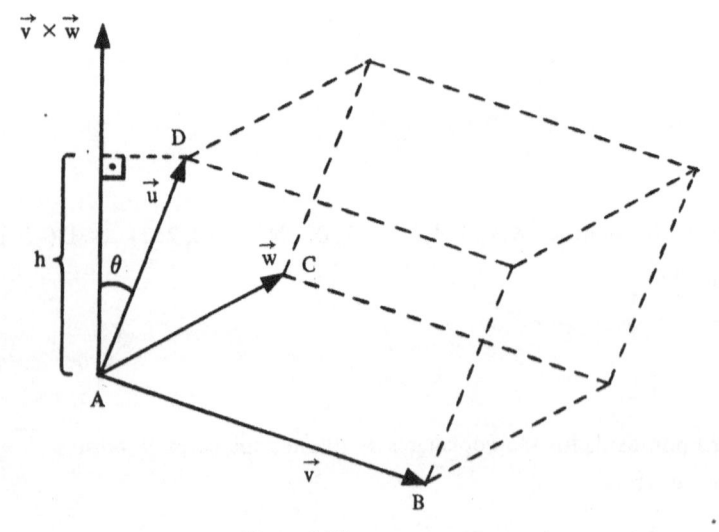

Figura 3.13-a

Sabe-se que o volume V de um paralelepípedo é:

V = (área da base) × (altura)

ou:

$V = A_b \times h$

mas:

$A_b = |\vec{v} \times \vec{w}|$

e sendo θ o ângulo entre os vetores $\vec{u}$ e $\vec{v} \times \vec{w}$, lembrando que o vetor $\vec{v} \times \vec{w}$ é perpendicular à base, a altura do paralelepípedo é dada por:

$h = |\vec{u}| |\cos \theta|$

(É necessário considerar o valor absoluto $|\cos \theta|$, pois θ pode ser um ângulo obtuso.)

Logo, o volume do paralelepípedo é:

$V = |\vec{v} \times \vec{w}| |\vec{u}| |\cos \theta|$

ou:

$V = |\vec{u}| |\vec{v} \times \vec{w}| |\cos \theta|$

Fazendo

$\vec{v} \times \vec{w} = \vec{a}$, vem:

$V = |\vec{u}| |\vec{a}| |\cos \theta|$ \hfill (1)

mas, de acordo com (3.4-I):

$\vec{u} \cdot \vec{a} = |\vec{u}| |\vec{a}| \cos \theta$

e, em conseqüência:

$|\vec{u} \cdot \vec{a}| = |\vec{u}| |\vec{a}| |\cos \theta|$ \hfill (2)

Comparando (1) com (2), vem:

$$V = |\vec{u} \cdot \vec{a}|$$

Logo:

$$V = |\vec{u} \cdot (\vec{v} \times \vec{w})| = |(\vec{u}, \vec{v}, \vec{w})|.$$

3.13.1 Volume do Tetraedro

Todo paralelepípedo é equivalente a dois prismas triangulares iguais. Como todo prisma triangular equivale a três pirâmides (que no caso são tetraedros) de base e altura equivalentes à base e à altura do prisma, o volume de cada uma destas pirâmides é $\frac{1}{6}$ do volume do paralelepípedo.

Sendo A, B, C e D quatro pontos do espaço, não situados num mesmo plano, e três a três não colineares (Fig. 3.13-b), as arestas do paralelepípedo são determinadas pelos vetores $\vec{AB}$, $\vec{AC}$ e $\vec{AD}$ e, portanto, o volume do tetraedro ABCD é:

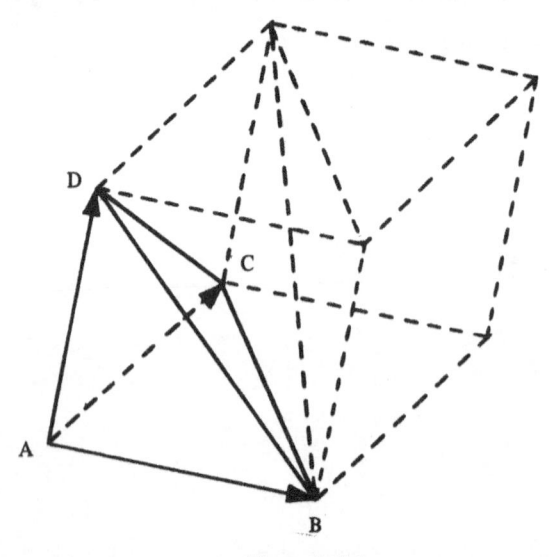

$$V = \frac{1}{6} |(\vec{AB}, \vec{AC}, \vec{AD})|$$

Figura 3.13-b

3.13.2 Problemas Resolvidos

24) Dados os vetores $\vec{u} = (x, 5, 0)$, $\vec{v} = (3, -2, 1)$ e $\vec{w} = (1, 1, -1)$, calcular o valor de x para que o volume do paralelepípedo determinado por $\vec{u}$, $\vec{v}$ e $\vec{w}$ seja 24 u.v. (unidades de volume).

Solução

O volume do paralelepípedo é dado por:

$$V = |(\vec{u}, \vec{v}, \vec{w})|$$

e, no caso presente, deve-se ter:

$$|(\vec{u}, \vec{v}, \vec{w})| = 24$$

mas:

$$(\vec{u}, \vec{v}, \vec{w}) = \begin{vmatrix} x & 5 & 0 \\ 3 & -2 & 1 \\ 1 & 1 & -1 \end{vmatrix} = x + 20$$

logo:

$$|x + 20| = 24,$$

que, pela definição de módulo, implica duas hipóteses:

$$x + 20 = 24$$

ou:

$$-x - 20 = 24$$

portanto:

$$x = 4 \quad \text{ou} \quad x = -44$$

25) Calcular o volume do tetraedro cujos vértices são: A(1, 2, 1), B(7, 4, 3), C(4, 6, 2) e D(3, 3, 3).

Solução

O volume do tetraedro é dado por:

$$V = \frac{1}{6} |(\vec{AB}, \vec{AC}, \vec{AD})|$$

mas:

$\vec{AB} = (6, 2, 2)$

$\vec{AC} = (3, 4, 1)$

$\vec{AD} = (2, 1, 2)$

e:

$$(\vec{AB}, \vec{AC}, \vec{AD}) = \begin{vmatrix} 6 & 2 & 2 \\ 3 & 4 & 1 \\ 2 & 1 & 2 \end{vmatrix} = 24$$

Portanto, o volume do tetraedro é:

$$V = \frac{1}{6} \cdot 24 = 4 \text{ u.v.}$$

3.14 Duplo Produto Vetorial

Dados os vetores $\vec{u} = x_1\vec{i} + y_1\vec{j} + z_1\vec{k}$, $\vec{v} = x_2\vec{i} + y_2\vec{j} + z_2\vec{k}$ e $\vec{w} = x_3\vec{i} + y_3\vec{j} + z_3\vec{k}$, chama-se *duplo produto vetorial* dos vetores $\vec{u}, \vec{v}$ e $\vec{w}$ ao vetor $\vec{u} \times (\vec{v} \times \vec{w})$.

Observação

Tendo em vista que o produto vetorial não é associativo, em geral

$$\vec{u} \times (\vec{v} \times \vec{w}) \neq (\vec{u} \times \vec{v}) \times \vec{w}$$

3.15 Decomposição do Duplo Produto Vetorial

O duplo produto vetorial pode ser decomposto na diferença de dois vetores com coeficientes escalares:

$$\vec{u} \times (\vec{v} \times \vec{w}) = (\vec{u} \cdot \vec{w})\vec{v} - (\vec{u} \cdot \vec{v})\vec{w}$$

Com efeito, o vetor $\vec{u} \times (\vec{v} \times \vec{w})$ é coplanar com $\vec{v}$ e $\vec{w}$, isto é:

$$\vec{u} \times (\vec{v} \times \vec{w}) = m\vec{v} + n\vec{w} \qquad (3.15\text{-I})$$

Para determinar m e n, escolhe-se a base ortonormal $\{\vec{i}, \vec{j}, \vec{k}\}$ com $\vec{i}$ paralelo a $\vec{v}$, $\vec{j}$ coplanar com $\vec{v}$ e $\vec{w}$, e $\vec{k}$ paralelo a $\vec{v} \times \vec{w}$ (Fig. 3.15).

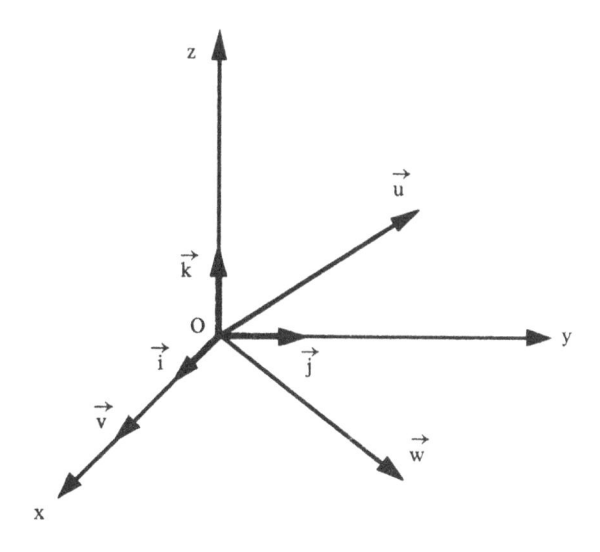

Figura 3.15

De acordo com a Figura 3.15 pode-se escrever:

$$\begin{aligned}\vec{v} &= a\vec{i} \\ \vec{w} &= b\vec{i} + c\vec{j} \\ \vec{u} &= x\vec{i} + y\vec{j} + z\vec{k}\end{aligned} \qquad (3.15\text{-II})$$

Por outro lado:

$$\vec{v} \times \vec{w} = \begin{vmatrix} \vec{i} & \vec{j} & \vec{k} \\ a & 0 & 0 \\ b & c & 0 \end{vmatrix} = ac\vec{k}$$

e

$$\vec{u} \times (\vec{v} \times \vec{w}) = \begin{vmatrix} \vec{i} & \vec{j} & \vec{k} \\ x & y & z \\ 0 & 0 & ac \end{vmatrix} = acy\vec{i} - acx\vec{j}$$

ou:

$$\vec{u} \times (\vec{v} \times \vec{w}) = acy\vec{i} - acx\vec{j} + abx\vec{i} - abx\vec{i}$$

$$\vec{u} \times (\vec{v} \times \vec{w}) = a\vec{i}(bx + cy) - ax(b\vec{i} + c\vec{j})$$

Tendo em vista as igualdades (3.15-II):

$$\vec{u} \times (\vec{v} \times \vec{w}) = (bx + cy)\vec{v} - ax\vec{w}. \tag{3.15-III}$$

Comparando as igualdades (3.15-I) e (3.15-III), vem:

m = bx + cy

n = -ax

Mas de acordo com a definição de produto escalar e tendo em vista as igualdades 3.15-II:

$bx + cy = \vec{u} \cdot \vec{w}$
$ax \quad\quad = \vec{u} \cdot \vec{v}$

logo:

$m = \vec{u} \cdot \vec{w}$
$n = -\vec{u} \cdot \vec{v}$

Substituindo m e n em (3.15-I):

$$\vec{u} \times (\vec{v} \times \vec{w}) = (\vec{u} \cdot \vec{w})\vec{v} - (\vec{u} \cdot \vec{v})\vec{w}.$$

Esta fórmula pode ser escrita sob a forma de determinante:

$$\vec{u} \times (\vec{v} \times \vec{w}) = \begin{vmatrix} \vec{v} & \vec{w} \\ \vec{u} \cdot \vec{v} & \vec{u} \cdot \vec{w} \end{vmatrix}$$

Exemplo

Se $\vec{u} = 3\vec{i} - 2\vec{j} - 6\vec{k}$, $\vec{v} = 2\vec{i} - \vec{j}$ e $\vec{w} = \vec{i} + 3\vec{j} + 4\vec{k}$, tem-se:

$\vec{u} \cdot \vec{v} = 3 \times 2 - 2 \times (-1) - 6 \times 0 = 8$
$\vec{u} \cdot \vec{w} = 3 \times 1 - 2 \times 3 - 6 \times 4 = -27$,

logo:

$$\vec{u} \times (\vec{v} \times \vec{w}) = \begin{vmatrix} \vec{v} & \vec{w} \\ \vec{u} \cdot \vec{v} & \vec{u} \cdot \vec{w} \end{vmatrix} = \begin{vmatrix} \vec{v} & \vec{w} \\ 8 & -21 \end{vmatrix}$$

$\vec{u} \times (\vec{v} \times \vec{w}) = -21\vec{v} - 8\vec{w} = -21(2\vec{i} - \vec{j}) - 8(\vec{i} + 3\vec{j} + 4\vec{k})$
$\vec{u} \times (\vec{v} \times \vec{w}) = -42\vec{i} + 21\vec{j} - 8\vec{i} - 24\vec{j} - 32\vec{k} = -50\vec{i} - 3\vec{j} - 32\vec{k}$.

Por outro lado:

$\vec{w} \cdot \vec{u} = 1 \times 3 - 3 \times 2 - 4 \times 6 = -27$
$\vec{w} \cdot \vec{v} = 1 \times 2 - 3 \times 1 + 4 \times 0 = -1$,

logo:

$$\vec{w} \times (\vec{u} \times \vec{v}) = \begin{vmatrix} \vec{u} & \vec{v} \\ \vec{w} \cdot \vec{u} & \vec{w} \cdot \vec{v} \end{vmatrix} = \begin{vmatrix} \vec{u} & \vec{v} \\ -27 & -1 \end{vmatrix}$$

$$\vec{w} \times (\vec{u} \times \vec{v}) = -1\vec{u} + 27\vec{v} = -(3\vec{i} - 2\vec{j} - 6\vec{k}) + 27(2\vec{i} - \vec{j})$$

$$\vec{w} \times (\vec{u} \times \vec{v}) = -3\vec{i} + 2\vec{j} + 6\vec{k} + 54\vec{i} - 27\vec{j} = 51\vec{i} - 25\vec{j} + 6\vec{k}$$

Comparando $\vec{u} \times (\vec{v} \times \vec{w})$ e $\vec{w} \times (\vec{u} \times \vec{v})$, verifica-se que:

$$\vec{u} \times (\vec{v} \times \vec{w}) \neq \vec{w} \times (\vec{u} \times \vec{v}).$$

3.16 Problemas Propostos

1) Dados os vetores $\vec{u} = (1, a, -2a - 1)$, $\vec{v} = (a, a - 1, 1)$ e $\vec{w} = (a, -1, 1)$, determinar a de modo que $\vec{u} \cdot \vec{v} = (\vec{u} + \vec{v}) \cdot \vec{w}$.

2) Dados os pontos $A(-1, 0, 2)$, $B(-4, 1, 1)$ e $C(0, 1, 3)$, determinar o vetor $\vec{x}$ tal que $2\vec{x} - \overrightarrow{AB} = \vec{x} + (\overrightarrow{BC} \cdot \overrightarrow{AB}) \overrightarrow{AC}$.

3) Determinar o vetor $\vec{v}$, sabendo que

$$(3, 7, 1) + 2\vec{v} = (6, 10, 4) - \vec{v}.$$

4) Dados os pontos $A(1, 2, 3)$, $B(-6, -2, 3)$ e $C(1, 2, 1)$, determinar o versor do vetor $3\overrightarrow{BA} - 2\overrightarrow{BC}$.

5) Verificar se são unitários os seguintes vetores:

$$\vec{u} = (1, 1, 1) \quad e \quad \vec{v} = \left(\frac{1}{\sqrt{6}}, -\frac{2}{\sqrt{6}}, \frac{1}{\sqrt{6}}\right)$$

6) Determinar o valor de n para que o vetor $\vec{v} = (n, \frac{2}{5}, \frac{4}{5})$ seja unitário.

7) Seja o vetor $\vec{v} = (m + 7)\vec{i} + (m + 2)\vec{j} + 5\vec{k}$. Calcular m para que $|\vec{v}| = \sqrt{38}$.

8) Dados os pontos $A(1, 0, -1)$, $B(4, 2, 1)$ e $C(1, 2, 0)$, determinar o valor de m para que $|\vec{v}| = 7$, sendo $\vec{v} = m\overrightarrow{AC} + \overrightarrow{BC}$.

9) Dados os pontos $A(3, m - 1, -4)$ e $B(8, 2m - 1, m)$, determinar m de modo que $|\overrightarrow{AB}| = \sqrt{35}$.

10) Calcular o perímetro do triângulo de vértices $A(0, 1, 2)$, $B(-1, 0, -1)$ e $C(2, -1, 0)$.

11) Obter um ponto P do eixo das abscissas eqüidistante dos pontos A(2, -3, 1) e B(-2, 1, -1).

12) Seja o triângulo de vértices A(-1, -2, 4), B(-4, -2, 0) e C(3, -2, 1). Determinar o ângulo interno ao vértice B.

13) Os pontos A, B e C são vértices de um triângulo eqüilátero cujo lado mede 10 cm. Calcular o produto escalar dos vetores $\vec{AB}$ e $\vec{AC}$.

14) Os lados de um triângulo retângulo ABC (reto em A) medem 5, 12 e 13. Calcular $\vec{AB} \cdot \vec{AC} + \vec{BA} \cdot \vec{BC} + \vec{CA} \cdot \vec{CB}$.

15) Determinar os ângulos do triângulo de vértices A(2, 1, 3), B(1, 0, -1) e C(-1, 2, 1).

16) Sabendo que o ângulo entre os vetores $\vec{u} = (2, 1, -1)$ e $\vec{v} = (1, -1, m+2)$ é $\frac{\pi}{3}$, determinar m.

17) Calcular n para que seja de 30° o ângulo entre os vetores $\vec{u} = (1, n, 2)$ e $\vec{j}$.

18) Dados os vetores $\vec{a} = (2, 1, \alpha)$, $\vec{b} = (\alpha + 2, -5, 2)$ e $\vec{c} = (2\alpha, 8, \alpha)$, determinar o valor de α para que o vetor $\vec{a} + \vec{b}$ seja ortogonal ao vetor $\vec{c} - \vec{a}$.

19) Determinar o vetor $\vec{v}$, paralelo ao vetor $\vec{u} = (1, -1, 2)$, tal que $\vec{v} \cdot \vec{u} = -18$.

20) Determinar o vetor $\vec{v}$ ortogonal ao vetor $\vec{u} = (2, -3, -12)$ e colinear ao vetor $\vec{w} = (-6, 4, -2)$.

21) Determinar o vetor $\vec{v}$, colinear ao vetor $\vec{u} = (-4, 2, 6)$, tal que $\vec{v} \cdot \vec{w} = -12$, sendo $\vec{w} = (-1, 4, 2)$.

22) Provar que os pontos A(5, 1, 5), B(4, 3, 2) e C(-3, -2, 1) são vértices de um triângulo retângulo.

23) Qual o valor de α para que os vetores $\vec{a} = \alpha \vec{i} + 5\vec{j} - 4\vec{k}$ e $\vec{b} = (\alpha + 1)\vec{i} + 2\vec{j} + 4\vec{k}$ sejam ortogonais?

24) Verificar se existe ângulo reto no triângulo ABC, sendo A(2, 1, 3), B(3, 3, 5) e C(0, 4, 1).

25) Os ângulos diretores de um vetor podem ser de 45°, 60° e 90°? Justificar.

26) Os ângulos diretores de um vetor são 45°, 60° e γ. Determinar γ.

27) Determinar o vetor $\vec{v}$, sabendo que $|\vec{v}|=5$, $\vec{v}$ é ortogonal ao eixo Oz, $\vec{v}\cdot\vec{w}=6$ e $\vec{w}=2\vec{j}+3\vec{k}$.

28) Sabe-se que $|\vec{v}|=2$, $\cos\alpha=\dfrac{1}{2}$ e $\cos\beta=-\dfrac{1}{4}$. Determinar $\vec{v}$.

29) Determinar um vetor unitário ortogonal ao vetor $\vec{v}=(2,-1,1)$.

30) Determinar um vetor de módulo 5 paralelo ao vetor $\vec{v}=(1,-1,2)$.

31) O vetor $\vec{v}$ é ortogonal aos vetores $\vec{u}=(2,-1,3)$ e $\vec{w}=(1,0,-2)$ e forma ângulo agudo com o vetor $\vec{j}$. Calcular $\vec{v}$, sabendo que $|\vec{v}|=3\sqrt{6}$

32) Determinar o vetor $\vec{v}$, ortogonal ao eixo Oz, que satisfaz as condições $\vec{v}\cdot\vec{v_1}=10$ e $\vec{v}\cdot\vec{v_2}=-5$, sendo $\vec{v_1}=(2,3,-1)$ e $\vec{v_2}=(1,-1,2)$.

33) Determinar o vetor projeção do vetor $\vec{u}=(1,2,-3)$ na direção de $\vec{v}=(2,1,-2)$.

34) Qual o comprimento do vetor projeção de $\vec{u}=(3,5,2)$ sobre o eixo dos x?

35) Se o vetor $\overrightarrow{AB}$ tem co-senos diretores p, q e r e ângulos diretores α, β e γ, quais são os co-senos e os ângulos diretores de $\overrightarrow{BA}$?

36) Mostrar que se $\vec{u}$ e $\vec{v}$ são vetores, tal que $\vec{u}+\vec{v}$ é ortogonal a $\vec{u}-\vec{v}$, então $|\vec{u}|=|\vec{v}|$.

37) Mostrar que, se $\vec{u}$ é ortogonal a $\vec{v}$ e $\vec{w}$, $\vec{u}$ é também ortogonal a $\vec{v}+\vec{w}$.

38) Calcular o módulo dos vetores $\vec{u}+\vec{v}$ e $\vec{u}-\vec{v}$, sabendo que $|\vec{u}|=4$, $|\vec{v}|=3$ e o ângulo entre $\vec{u}$ e $\vec{v}$ é de 60°.

39) Sabendo que $|\vec{u}|=2$, $|\vec{v}|=3$ e que $\vec{u}$ e $\vec{v}$ formam um ângulo de $\dfrac{3\pi}{4}$ rad, determinar $|(2\vec{u}-\vec{v})\cdot(\vec{u}-2\vec{v})|$.

40) Determinar $\vec{u}\cdot\vec{v}+\vec{u}\cdot\vec{w}+\vec{v}\cdot\vec{w}$, sabendo que $\vec{u}+\vec{v}+\vec{w}=\vec{0}$, $|\vec{u}|=2$, $|\vec{v}|=3$ e $|\vec{w}|=\sqrt{5}$.

41) O vetor $\vec{v}$ é ortogonal aos vetores $\vec{a}=(1,2,0)$ e $\vec{b}=(1,4,3)$ e forma ângulo agudo com o eixo dos x. Determinar $\vec{v}$, sabendo que $|\vec{v}|=14$.

42) Dados os vetores $\vec{u}=(2,-1,1)$, $\vec{v}=(1,-1,0)$ e $\vec{w}=(-1,2,2)$, calcular:

a) $\vec{w} \times \vec{v}$

b) $\vec{v} \times (\vec{w} - \vec{u})$

c) $(\vec{u} + \vec{v}) \times (\vec{u} - \vec{v})$

d) $(2\vec{u}) \times (3\vec{v})$

e) $(\vec{u} \times \vec{v}) \cdot (\vec{u} \times \vec{v})$

f) $(\vec{u} \times \vec{v}) \cdot \vec{w}$ e $\vec{u} \cdot (\vec{v} \times \vec{w})$

g) $(\vec{u} \times \vec{v}) \times \vec{w}$ e $\vec{u} \times (\vec{v} \times \vec{w})$

h) $(\vec{u} + \vec{v}) \cdot (\vec{u} \times \vec{w})$

43) Dados os vetores $\vec{a} = (1, 2, 1)$ e $\vec{b} = (2, 1, 0)$, calcular:

a) $2\vec{a} \times (\vec{a} + \vec{b})$

b) $(\vec{a} + 2\vec{b}) \times (\vec{a} - 2\vec{b})$

44) Dados os pontos $A(2, -1, 2)$, $B(1, 2, -1)$ e $C(3, 2, 1)$, determinar o vetor $\vec{CB} \times (\vec{BC} - 2\vec{CA})$.

45) Determinar um vetor simultaneamente ortogonal aos vetores $2\vec{a} + \vec{b}$ e $\vec{b} - \vec{a}$, sendo $\vec{a} = (3, -1, -2)$ e $\vec{b} = (1, 0, -3)$.

46) Dados os vetores $\vec{a} = (1, -1, 2)$, $\vec{b} = (3, 4, -2)$ e $\vec{c} = (-5, 1, -4)$, mostrar que $\vec{a} \cdot (\vec{b} \times \vec{c}) = (\vec{a} \times \vec{b}) \cdot \vec{c}$.

47) Determinar o valor de m para que o vetor $\vec{w} = (1, 2, m)$ seja simultaneamente ortogonal aos vetores $\vec{v}_1 = (2, -1, 0)$ e $\vec{v}_2 = (1, -3, -1)$.

48) Dados os vetores $\vec{v} = (a, 5b, -\frac{c}{2})$ e $\vec{w} = (-3a, x, y)$, determinar x e y para que $\vec{v} \times \vec{w} = \vec{0}$.

49) Determinar um vetor unitário simultaneamente ortogonal aos vetores $\vec{v}_1 = (1, 1, 0)$ e $\vec{v}_2 = (2, -1, 3)$. Nas mesmas condições, determinar um vetor de módulo 5.

50) Mostrar num gráfico um representante de cada um dos seguintes vetores:

a) $\vec{j} \times 2\vec{i}$

b) $3\vec{i} \times 2\vec{k}$

51) Sabendo que $|\vec{a}|=3$, $|\vec{b}|=\sqrt{2}$ e 45° é o ângulo entre $\vec{a}$ e $\vec{b}$, calcular $|\vec{a} \times \vec{b}|$.

52) Se $|\vec{u} \times \vec{v}|=3\sqrt{3}$, $|\vec{u}|=3$ e 60° é o ângulo entre $\vec{u}$ e $\vec{v}$, determinar $|\vec{v}|$.

53) Dados os vetores $\vec{a}=(3,4,2)$ e $\vec{b}=(2,1,1)$, obter um vetor de módulo 3 que seja ao mesmo tempo ortogonal aos vetores $2\vec{a}-\vec{b}$ e $\vec{a}+\vec{b}$.

54) Calcular a área do paralelogramo definido pelos vetores $\vec{u}=(3,1,2)$ e $\vec{v}=(4,-1,0)$.

55) Mostrar que o quadrilátero cujos vértices são os pontos A(1, -2, 3), B(4, 3, -1), C(5, 7, -3) e D(2, 2, 1) é um paralelogramo e calcular sua área.

56) Calcular a área do paralelogramo cujos lados são determinados pelos vetores $2\vec{u}$ e $-\vec{v}$, sendo $\vec{u}=(2,-1,0)$ e $\vec{v}=(1,-3,2)$.

57) Calcular a área do triângulo de vértices

   a) A(-1, 0, 2), B(-4, 1, 1) e C(0, 1, 3)

   b) A(1, 0, 1), B(4, 2, 1) e C(1, 2, 0)

   c) A(2, 3, -1), B(3, 1, -2) e C(-1, 0, 2)

   d) A(-1, 2, -2), B(2, 3, -1) e C(0, 1, 1)

58) Calcular a área do paralelogramo que tem um vértice no ponto A(3, 2, 1) e uma diagonal de extremidades B(1, 1, -1) e C(0, 1, 2).

59) Calcular x, sabendo que A(x, 1, 1,), B(1, -1, 0) e C(2, 1, -1) são vértices de um triângulo de área $\dfrac{\sqrt{29}}{2}$.

60) Dado o triângulo de vértices A(0, 1, -1), B(-2, 0, 1) e C(1, -2, 0), calcular a medida da altura relativa ao lado BC.

61) Determinar $\vec{v}$ tal que $\vec{v}$ seja ortogonal ao eixo dos y e $\vec{u}=\vec{v} \times \vec{w}$, sendo $\vec{u}=(1,1,-1)$ e $\vec{w}=(2,-1,1)$.

62) Dados os vetores $\vec{u}=(0,1,-1)$, $\vec{v}=(2,-2,-2)$ e $\vec{w}=(1,-1,2)$, determinar o vetor $\vec{x}$, paralelo a $\vec{w}$, que satisfaz à condição: $\vec{x} \times \vec{u}=\vec{v}$.

63) Dados os vetores $\vec{u}=(2,1,0)$ e $\vec{v}=(3,-6,9)$, determinar o vetor $\vec{x}$ que satisfaz a relação $\vec{v}=\vec{u}\times\vec{x}$ e que seja ortogonal ao vetor $\vec{w}=(1,-2,3)$.

64) Demonstrar que $\vec{a}\times\vec{b}=\vec{b}\times\vec{c}=\vec{c}\times\vec{a}$, sabendo que $\vec{a}+\vec{b}+\vec{c}=\vec{0}$.

65) Sendo $\vec{u}$ e $\vec{v}$ vetores do espaço, com $\vec{v}\neq 0$:

   a) determinar o número real r tal que $\vec{u}-r\vec{v}$ seja ortogonal a $\vec{v}$;

   b) mostrar que $(\vec{u}+\vec{v})\times(\vec{u}-\vec{v})=2\vec{v}\times\vec{u}$.

66) Demonstrar que o segmento cujos extremos são os pontos médios de dois lados de um triângulo é paralelo ao terceiro lado e igual à sua metade.

67) Verificar se são coplanares os seguintes vetores:

   a) $\vec{u}=(3,-1,2)$, $\vec{v}=(1,2,1)$ e $\vec{w}=(-2,3,4)$

   b) $\vec{u}=(2,-1,0)$, $\vec{v}=(3,1,2)$ e $\vec{w}=(7,-1,2)$

68) Verificar se são coplanares os pontos:

   a) A(1, 1, 1), B(-2, -1, -3), C(0, 2, -2) e D(-1, 0, -2)

   b) A(1, 0, 2), B(-1, 0, 3), C(2, 4, 1) e D(-1, -2, 2)

   c) A(2, 1, 3), B(3, 2, 4), C(-1, -1, -1) e D(0, 1, -1)

69) Para que valor de m os pontos A(m, 1, 2), B(2, -2, -3), C(5, -1, 1) e D(3, -2 -2) são coplanares?

70) Determinar o valor de k para que os seguintes vetores sejam coplanares:

   a) $\vec{a}=(2,-1,k)$, $\vec{b}=(1,0,2)$ e $\vec{c}=(k,3,k)$

   b) $\vec{a}=(2,1,0)$, $\vec{b}=(1,1,-3)$ e $\vec{c}=(k,1,-k)$

   c) $\vec{a}=(2,k,1)$, $\vec{b}=(1,2,k)$ e $\vec{c}=(3,0,-3)$

71) Sejam os vetores $\vec{u}=(1,1,0)$, $\vec{v}=(2,0,1)$, $\vec{w_1}=3\vec{u}-2\vec{v}$, $\vec{w_2}=\vec{u}+3\vec{v}$ e $\vec{w_3}=\vec{i}+\vec{j}-2\vec{k}$. Determinar o volume do paralelepípedo definido por $\vec{w_1}$, $\vec{w_2}$ e $\vec{w_3}$.

72) Calcular o valor de m para que o volume do paralelepípedo determinado pelos vetores $\vec{v}_1 = 2\vec{i} - \vec{j}$, $\vec{v}_2 = 6\vec{i} + m\vec{j} - 2\vec{k}$ e $\vec{v}_3 = -4\vec{i} + \vec{k}$ seja igual a 10.

73) Os vetores $\vec{a} = (2, -1, -3)$, $\vec{b} = (-1, 1, -4)$ e $\vec{c} = (m+1, m, -1)$ determinam um paralelepípedo de volume 42. Calcular m.

74) Dados os pontos $A(1, -2, 3)$, $B(2, -1, -4)$, $C(0, 2, 0)$ e $D(-1, m, 1)$, determinar o valor de m para que seja de 20 unidades de volume o volume do paralelepípedo determinado pelos vetores $\overrightarrow{AB}$, $\overrightarrow{AC}$ e $\overrightarrow{AD}$.

75) Calcular o volume do tetraedro ABCD, sendo dados:

   a) $A(1, 0, 0)$, $B(0, 1, 0)$, $C(0, 0, 1)$ e $D(4, 2, 7)$

   b) $A(-1, 3, 2)$, $B(0, 1, -1)$, $C(-2, 0, 1)$ e $D(1, -2, 0)$. Para este, calcular também a medida da altura traçada do vértice A.

3.16.1 Respostas dos Problemas Propostos

1) $a = 2$

2) $\vec{x} = (-17, -13, -15)$

3) $\vec{v} = (1, 1, 1)$

4) $(\frac{7}{9}, \frac{4}{9}, \frac{4}{9})$

5) $\vec{v}$ é unitário

6) $\pm \frac{\sqrt{5}}{5}$

7) -4 ou -5

8) 3 ou $-\frac{13}{5}$

9) -3 ou -1

10) $2(\sqrt{11} + \sqrt{3})$

11) $P(1, 0, 0)$

12) $45°$

13) 50

14) 169

15) $\hat{A} = \arccos \frac{10}{3\sqrt{28}}$

   $\hat{B} = \arccos \frac{2\sqrt{6}}{9}$

   $\hat{C} = \arccos \frac{2}{\sqrt{42}}$

16) $m = -4$

17) $\pm \sqrt{15}$

18) 3 ou -6

19) (-3, 3, -6)

20) $\vec{v} = t(3, -2, 1), t \in \mathbb{R}$

21) (2, -1, -3)

22) $\vec{BA} \cdot \vec{BC} = 0$

23) -3 ou 2

24) Â

25) Não, $\cos^2 45° + \cos^2 60° + \cos^2 90° \neq 1$

26) 60° ou 120°

27) (4, 3, 0) ou (-4, 3, 0)

28) $\vec{v} = (1, -\frac{1}{2}, \pm \frac{\sqrt{11}}{2})$

29) Um deles é $(0, \frac{1}{\sqrt{2}}, \frac{1}{\sqrt{2}})$

30) $(\pm \frac{5}{\sqrt{6}}, \mp \frac{5}{\sqrt{6}}, \pm \frac{10}{\sqrt{6}})$

31) (2, 7, 1)

32) (-1, 4, 0)

33) $\frac{10}{9}$ (2, 1, -1)

34) 3

35) -p, -q e -r
    $\pi - \alpha$, $\pi - \beta$ e $\pi - \gamma$

38) $\sqrt{37}$ e $\sqrt{13}$

39) $26 + 15\sqrt{2}$

40) -9

41) (12, -6, 4)

42) a) (2, 2, -1)
    b) (-1, -1, 0)
    c) (-2, -2, 2)
    d) (6, 6, -6)
    e) 3
    f) -1 e -1
    g) (4, -1, 3) e (1, -4, -6)
    h) 1

43) a) (-2, 4, -6)
    b) (4, -8, 12)

44) (12, -8, -12)

45) x(3, 7, 1), $x \in \mathbb{R}$

46) $\vec{a} \cdot (\vec{b} \times \vec{c}) = 10 = (\vec{a} \times \vec{b}) \cdot \vec{c}$

47) -5

48) $x = -15b$, $y = \frac{3}{2}c$

49) Duas soluções para cada caso:

$(\frac{1}{\sqrt{3}}, -\frac{1}{\sqrt{3}}, -\frac{1}{\sqrt{3}})$ ou $(-\frac{1}{\sqrt{3}}, \frac{1}{\sqrt{3}}, \frac{1}{\sqrt{3}})$

e:

$5(\frac{1}{\sqrt{3}}, -\frac{1}{\sqrt{3}}, -\frac{1}{\sqrt{3}})$ ou $5(-\frac{1}{\sqrt{3}}, \frac{1}{\sqrt{3}}, \frac{1}{\sqrt{3}})$

51) 3

52) 2

53) $\left(\dfrac{6}{\sqrt{30}}, \dfrac{3}{\sqrt{30}}, -\dfrac{15}{\sqrt{30}}\right)$

54) $\sqrt{117}$

55) $\sqrt{89}$

56) $6\sqrt{5}$

57) a) $\sqrt{6}$

b) $\dfrac{7}{2}$

c) $\dfrac{9\sqrt{2}}{2}$

d) $2\sqrt{6}$

58) $\sqrt{74}$

59) 3 ou $\dfrac{1}{5}$

60) $\dfrac{3\sqrt{35}}{7}$

61) $(1, 0, 1)$

62) $(-2, 2, -4)$

63) $\vec{x} = (2y - 9, y, 3)$

65) a) $r = \dfrac{\vec{u} \cdot \vec{v}}{|\vec{v}|^2}$

67) a) Não; b) Sim.

68) a) Sim; b) Não; c) Sim.

69) m = 4

70) a) 6 ; b) $\dfrac{3}{2}$; c) 2 ou −3

71) 44 u.v.

72) 6 ou −4

73) 2 ou $-\dfrac{8}{3}$

74) 6 ou 2

75) a) 2 ; b) 4 e $\dfrac{8}{\sqrt{10}}$

CAPÍTULO 4

A RETA

4.1 Equação Vetorial da Reta

Seja r uma reta que passa pelo ponto A e tem a direção de um vetor não nulo $\vec{v}$. Para que um ponto P do *espaço* pertença à reta r, é necessário e suficiente que os vetores $\vec{AP}$ e $\vec{v}$ sejam colineares (Fig. 4.1), isto é:

$$\vec{AP} = t\vec{v}$$

ou:

$$P - A = t\vec{v} \qquad (4.1\text{-I})$$

Figura 4.1

De (4.1-I), vem:

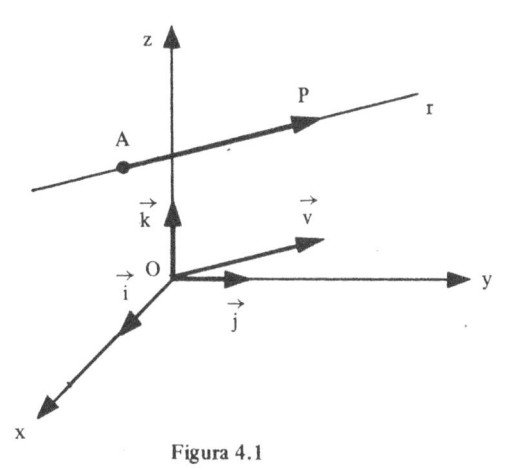

$$P = A + t\vec{v}$$

ou:

$$(x, y, z) = (x_1, y_1, z_1) + t(a, b, c), \qquad (4.1\text{-II})$$

se $P(x, y, z)$, $A(x_1, y_1, z_1)$ e $\vec{v} = (a, b, c)$.

Qualquer uma das equações (4.1-I) e (4.1-II) é denominada *equação vetorial* da reta r.

O vetor $\vec{v} = (a, b, c)$ é chamado *vetor diretor* da reta r e t é denominado *parâmetro*. É fácil verificar que a cada valor de t corresponde um ponto particular P: quando t varia de $-\infty$ a $+\infty$, o ponto P descreve a reta r.

Exemplo

Determinar a equação vetorial da reta r que passa pelo ponto $A(3, 0, -5)$ e tem a direção do vetor $\vec{v} = 2\vec{i} + 2\vec{j} - \vec{k}$.

Designando por $P(x, y, z)$ um ponto genérico dessa reta, tem-se:

$$P = A + t\vec{v},$$

isto é:

$$(x, y, z) = (3, 0, -5) + t(2, 2, -1)$$

Quando t varia de $-\infty$ a $+\infty$, P descreve a reta r. Assim, se $t = 2$, por exemplo:

$$(x, y, z) = (3, 0, -5) + 2(2, 2, -1)$$
$$(x, y, z) = (3, 0, -5) + (4, 4, -2)$$
$$(x, y, z) = (7, 4, -7)$$

O ponto $P(7, 4, -7)$ é um ponto da reta r.

Reciprocamente, a cada ponto $P \in r$ corresponde um número real t. Por exemplo, sabe-se que o ponto $P(7, 4, -7)$ pertence à reta

$$r: (x, y, z) = (3, 0, -5) + t(2, 2, -1)$$

logo, é verdadeira a afirmação:

$$(7, 4, -7) = (3, 0, -5) + t(2, 2, -1), \text{ para algum número real } t.$$

Dessa igualdade, vem:

$t(2, 2, -1) = (7, 4, -7) - (3, 0, -5)$

$t(2, 2, -1) = (4, 4, -2)$

$(2t, 2t, -1t) = (4, 4, -2)$

Da definição de igualdade de vetores, vem:

$t = 2$.

4.2   Equações Paramétricas da Reta

Sejam $(0, \vec{i}, \vec{j}, \vec{k})$ um sistema de coordenadas, $P(x, y, z)$ e $A(x_1, y_1, z_1)$ um ponto genérico e um ponto dado, respectivamente, da reta r, e $\vec{v} = a\vec{i} + b\vec{j} + c\vec{k}$ um vetor de mesma direção de r.

Da equação vetorial da reta r:

$P = A + t\vec{v}$,

ou:

$(x, y, z) = (x_1, y_1, z_1) + t(a, b, c)$

ou, ainda:

$(x, y, z) = (x_1 + at, y_1 + bt, z + ct)$

vem:

$$\begin{cases} x = x_1 + at \\ y = y_1 + bt \\ z = z_1 + ct \end{cases} \quad (4.2)$$

As Equações (4.2), nas quais a, b e c não são todos nulos ($\vec{v} \neq \vec{0}$), são denominadas *equações paramétricas da reta* r, em relação ao sistema de coordenadas fixado.

A reta r é o conjunto de todos os pontos (x, y, z) determinados pelas equações paramétricas quando t varia de $-\infty$ a $+\infty$.

Exemplo

As equações paramétricas da reta r, que passa pelo ponto A(3, -1, 2) e é paralela ao vetor $\vec{v} = (-3, -2, 1)$, são:

$$\begin{cases} x = 3 - 3t \\ y = -1 - 2t \\ z = 2 + t \end{cases}$$

Para se obter um ponto desta reta, basta atribuir a t um valor particular. Por exemplo, para t = 3, tem-se:

$$\begin{cases} x = -6 \\ y = -7 \\ z = 5 \end{cases}$$

isto é, o ponto (-6, -7, 5) é um ponto da reta r. Observe-se que o ponto A(3, -1, 2) é obtido fazendo t = 0. Já o ponto (0, 3, 4) não pertence a esta reta, pois as equações

$$\begin{cases} 0 = 3 - 3t \\ 3 = -1 - 2t \\ 4 = 2 + t \end{cases}$$

não são satisfeitas para o mesmo valor de t (t = 1 satisfaz a primeira equação mas não as duas

4.3 Reta Definida por Dois Pontos

A reta definida pelos pontos $A(x_1, y_1, z_1)$ e $B(x_2, y_2, z_2)$ é a reta que passa pelo ponto A (ou B) e tem a direção do vetor $\vec{v} = \overrightarrow{AB} = (x_2 - x_1, y_2 - y_1, z_2 - z_1)$.

Exemplo

A reta r, determinada pelos pontos $A(1, -2, -3)$ e $B(3, 1, -4)$, tem a direção do vetor $\vec{v} = \overrightarrow{AB} = (2, 3, -1)$ e as equações paramétricas

$$\begin{cases} x = 1 + 2t \\ y = -2 + 3t \\ z = -3 - t \end{cases}$$

representam esta reta r, passando pelo ponto A, com a direção do vetor $\vec{v} = \overrightarrow{AB}$; analogamente, as equações paramétricas

$$\begin{cases} x = 3 + 2t \\ y = 1 + 3t \\ z = -4 - t \end{cases}$$

ainda representam a mesma reta r, passando pelo ponto B, com a direção do vetor $\vec{v} = \overrightarrow{AB}$.

Observemos que, embora estes sistemas sejam diferentes, eles permitem encontrar todos os pontos da mesma reta, fazendo t variar de $-\infty$ a $+\infty$. Por exemplo, para $t = 1$, obtemos o ponto $P_1(3, 1, -4)$ no primeiro sistema e o ponto $P_2(5, 4, -5)$ no segundo sistema, e ambos são pontos da mesma reta. É fácil ver que o ponto P_1 pode ser obtido, no segundo sistema, fazendo $t = 0$ e o ponto P_2, no primeiro sistema, fazendo $t = 2$.

Observação

Assim como o vetor $\vec{v} = (2, 3, -1)$ é um vetor diretor desta reta, qualquer vetor $\alpha\vec{v}$, $\alpha \neq 0$, também o é. Portanto, apenas para exemplificar, se $\alpha = 2$ e $\alpha = -1$, as equações:

$$\begin{cases} x = 1 + 4t \\ y = -2 + 6t \\ z = -3 - 2t \end{cases} \quad \text{e} \quad \begin{cases} x = 1 - 2t \\ y = -2 - 3t \\ z = -3 + t \end{cases}$$

ainda representam, respectivamente, a reta r.

4.4 Equações Simétricas da Reta

Das equações paramétricas (4.2), supondo $abc \neq 0$, vem:

$$t = \frac{x - x_1}{a}$$

$$t = \frac{y - y_1}{b}$$

$$t = \frac{z - z_1}{c}$$

logo:

$$\frac{x - x_1}{a} = \frac{y - y_1}{b} = \frac{z - z_1}{c} \qquad (4.4\text{-I})$$

Estas equações são denominadas *equações simétricas* ou normais de uma reta que passa por um ponto $A(x_1, y_1, z_1)$ e tem a direção do vetor $\vec{v} = (a, b, c)$.

Exemplo

As equações simétricas da reta que passa pelo ponto $A(3, 0, -5)$ e tem a direção do vetor $\vec{v} = 2\vec{i} + 2\vec{j} - \vec{k}$ são:

$$\frac{x - 3}{2} = \frac{y}{2} = \frac{z + 5}{-1}$$

Observação

Se a reta é determinada pelos pontos $A(x_1, y_1, z_1)$ e $B(x_2, y_2, z_2)$, suas equações simétricas são:

$$\frac{x - x_1}{x_2 - x_1} = \frac{y - y_1}{y_2 - y_1} = \frac{z - z_1}{z_2 - z_1} \qquad (4.4\text{-II})$$

pois um vetor diretor é:

$$\vec{v} = \vec{AB} = (x_2 - x_1, y_2 - y_1, z_2 - z_1),$$

com $x_2 - x_1 \neq 0$, $y_2 - y_1 \neq 0$ e $z_2 - z_1 \neq 0$.

Exemplo

As equações simétricas da reta determinada pelos pontos $A(2, 1, -3)$ e $B(4, 0, -2)$ são:

$$\frac{x-2}{4-2} = \frac{y-1}{0-1} = \frac{z+3}{-2+3}$$

isto é:

$$\frac{x-2}{2} = \frac{y-1}{-1} = \frac{z+3}{1}$$

Estas são as equações da reta que passa pelo ponto A e tem a direção do vetor $\vec{v} = \overrightarrow{AB}$.
As equações

$$\frac{x-4}{2} = \frac{y}{-1} = \frac{z+2}{1}$$

representam a mesma reta passando pelo ponto B e com a direção de $\vec{v} = \overrightarrow{AB}$.

4.4.1 Condição para que Três Pontos Estejam em Linha Reta

A condição para que três pontos $A_1(x_1, y_1, z_1)$, $A_2(x_2, y_2, z_2)$ e $A_3(x_3, y_3, z_3)$ estejam em linha reta é que os vetores $\overrightarrow{A_1 A_2}$ e $\overrightarrow{A_1 A_3}$ sejam colineares, isto é:

$$\overrightarrow{A_1 A_2} = m \overrightarrow{A_1 A_3}, \text{ para algum } m \in \mathbb{R}$$

ou:

$$\frac{x_2 - x_1}{x_3 - x_1} = \frac{y_2 - y_1}{y_3 - y_1} = \frac{z_2 - z_1}{z_3 - z_1} \tag{4.4.1}$$

Exemplo

Os pontos $A_1(5, 2, -6)$, $A_2(-1, -4, -3)$ e $A_3(7, 4, -7)$ estão em linha reta. De fato, substituindo as coordenadas dos pontos nas equações (4.4.1), tem-se:

$$\frac{-1-5}{7-5} = \frac{-4-2}{4-2} = \frac{-3+6}{-7+6}$$

ou:

$$\frac{-6}{2} = \frac{-6}{2} = \frac{3}{-1}$$

4.5 Equações Reduzidas da Reta

Às equações simétricas (4.4-I) da reta

$$\frac{x - x_1}{a} = \frac{y - y_1}{b} = \frac{z - z_1}{c}$$

pode-se dar outra forma, isolando as variáveis y e z e expressando-as em função de x.

Assim:

$$\frac{y - y_1}{b} = \frac{x - x_1}{a} \qquad \frac{z - z_1}{c} = \frac{x - x_1}{a}$$

$$y - y_1 = \frac{b}{a}(x - x_1) \qquad z - z_1 = \frac{c}{a}(x - x_1)$$

$$y - y_1 = \frac{b}{a}x - \frac{b}{a}x_1 \qquad z - z_1 = \frac{c}{a}x - \frac{c}{a}x_1$$

$$y = \frac{b}{a}x - \frac{b}{a}x_1 + y_1 \qquad z = \frac{c}{a}x - \frac{c}{a}x_1 + z_1$$

fazendo: $\qquad\qquad\qquad$ fazendo:

$$\frac{b}{a} = m \qquad\qquad \frac{c}{a} = p$$

$$-\frac{b}{a}x_1 + y_1 = n, \qquad -\frac{c}{a}x_1 + z_1 = q,$$

vem: $\qquad\qquad\qquad$ vem:

$$y = mx + n \qquad\qquad z = px + q \qquad\qquad (4.5\text{-I})$$

Estas equações são as *equações reduzidas da reta*.

Exemplo

Estabelecer as equações reduzidas da reta r que passa pelos pontos A(2, 1, -3) e B(4, 0, -2).

a) As equações simétricas da reta que passa pelo ponto A(2, 1, -3) e tem a direção do vetor $\vec{v} = \overrightarrow{AB} = (2, -1, 1)$ são:

$$\frac{x-2}{2} = \frac{y-1}{-1} = \frac{z+3}{1}$$

Dessas equações obtém-se:

$\frac{x-2}{2} = \frac{y-1}{-1}$	$\frac{x-2}{2} = \frac{z+3}{1}$
$2(y-1) = -1(x-2)$	$2(z+3) = 1(x-2)$
$2y - 2 = -x + 2$	$2z + 6 = x - 2$
$2y = -x + 2 + 2$	$2z = x - 2 - 6$
$2y = -x + 4$	$2z = x - 8$
$y = \frac{-x+4}{2} = \frac{-1}{2}x + 2$	$z = \frac{x-8}{2} = \frac{1}{2}x - 4$

b) As equações simétricas da reta que passa pelo ponto B(4, 0, -2) e tem a direção do vetor $\vec{v} = \overrightarrow{AB} = (2, -1, 1)$ são:

$$\frac{x-4}{2} = \frac{y}{-1} = \frac{z+2}{1}$$

Dessas equações obtém-se:

$\frac{x-4}{2} = \frac{y}{-1}$	$\frac{x-4}{2} = \frac{z+2}{1}$
$2y = -(x-4)$	$2(z+2) = 1(x-4)$
$2y = -x + 4$	$2z + 4 = x - 4$
$y = \frac{-x+4}{2} = \frac{-1}{2}x + 2$	$2z = x - 4 - 4$
	$z = \frac{x-8}{2} = \frac{1}{2}x - 4$

Comparando as equações reduzidas obtidas em *a*) e *b*), verifica-se que são equações da mesma reta r, o que, aliás, vem confirmar a afirmação feita no Exemplo da Observação do Item 4.4.

Observações

a) Nas equações reduzidas:

$$\begin{cases} y = mx + n \\ z = px + q, \end{cases}$$

a variável x figura como variável independente. Se expressarmos as equações de forma que a variável independente seja y ou z, ainda assim as equações são chamadas equações reduzidas. Por exemplo, as equações reduzidas da reta do exemplo anterior também podem ser expressas por:

$$\begin{cases} x = 4 - 2y \\ z = -y - 2 \end{cases}$$

ou

$$\begin{cases} x = 2z + 8 \\ y = -z - 2 \end{cases}$$

b) Das equações reduzidas (4.5-I):

$$\begin{cases} y = mx + n \\ z = px + q, \end{cases}$$

pode-se obter:

$$\frac{x}{1} = \frac{y-n}{m} = \frac{z-q}{p} \tag{4.5-II}$$

Comparando (4.5-II) com as equações (4.4-I):

$$\frac{x-x_1}{a} = \frac{y-y_1}{b} = \frac{z-z_1}{c}$$

verifica-se que as equações reduzidas representam a reta que passa pelo ponto N(0, n, q) e tem a direção do vetor $\vec{v} = (1, m, p)$.

Exemplo

As equações:

$$\begin{cases} y = 2x - 3 \\ z = -4x + 5 \end{cases}$$

representam a reta que passa pelo ponto $N(0, -3, 5)$ e tem a direção do vetor $\vec{v} = (1, 2, -4)$. Observe-se que o ponto N é obtido fazendo $x = 0$ nas equações reduzidas. Se se der a x outro valor, $x = 1$, por exemplo, se terá o ponto $M(1, -1, 1)$ e um vetor diretor será $\overrightarrow{NM} = (1, 2, -4)$ ou qualquer múltiplo dele.

4.6 Retas Paralelas aos Planos e aos Eixos Coordenados

Vimos que as equações (4.2):

$$\begin{cases} x = x_1 + at \\ y = y_1 + bt \\ z = z_1 + ct, \end{cases}$$

ou as equações (4.4-I):

$$\frac{x - x_1}{a} = \frac{y - y_1}{b} = \frac{z - z_1}{c}$$

representam uma reta r determinada por um ponto $A(x_1, y_1, z_1)$ e por um vetor diretor $\vec{v} = (a, b, c)$. Até agora, supôs-se que as componentes do vetor são diferentes de zero. Entretanto, uma ou duas destas componentes podem ser nulas. Então, temos dois casos:

1º) *Uma só das componentes de $\vec{v}$ é nula*

Neste caso, o vetor $\vec{v}$ é ortogonal a um dos eixos coordenados e, portanto, a reta r é paralela ao plano dos outros eixos. Assim:

a) Se $a = 0$, $\vec{v} = (0, b, c) \perp Ox \therefore r \,//\, yOz$

As equações de r ficam:

$$\begin{cases} x = x_1 \\ \dfrac{y - y_1}{b} = \dfrac{z - z_1}{c} \end{cases}$$

nas quais se verifica que, das coordenadas (x, y, z) de um ponto genérico P da reta r, variam somente y e z, conservando-se $x = x_1$ constante. Isto significa que a reta r se acha num plano paralelo ao plano coordenado yOz (Fig. 4.6-a).

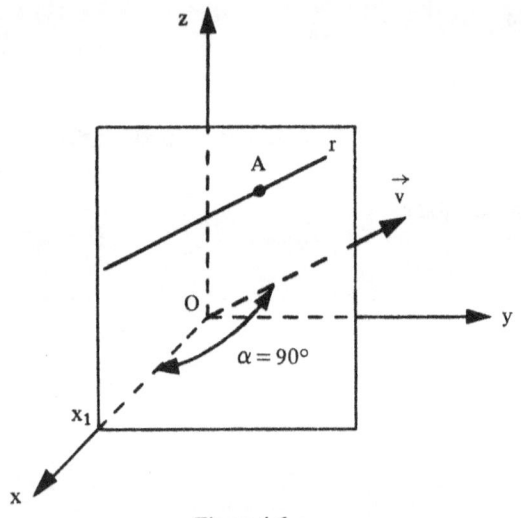

Figura 4.6-a

b) Se $b = 0$, $\vec{v} = (a, 0, c) \perp Oy \therefore r // xOz$

As equações de r ficam:

$$\begin{cases} y = y_1 \\ \dfrac{x - x_1}{a} = \dfrac{z - z_1}{c} \end{cases}$$

Das coordenadas de um ponto genérico $P(x, y, z)$ da reta r variam somente x e z, conservando-se $y = y_1$ constante. A reta r se acha num plano paralelo ao plano xOz (Fig. 4.6-b).

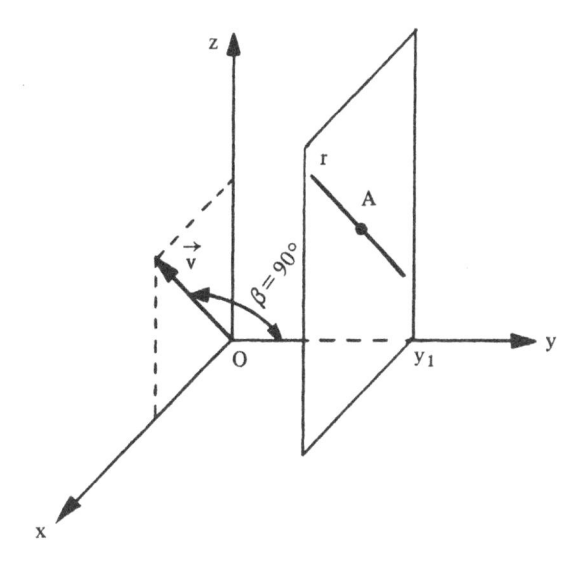

Figura 4.6-b

c) Se $c=0$, $\vec{v}=(a,b,0) \perp Oz \therefore r // xOy$

As equações de r ficam:

$$\begin{cases} z = z_1 \\ \dfrac{x-x_1}{a} = \dfrac{y-y_1}{b} \end{cases}$$

Das coordenadas de um ponto genérico $P(x,y,z)$ da reta r variam somente x e y, conservando-se $z = z_1$ constante. A reta r se acha num plano paralelo ao plano xOy (Fig. 4.6-c).

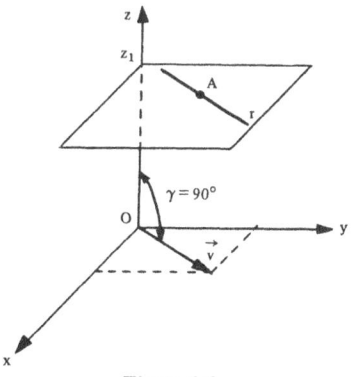

Figura 4.6-c

2º) *Duas das componentes de $\vec{v}$ são nulas*

Neste caso, o vetor $\vec{v}$ tem a direção de um dos vetores $\vec{i}=(1,0,0)$ ou $\vec{j}=(0,1,0)$ ou $\vec{k}=(0,0,1)$ e, portanto, a reta r é paralela ao eixo que tem a direção de $\vec{i}$ ou de $\vec{j}$ ou de $\vec{k}$. Assim:

a) Se $a=b=0$, $\vec{v}=(0,0,c) // \vec{k}$ ∴ $r // Oz$

As equações de r ficam:

$$\begin{cases} x = x_1 \\ y = y_1 \\ z = z_1 + ct \end{cases}$$

Costuma-se dizer, simplesmente, que as equações da reta r são:

$$\begin{cases} x = x_1 \\ y = y_1 \end{cases}$$

subentendendo-se z variável (Fig. 4.6-d).

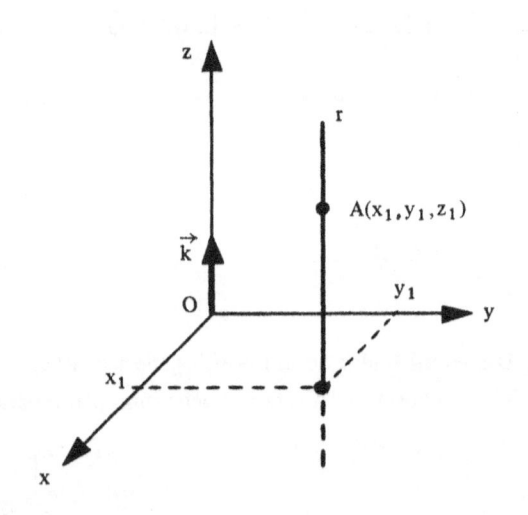

Figura 4.6-d

b) Se $a=c=0$, $\vec{v}=(0,b,0)$ $// \vec{j}$ ∴ $r // Oy$

As equações de r ficam:

$$\begin{cases} x = x_1 \\ y = y_1 + bt \\ z = z_1, \end{cases}$$

ou, simplesmente:

$$\begin{cases} x = x_1 \\ z = z_1, \end{cases}$$

subentendendo-se y variável (Fig. 4.6-e).

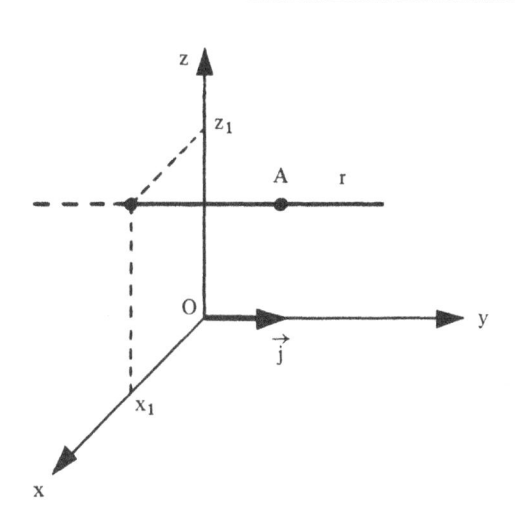

Figura 4.6-e

c) Se $b = c = 0$, $\vec{v} = (a, 0, 0) // \vec{i}$ ∴ $r // Ox$

As equações de r ficam:

$$\begin{cases} x = x_1 + at \\ y = y_1 \\ z = z_1 \end{cases}$$

ou, simplesmente,

$$\begin{cases} y = y_1 \\ z = z_1, \end{cases}$$

subentendendo-se x variável (Fig. 4.6-f).

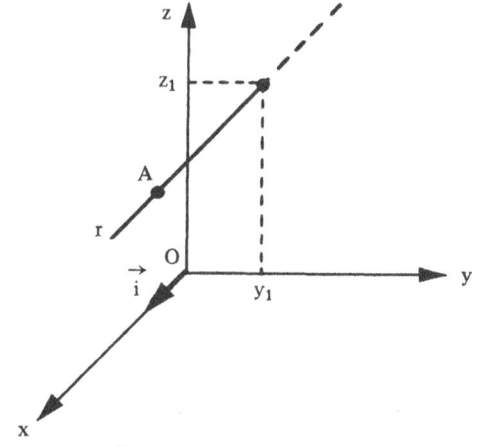

Figura 4.6-f

Observação

Os eixos Ox, Oy e Oz são retas particulares.

Assim o eixo Ox é uma reta que passa pela origem $O(0, 0, 0)$ e tem a direção do vetor $\vec{i} = (1, 0, 0)$. Logo, suas equações são:

$$\begin{cases} y = 0 \\ z = 0 \end{cases}$$

De forma análoga, as equações do eixo Oy são:

$$\begin{cases} x = 0 \\ z = 0 \end{cases}$$

e as equações do eixo Oz são:

$$\begin{cases} x = 0 \\ y = 0 \end{cases}$$

4.6.1 Problemas Resolvidos

1) Determinar as equações da reta que passa pelo ponto A(-2, 3, -2) e tem a direção do vetor $\vec{v} = 3\vec{i} + 2\vec{k}$.

Solução

As componentes do vetor $\vec{v}$ são:

a = 3

b = 0

c = 2

Tendo em vista que b = 0, a reta se acha num plano paralelo ao plano xOz e suas equações são:

$$\begin{cases} y = 3 \\ \dfrac{x+2}{3} = \dfrac{z+2}{2} \end{cases}$$

2) Estabelecer as equações da reta que passa pelos pontos A(1, 0, 9) e B(4, 8, 9).

Solução

As componentes do vetor $\vec{v}$ = B - A que define a direção da reta são:

a = 4 - 1 = 3

b = 8 - 0 = 8

c = 9 - 9 = 0

Tendo em vista que c = 0, a reta se acha num plano paralelo ao plano xOy e as suas equações são:

$$\begin{cases} z = 9 \\ \dfrac{x-1}{3} = \dfrac{y}{8} \end{cases}$$

3) Determinar as equações da reta que passa pelo ponto A(0, 3, -2) e tem a direção do vetor $\vec{v} = 2\vec{i}$.

Solução

As componentes do vetor $\vec{v}$ são:

a = 2
b = 0
c = 0

Tendo em vista que b = 0 e c = 0, a reta é paralela ao eixo Ox e as suas equações são:

$$\begin{cases} y = 3 \\ z = -2 \end{cases}$$

4.7 Ângulo de Duas Retas

Sejam as retas r_1, que passa pelo ponto $A_1(x_1, y_1, z_1)$ e tem a direção de um vetor $\vec{v}_1 = (a_1, b_1, c_1)$, e r_2, que passa pelo ponto $A_2(x_2, y_2, z_2)$ e tem a direção de um vetor $\vec{v}_2 = (a_2, b_2, c_2)$ (Fig. 4.7).

Chama-se *ângulo de duas retas* r_1 e r_2 o menor ângulo de um vetor diretor de r_1 e de um vetor diretor de r_2. Logo, sendo θ este ângulo, tem-se

$$\cos \theta = \frac{|\vec{v}_1 \cdot \vec{v}_2|}{|\vec{v}_1||\vec{v}_2|}, \text{ com } 0 \leq \theta \leq \frac{\pi}{2} \qquad (4.7\text{-I})$$

Figura 4.7

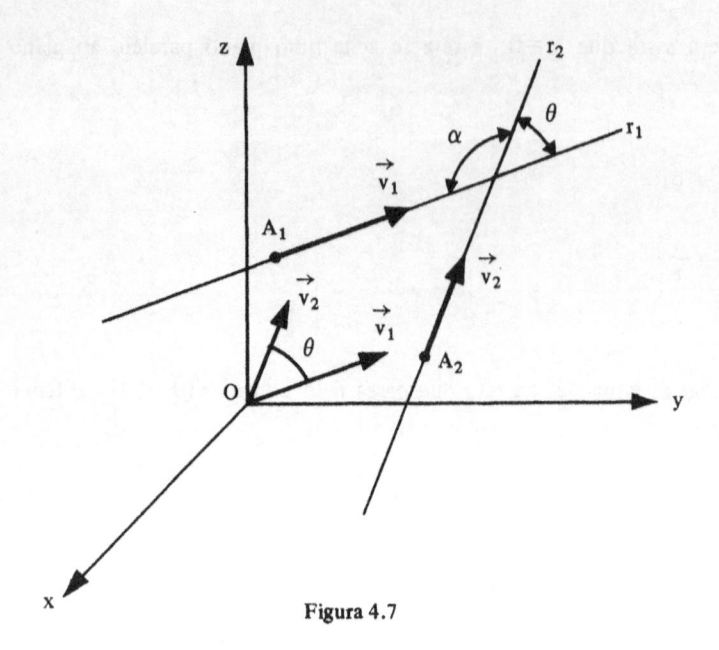

ou, em coordenadas:

$$\cos \theta = \frac{|a_1 a_2 + b_1 b_2 + c_1 c_2|}{\sqrt{a_1^2 + b_1^2 + c_1^2} \sqrt{a_2^2 + b_2^2 + c_2^2}} \qquad (4.7\text{-II})$$

Observação

Na figura, o ângulo α é suplementar de θ e, portanto, $\cos \alpha = -\cos \theta$. O ângulo α é o ângulo formado por $-\vec{v}_1$ e $\vec{v}_2$ ou $\vec{v}_1$ e $-\vec{v}_2$.

Exemplo

Calcular o ângulo entre as retas

$$r_1 : \begin{cases} x = 3 + t \\ y = t \\ z = -1 - 2t \end{cases}$$

e

$$r_2 : \frac{x+2}{-2} = \frac{y-3}{1} = \frac{z}{1}$$

Solução

Os vetores que definem as direções das retas r_1 e r_2 são, respectivamente:

$\vec{v}_1 = (1, 1, -2)$

$\vec{v}_2 = (-2, 1, 1)$

Pela fórmula (4.7-I):

$$\cos \theta = \frac{|\vec{v}_1 \cdot \vec{v}_2|}{|\vec{v}_1||\vec{v}_2|} = \frac{|(1, 1, -2) \cdot (-2, 1, 1)|}{\sqrt{1^2 + 1^2 + (-2)^2} \times \sqrt{(-2)^2 + 1^2 + 1^2}}$$

$$\cos \theta = \frac{|-2 + 1 - 2|}{\sqrt{1 + 1 + 4} \times \sqrt{4 + 1 + 1}} = \frac{|-3|}{\sqrt{6} \times \sqrt{6}} = \frac{3}{6} = \frac{1}{2},$$

logo:

$$\theta = \text{arc cos } \left(\frac{1}{2}\right) = \frac{\pi}{3} \text{ rad} = 60°$$

4.8 Condição de Paralelismo de Duas Retas

A condição de paralelismo das retas r_1 e r_2 é a mesma dos vetores $\vec{v}_1 = (a_1, b_1, c_1)$ e $\vec{v} = (a_2, b_2, c_2)$, que definem as direções dessas retas, isto é:

$$\vec{v}_1 = m\vec{v}_2$$

ou:

$$\frac{a_1}{a_2} = \frac{b_1}{b_2} = \frac{c_1}{c_2}$$

4.8.1 Exemplo

A reta r_1, que passa pelos pontos $A_1(-3, 4, 2)$ e $B_1(5, -2, 4)$, e a reta r_2, que passa pelos pontos $A_2(-1, 2, -3)$ e $B_2(-5, 5, -4)$, são paralelas. De fato:

I) A direção de r_1 é dada pelo vetor $\vec{v}_1 = \overrightarrow{A_1 B_1} = (8, -6, 2)$;

II) A direção de r_2 é dada pelo vetor $\vec{v_2} = \overrightarrow{A_2 B_2} = (-4, 3, -1)$;

III) A condição de paralelismo de duas retas é:

$$\frac{a_1}{a_2} = \frac{b_1}{b_2} = \frac{c_1}{c_2}$$

e, neste caso:

$$\frac{8}{-4} = \frac{-6}{3} = \frac{2}{-1},$$

o que prova serem paralelas as retas r_1 e r_2.

Observações

I) Seja uma reta r_1, que passa por um ponto $A_1(x_1, y_1, z_1)$ e tem a direção de um vetor $\vec{v_1} = (a_1, b_1, c_1)$, expressa pelas equações:

$$\frac{x - x_1}{a_1} = \frac{y - y_1}{b_1} = \frac{z - z_1}{c_1}$$

Qualquer reta r_2, paralela à reta r_1, tem parâmetros diretores a_2, b_2, c_2 proporcionais aos parâmetros diretores a_1, b_1, c_1 de r_1. Em particular, a_1, b_1, c_1, são parâmetros diretores de qualquer reta paralela à reta r_1. Nestas condições, se $A_2(x_2, y_2, z_2)$ é um ponto qualquer do espaço, as equações da paralela à reta r_1, que passa por A_2, são:

$$\frac{x - x_2}{a_1} = \frac{y - y_2}{b_1} = \frac{z - z_2}{c_1}$$

II) Se as retas r_1 e r_2 forem expressas, respectivamente, pelas equações reduzidas:

$$r_1 : \begin{cases} y = m_1 x + n_1 \\ z = p_1 x + q_1 \end{cases} \quad e \quad r_2 : \begin{cases} y = m_2 x + n_2 \\ z = p_2 x + q_2, \end{cases}$$

cujas direções são dadas, respectivamente pelos vetores:

$$\vec{v_1} = (1, m_1, p_1)$$
$$\vec{v_2} = (1, m_2, p_2),$$

a condição de paralelismo permite escrever:

$$\frac{1}{1} = \frac{m_1}{m_2} = \frac{p_1}{p_2}$$

ou:

$m_1 = m_2$

$p_1 = p_2$

Assim, por exemplo, as retas

$$r_1 : \begin{cases} y = 2x - 3 \\ z = -4x + 5 \end{cases} \quad \text{e} \quad r_2 : \begin{cases} y = 2x + 1 \\ z = -4x \end{cases}$$

são paralelas.

4.9 Condição de Ortogonalidade de Duas Retas

A condição de ortogonalidade das retas r_1 e r_2 é a mesma dos vetores $\vec{v}_1 = (a_1, b_1, c_1)$ e $\vec{v}_2 = (a_2, b_2, c_2)$ que definem as direções dessas retas, isto é:

$$\vec{v}_1 \cdot \vec{v}_2 = 0$$

ou:

$$a_1 a_2 + b_1 b_2 + c_1 c_2 = 0$$

Exemplo

As retas

$$r_1 : \begin{cases} y = 3 \\ \dfrac{x-3}{8} = \dfrac{z+1}{-6} \end{cases} \quad \text{e} \quad r_2 : \dfrac{x}{3} = \dfrac{y+1}{5} = \dfrac{z-3}{4}$$

são ortogonais. De fato:

I) A direção de r_1 é dada pelo vetor $\vec{v_1} = (8, 0, -6)$;

II) A direção de r_2 é dada pelo vetor $\vec{v_2} = (3, 5, 4)$;

III) A condição de ortogonalidade de duas retas é:

$$a_1 b_1 + a_2 b_2 + a_3 b_3 = 0$$

e, neste caso:

$$8 \times 3 + 0 \times 5 + (-6) \times 4 = 24 + 0 - 24 = 0,$$

o que prova serem ortogonais as retas r_1 e r_2.

4.9.1 Problema Resolvido

4) Calcular o valor de m para que as retas

$$r: \begin{cases} y = mx - 3 \\ z = -2x \end{cases} \quad e \quad s: \begin{cases} x = -1 + 2t \\ y = 3 - t \\ z = 5t \end{cases}$$

sejam ortogonais.

Solução

Os vetores $\vec{u} = (1, m, -2)$ e $\vec{v} = (2, -1, 5)$ são vetores diretores de r e s, respectivamente. A condição de ortogonalidade permite escrever:

$$\vec{u} \cdot \vec{v} = 0$$

ou:

$(1, m, -2) \cdot (2, -1, 5) = 0$

$2 - m - 10 = 0$

$\quad - m = 10 - 2$

$\quad\quad m = -8$

Observação

Uma reta r, cujo vetor diretor $\vec{v}$ é ortogonal (ou normal) a um plano π, é ortogonal a qualquer reta contida nesse plano. Assim, existem infinitas retas que passam por um ponto $A \in \pi$ e são ortogonais à reta r (Fig. 4.9).

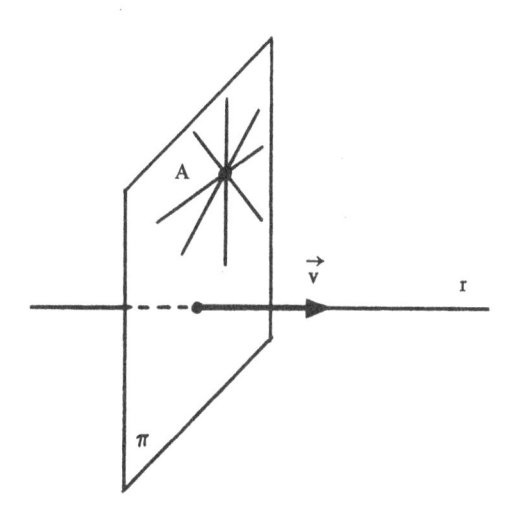

Figura 4.9

4.10 Condição de Coplanaridade de Duas Retas

A reta r_1, que passa por um ponto $A_1(x_1, y_1, z_1)$ e tem a direção de um vetor $\vec{v}_1 = (a_1, b_1, c_1)$, e a reta r_2, que passa por um ponto $A_2(x_2, y_2, z_2)$ e tem a direção de um vetor $\vec{v}_2 = (a_2, b_2, c_2)$, são coplanares se os vetores $\vec{v}_1$, $\vec{v}_2$ e $\overrightarrow{A_1 A_2}$ forem coplanares, isto é, se for nulo o produto misto $(\vec{v}_1, \vec{v}_2, \overrightarrow{A_1 A_2})$ (Fig. 4.10):

$$(\vec{v}_1, \vec{v}_2, \overrightarrow{A_1 A_2}) = \begin{vmatrix} a_1 & b_1 & c_1 \\ a_2 & b_2 & c_2 \\ x_2 - x_1 & y_2 - y_1 & z_2 - z_1 \end{vmatrix} = 0. \qquad (4.10\text{-I})$$

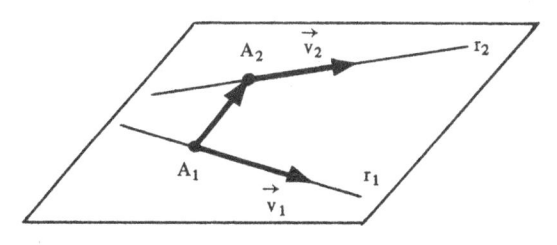

Figura 4.10

Exemplo

As retas:

$$r_1: \begin{cases} \dfrac{x-2}{2} = \dfrac{y}{3} = \dfrac{z-5}{4} \end{cases} \quad e \quad r_2: \begin{cases} \dfrac{x+5}{-1} = \dfrac{y+3}{1} = \dfrac{z-6}{3} \end{cases}$$

são coplanares. De fato:

I) a reta r_1 passa pelo ponto $A_1(2, 0, 5)$ e o vetor que define a sua direção é $\vec{v_1} = (2, 3, 4)$;

II) a reta r_2 passa pelo ponto $A_2(-5, -3, 6)$ e o vetor que define a sua direção é $\vec{v_2} = (-1, 1, 3)$;

III) o vetor determinado pelos pontos A_1 e A_2 é $\overrightarrow{A_1 A_2} = (-7, -3, 1)$;

IV) a condição de coplanaridade das retas r_1 e r_2 é que seja nulo o produto misto $(\vec{v_1}, \vec{v_2}, \overrightarrow{A_1 A_2})$. No caso presente:

$$(\vec{v_1}, \vec{v_2}, \overrightarrow{A_1 A_2}) = \begin{vmatrix} 2 & 3 & 4 \\ -1 & 1 & 3 \\ -7 & -3 & 1 \end{vmatrix} = 0;$$

o que prova serem coplanares as retas r_1 e r_2.

4.10.1 Problema Resolvido

5) Determinar o valor de m para que as retas

$$r_1: \begin{cases} y = mx + 2 \\ z = 3x - 1 \end{cases} \quad e \quad r_2: \begin{cases} x = t \\ y = 1 + 2t \\ z = -2t \end{cases}$$

sejam coplanares.

Solução

I) a reta r_1 é definida pelo ponto $A_1(0, 2, -1)$ e pelo vetor $\vec{v_1} = (1, m, 3)$;

II) a reta r_2 é definida pelo ponto $A_2(0, 1, 0)$ e pelo vetor $\vec{v_2} = (1, 2, -2)$;

III) o vetor $\overrightarrow{A_1 A_2} = (0, -1, 1)$;

IV) pela condição de coplanaridade, deve-se ter

$$(\vec{v_1}, \vec{v_2}, \overrightarrow{A_1 A_2}) = 0,$$

isto é:

$$\begin{vmatrix} 1 & m & 3 \\ 1 & 2 & -2 \\ 0 & -1 & 1 \end{vmatrix} = 0$$

ou:

$$2 - 3 - 2 - m = 0$$
$$m = -3$$

Quando $m = -3$, as retas r_1 e r_2 são coplanares.

4.11 Posições Relativas de Duas Retas

Duas retas r_1 e r_2, no espaço, podem ser:

a) coplanares, isto é, situadas no mesmo plano. Nesse caso, as retas poderão ser:

I) concorrentes: $r_1 \cap r_2 = \{I\}$ (I é o ponto de interseção das retas r_1 e r_2);

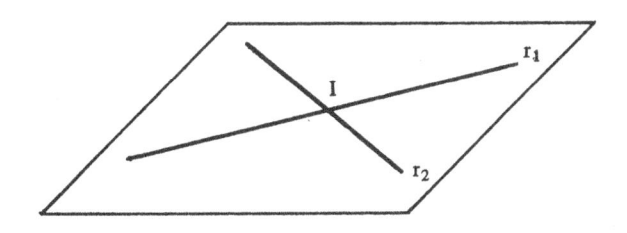

II) paralelas: $r_1 \cap r_2 = \phi$ (ϕ é o conjunto vazio)

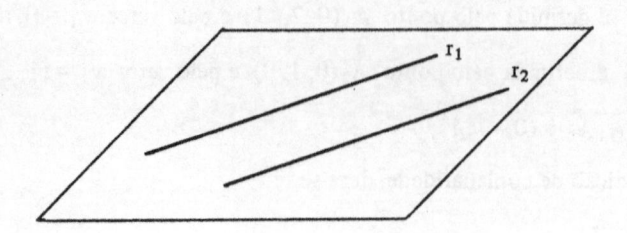

(O caso de serem r_1 e r_2 coincidentes pode ser considerado como um caso particular de paralelismo.)

  b) reversas, isto é, não situadas no mesmo plano. Nesse caso: $r_1 \cap r_2 = \phi$.

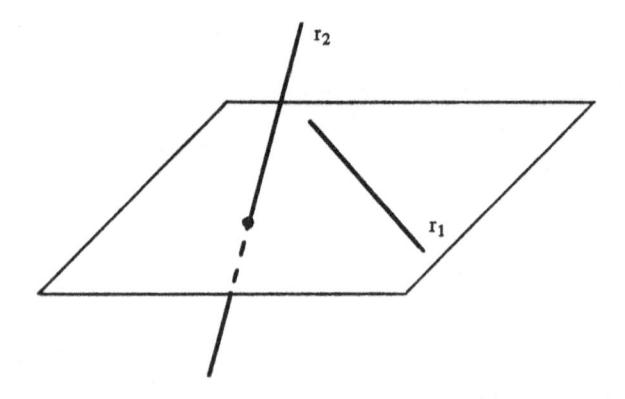

Observações

A igualdade (4.10-I)

$$(\vec{v}_1, \vec{v}_2, \overrightarrow{A_1 A_2}) = 0$$

é a condição de coplanaridade de duas retas r_1 e r_2 que passam, respectivamente, pelos pontos A_1 e A_2, e têm por vetores diretores os vetores $\vec{v}_1$ e $\vec{v}_2$:

  a) se r_1 e r_2 forem paralelas, serão coplanares, isto é;

$$(\vec{v}_1, \vec{v}_2, \overrightarrow{A_1 A_2}) = 0,$$

pois duas linhas do determinante utilizado para calcular $(\vec{v}_1, \vec{v}_2, \overrightarrow{A_1A_2})$ apresentam elementos proporcionais $(\vec{v}_1 = k\vec{v}_2)$;

b) se r_1 e r_2 não forem paralelas, a igualdade

$$(\vec{v}_1, \vec{v}_2, \overrightarrow{A_1A_2}) = 0$$

exprime a condição de concorrência dessas retas;

c) se o determinante utilizado para calcular $(\vec{v}_1, \vec{v}_2, \overrightarrow{A_1A_2})$ for diferente de zero, as retas r_1 e r_2 são reversas.

4.11.1 Problemas Resolvidos

6) Estudar a posição relativa das retas:

$$r_1: \begin{cases} y = 2x - 3 \\ z = -x \end{cases} \quad e \quad r_2: \begin{cases} x = 1 - 3t \\ y = 4 - 6t \\ z = 3t \end{cases}$$

Solução

São vetores diretores de r_1 e r_2: $\vec{v}_1 = (1, 2, -1)$ e $\vec{v}_2 = (-3, -6, 3)$. Como $\vec{v}_2 = -3 \cdot \vec{v}_1$, as retas r_1 e r_2 são paralelas e não coincidentes (basta ver que o ponto $A_1(0, -3, 0)$ pertence a r_1 e não pertence a r_2).

7) Estudar a posição relativa das retas

$$r_1: \frac{x}{2} = \frac{y-1}{-1} = z \quad e \quad r_2: \begin{cases} x = 2 - 4t \\ y = 2t \\ z = -2t + 1 \end{cases}$$

Solução

São vetores diretores de r_1 e r_2: $\vec{v}_1 = (2, -1, 1)$ e $\vec{v}_2 = (-4, 2, -2)$. Então, $\vec{v}_1 // \vec{v}_2$ e $r_1 // r_2$; neste caso, $r_1 = r_2$ (basta ver que um ponto qualquer de r_1, digamos, $A_1(0, 1, 0)$, pertence também a r_2).

8) Estudar a posição relativa das retas:

$$r_1 : \frac{x-2}{2} = \frac{y}{3} = \frac{z-5}{4} \quad \text{e} \quad r_2 : \begin{cases} x = 5 + t \\ y = 2 - t \\ z = 7 - 2t \end{cases}$$

Solução

a) As retas não são paralelas, pois:

$$\frac{2}{1} \neq \frac{3}{-1} \neq \frac{4}{-2}$$

b) Calculemos o produto misto $(\vec{v}_1, \vec{v}_2, \overrightarrow{A_1 A_2})$ para $A_1(2, 0, 5)$ e $A_2(5, 2, 7)$:

$$(\vec{v}_1, \vec{v}_2, \overrightarrow{A_1 A_2}) = \begin{vmatrix} 2 & 3 & 4 \\ 1 & -1 & -2 \\ 3 & 2 & 2 \end{vmatrix} = 0,$$

o que significa que as retas r_1 e r_2 são concorrentes. A determinação do ponto de concorrência de duas retas será estudada no Item 4.12.

9) Estudar a posição relativa das retas:

$$r_1 : \begin{cases} y = 3 \\ z = 2x \end{cases} \quad \text{e} \quad r_2 : x = y = z$$

Solução

a) As retas não são paralelas, pois:

$$\frac{1}{1} \neq \frac{0}{1} \neq \frac{2}{1}$$

b) Calculemos o produto misto $(\vec{v_1}, \vec{v_2}, \overrightarrow{A_1A_2})$ para $A_1(0, 3, 0)$ e $A_2(0, 0, 0)$:

$$(\vec{v_1}, \vec{v_2}, \overrightarrow{A_1A_2}) = \begin{vmatrix} 1 & 0 & 2 \\ 1 & 1 & 1 \\ 0 & -3 & 0 \end{vmatrix} \neq 0,$$

o que significa que as retas r_1 e r_2 são reversas.

4.12 Interseção de Duas Retas

Duas retas r_1 e r_2 coplanares e não paralelas são concorrentes. Consideremos as retas:

$$r_1: \begin{cases} y = -3x + 2 \\ z = 3x - 1 \end{cases} \quad e \quad r_2: \begin{cases} x = -t \\ y = 1 + 2t \\ z = -2t \end{cases}$$

e determinemos o seu ponto de interseção. Se I(x, y, z) é este ponto, suas coordenadas satisfazem o sistema formado pelas equações de r_1 e r_2, isto é, I(x, y, z) é a solução do sistema:

$$\begin{cases} y = -3x + 2 \\ z = 3x - 1 \\ x = -t \\ y = 1 + 2t \\ z = -2t \end{cases}$$

Eliminando t nas três últimas equações, temos o sistema equivalente

$$\begin{cases} y = -3x + 2 \\ z = 3x - 1 \\ y = 1 - 2x \\ z = 2x \end{cases}$$

Resolvendo o sistema, encontramos:

$$\begin{cases} x = 1 \\ y = -1 \\ z = 2, \end{cases}$$

logo, o ponto de interseção das retas r_1 e r_2 é:

$I(1, -1, 2)$

4.13 Reta Ortogonal a Duas Retas

Sejam as retas r_1 e r_2, não paralelas, com as direções dos vetores $\vec{v}_1 = (a_1, b_1, c_1)$ e $\vec{v}_2 = (a_2, b_2, c_2)$, respectivamente. Qualquer reta r, simultaneamente ortogonal às retas r_1 e r_2, terá um vetor diretor paralelo ou igual ao vetor $\vec{v}_1 \times \vec{v}_2$ (Fig. 4.13).

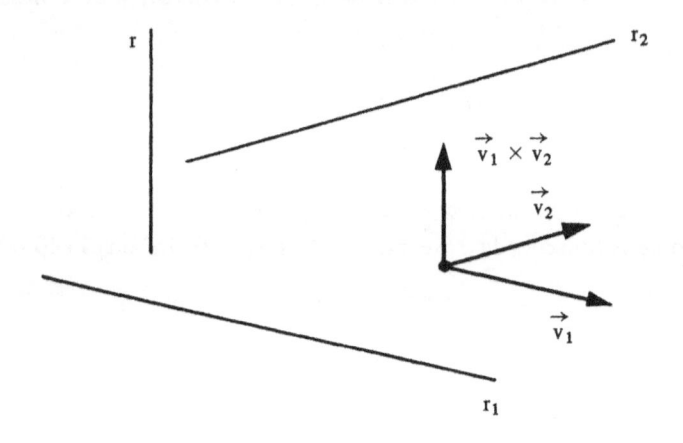

Figura 4.13

Nas condições dadas, uma reta r estará bem definida quando se conhece um de seus pontos.

Exemplo

Determinar as equações da reta r que passa pelo ponto $A(-2, 1, 3)$ e é ortogonal comum às retas:

$$r_1: \begin{cases} x = 2 - t \\ y = 1 + 2t \\ z = -3t \end{cases} \quad e \quad r_2: \frac{x-1}{-3} = \frac{z}{-1} \; ; \; y = 2$$

Solução

As direções de r_1 e r_2 são definidas pelos vetores $\vec{v}_1 = (-1, 2, -3)$ e $\vec{v}_2 = (-3, 0, -1)$. Então, a reta r tem a direção do vetor:

$$\vec{v}_1 \times \vec{v}_2 = \begin{vmatrix} \vec{i} & \vec{j} & \vec{k} \\ -1 & 2 & -3 \\ -3 & 0 & -1 \end{vmatrix} = (-2, 8, 6)$$

Logo, escrevendo as equações simétricas de r, vem:

$$\frac{x+2}{-2} = \frac{y-1}{8} = \frac{z-3}{6}$$

Observação

Se as retas r_1 e r_2 são paralelas, existem infinitas retas que passam por um ponto A e são ortogonais ao mesmo tempo a elas.

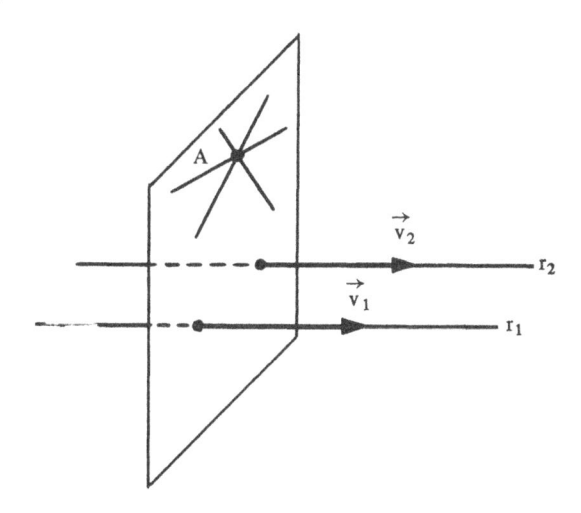

4.14. Ponto que Divide um Segmento de Reta numa Razão Dada

Dados os pontos $P_1(x_1, y_1, z_1)$ e $P_2(x_2, y_2, z_2)$, diz-se que um ponto $P(x, y, z)$ divide o segmento de reta $P_1 P_2$ na razão r (Fig. 4.14-a) se:

$$\overrightarrow{P_1 P} = r \overrightarrow{P_2 P},$$

isto é, se:

$$(x - x_1)\vec{i} + (y - y_1)\vec{j} + (z - z_1)\vec{k} = r(x - x_2)\vec{i} + r(y - y_2)\vec{j} + r(z - z_2)\vec{k}$$

ou:

$$\begin{aligned} x - x_1 &= r(x - x_2) \\ y - y_1 &= r(y - y_2) \\ z - z_1 &= r(z - z_2) \end{aligned} \qquad (4.14)$$

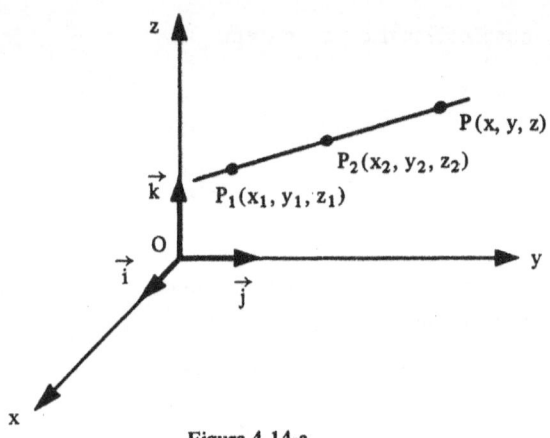

Figura 4.14-a

Das equações (4.14), vem:

$$x = \frac{x_1 - r x_2}{1 - r}$$

$$y = \frac{y_1 - r y_2}{1 - r}$$

$$z = \frac{z_1 - r z_2}{1 - r}$$

(x, y, z) são as coordenadas do ponto P que divide o segmento de reta $P_1 P_2$ na razão r.

Exemplo

Dados os pontos $P_1(2, 4, 1)$ e $P_2(3, 0, 5)$, determinar o ponto $P(x, y, z)$ que divide o segmento $P_1 P_2$ na razão $r = -\frac{1}{3}$.

I) O fato de a razão ser negativa significa que o ponto P está situado entre P_1 e P_2 (Fig. 4.14-b):

$$\overrightarrow{P_1P} = -\frac{1}{3}\overrightarrow{P_2P}.$$

```
    P₁         P              P₂
    •──────────•──────────────•
```

Figura 4.14-b

II) As coordenadas de P são dadas por:

$$x = \frac{x_1 - r x_2}{1 - r}$$

$$y = \frac{y_1 - r y_2}{1 - r}$$

$$z = \frac{z_1 - r z_2}{1 - r}$$

No caso presente:

$$r = -\frac{1}{3}$$

$x_1 = 2;\ y_1 = 4;\ z_1 = 1$

$x_2 = 3;\ y_2 = 0;\ z_2 = 5,$

logo:

$$x = \frac{2 + \frac{1}{3} \times 3}{1 + \frac{1}{3}} = \frac{2 + 1}{\frac{4}{3}} = \frac{9}{4}$$

$$y = \frac{4 + \frac{1}{3} \times 0}{1 + \frac{1}{3}} = \frac{4 + 0}{\frac{4}{3}} = 3$$

$$z = \frac{1 + \frac{1}{3} \times 5}{1 + \frac{1}{3}} = \frac{1 + \frac{5}{3}}{\frac{4}{3}} = \frac{\frac{8}{3}}{\frac{4}{3}} = 2$$

O ponto que divide o segmento $P_1 P_2$ na razão $r = -\frac{1}{3}$ é $P(\frac{9}{4}, 3, 2)$.

4.14.1 Ponto que Divide um Segmento de Reta ao Meio

No caso de o ponto P dividir o segmento de reta P_1P_2 ao meio (Fig. 4.14-c), deve-se ter:

$$\overrightarrow{P_1P} = -\overrightarrow{P_2P},$$

isto é, $r = -1$.

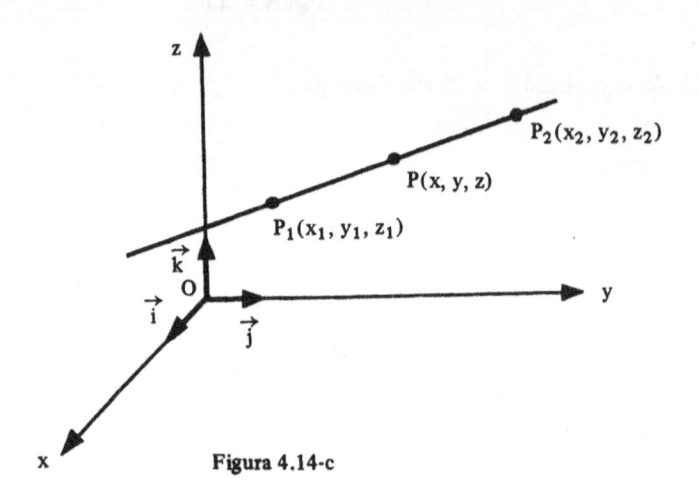

Figura 4.14-c

Neste caso:

$$x = \frac{x_1 + x_2}{2}$$

$$y = \frac{y_1 + y_2}{2}$$

$$z = \frac{z_1 + z_2}{2}$$

Nota

O estudo da reta no plano não será feito neste livro por pertencer ao currículo do 2º grau.

4.15 Problemas Propostos

1) Verificar se os pontos $P_1(5, -5, 6)$ e $P_2(4, -1, 12)$ pertencem à reta

$$r: \frac{x-3}{-1} = \frac{y+1}{2} = \frac{z-2}{-2}$$

2) Determinar o ponto da reta

$$r: \begin{cases} x = 2 - t \\ y = 3 + t \\ z = 1 - 2t \end{cases}$$

que tem abscissa 4.

3) Determinar m e n para que o ponto $P(3, m, n)$ pertença à reta

$$s: \begin{cases} x = 1 - 2t \\ y = -3 - t \\ z = -4 + t \end{cases}$$

4) Determinar os pontos da reta $r: \dfrac{x-3}{2} = \dfrac{y+1}{-1} = \dfrac{z}{-2}$ que têm (a) abscissa 5; (b) ordenada 4; (c) cota 1.

5) O ponto $P(2, y, z)$ pertence à reta determinada por $A(3, -1, 4)$ e $B(4, -3, -1)$. Calcular P.

6) Determinar as equações reduzidas, com variável independente x, da reta que passa pelo ponto $A(4, 0, -3)$ e tem a direção do vetor $\vec{v} = 2\vec{i} + 4\vec{j} + 5\vec{k}$.

7) Estabelecer as equações reduzidas (variável independente x) da reta determinada pelos pares de pontos:

   a) $A(1, -2, 3)$ e $B(3, -1, -1)$

   b) $A(-1, 2, 3)$ e $B(2, -1, 3)$

8) Determinar as equações reduzidas, tendo z como variável independente, da reta que passa pelos pontos $P_1(-1, 0, 3)$ e $P_2(1, 2, 7)$.

9) Mostrar que os pontos $A(-1, 4, -3)$, $B(2, 1, 3)$ e $C(4, -1, 7)$ são colineares.

10) Qual deve ser o valor de m para que os pontos $A(3, m, 1)$, $B(1, 1, -1)$ e $C(-2, 10, -4)$ pertençam à mesma reta?

11) Citar um ponto e um vetor diretor de cada uma das seguintes retas:

a) $\begin{cases} \dfrac{x+1}{3} = \dfrac{z-3}{4} \\ y = 1 \end{cases}$

b) $\begin{cases} x = 2y \\ z = 3 \end{cases}$

c) $\begin{cases} x = 2t \\ y = -1 \\ z = 2 - t \end{cases}$

d) $\begin{cases} y = 3 \\ z = -1 \end{cases}$

e) $\begin{cases} y = -x \\ z = 3 + x \end{cases}$

f) $x = y = z$

12) Determinar as equações das seguintes retas:

a) reta que passa por A(1, -2, 4) e é paralela ao eixo dos x;

b) reta que passa por B(3, 2, 1) e é perpendicular ao plano xOz;

c) reta que passa por A(2, 3, 4) e é ortogonal ao mesmo tempo aos eixos dos x e dos y;

d) reta que passa por A(4, -1, 2) e tem a direção do vetor $\vec{i} - \vec{j}$;

e) reta que passa pelos pontos M(2, -3, 4) e N(2, -1, 3).

13) Representar graficamente as retas cujas equações são:

a) $\begin{cases} x = -1 + t \\ y = -10 + 5t \\ z = 9 - 3t \end{cases}$

b) $\begin{cases} x = 4 + 2t \\ y = 3 \\ z = -5 - 5t \end{cases}$

c) $\begin{cases} y = -3x + 6 \\ z = -x + 4 \end{cases}$

d) $\begin{cases} x = -1 + t \\ y = 3 - t \\ z = 2t \end{cases}$

e) $\begin{cases} y = 2x \\ z = 3 \end{cases}$

f) $\begin{cases} y = 3 \\ z = 2x \end{cases}$

g) $\begin{cases} z = 2y \\ x = 3 \end{cases}$

h) $\begin{cases} x = 3 \\ y = -4 \end{cases}$

i) $\begin{cases} x = -3 \\ z = 4 \end{cases}$

14) Determinar o ângulo entre as seguintes retas:

a) $r: \begin{cases} x = -2 - 2t \\ y = 2t \\ z = 3 - 4t \end{cases}$ e $s: \dfrac{x}{4} = \dfrac{y+6}{2} = \dfrac{z-1}{2}$

b) $r: \begin{cases} y = -2x - 1 \\ z = x + 2 \end{cases}$ e $s: \dfrac{y}{3} = \dfrac{z+1}{-3}; \ x = 2$

c) $r: \begin{cases} x = 1 + \sqrt{2}\,t \\ y = t \\ z = 5 - 3t \end{cases}$ e $s: \begin{cases} x = 0 \\ y = 0 \end{cases}$

d) $r: \begin{cases} \dfrac{x-4}{2} = \dfrac{y}{-1} = \dfrac{z+1}{-2} \end{cases}$ e $s: \begin{cases} x = 1 \\ \dfrac{y+1}{4} = \dfrac{z-2}{3} \end{cases}$

15) Determinar o valor de n para que seja de 30° o ângulo entre as retas

$r: \dfrac{x-2}{4} = \dfrac{y+4}{5} = \dfrac{z}{3}$ e $s: \begin{cases} y = nx + 5 \\ z = 2x - 2 \end{cases}$

16) Calcular o valor de n para que seja de 30° o ângulo que a reta

$r: \begin{cases} y = nx + 5 \\ z = 2x - 3 \end{cases}$

forma com o eixo dos y.

17) A reta

$r: \begin{cases} x = 1 + 2t \\ y = t \\ z = 3 - t \end{cases}$

forma um ângulo de 60° com a reta determinada pelos pontos A(3, 1, -2) e B(4, 0, m). Calcular o valor de m.

18) Calcular o valor de m para que os seguintes pares de retas sejam paralelas:

a) r: $\begin{cases} x = -3t \\ y = 3 + t \\ z = 4 \end{cases}$ e   s: $\dfrac{x+5}{6} = \dfrac{y-1}{m}$; $z = 6$

b) r: $\begin{cases} x = 2 - 3t \\ y = 3 \\ z = mt \end{cases}$ e   s: $\dfrac{x-4}{6} = \dfrac{z-1}{5}$; $y = 7$

19) A reta r passa pelo ponto A(1, -2, 1) e é paralela à reta

s: $\begin{cases} x = 2 + t \\ y = -3t \\ z = -t \end{cases}$

Se P(-3, m, n) $\in$ r, determinar m e n.

20) Quais as equações reduzidas da reta que passa pelo ponto A(-2, 1, 0) e é paralela à reta

r: $\dfrac{x+1}{1} = \dfrac{y}{4} = \dfrac{z}{-1}$?

21) A reta que passa pelos pontos A(-2, 5, 1) e B(1, 3, 0) é paralela à reta determinada por C(3, -1, -1) e D(0, y, z). Determinar o ponto D.

22) A reta

r: $\begin{cases} y = mx + 3 \\ z = x - 1 \end{cases}$

é ortogonal à reta determinada pelos pontos A(1, 0, m) e B(-2, 2m, 2m). Calcular o valor de m.

23) Calcular o valor de m para que sejam coplanares as seguintes retas

a) r: $\begin{cases} y = 2x + 3 \\ z = 3x - 1 \end{cases}$ e s: $\dfrac{x-1}{2} = \dfrac{y}{-1} = \dfrac{z}{m}$

b) r: $\begin{cases} x = -1 \\ y = 3 \end{cases}$ e s: $\begin{cases} y = 4x - m \\ z = x \end{cases}$

c) r: $\dfrac{x-m}{m} = \dfrac{y-4}{-3}$; $z = 6$ e s: $\begin{cases} y = -3x + 4 \\ z = -2x \end{cases}$

24) Calcular o ponto de interseção das retas

a) r: $\begin{cases} y = 3x - 1 \\ z = 2x + 1 \end{cases}$ e s: $\begin{cases} y = 4x - 2 \\ z = 3x \end{cases}$

b) r: $\dfrac{x-2}{2} = \dfrac{y}{3} = \dfrac{z-5}{4}$ e s: $\begin{cases} x = 5 + t \\ y = 2 - t \\ z = 7 - 2t \end{cases}$

c) r: $\begin{cases} y = 2x - 3 \\ z = 4x - 10 \end{cases}$ e s: $x = \dfrac{y-7}{-3} = \dfrac{z-12}{-7}$

d) r: $\begin{cases} y = -5 \\ z = 4x + 1 \end{cases}$ e s: $\dfrac{x-1}{2} = \dfrac{z-5}{-3}$; $y = -5$

25) Dadas as retas

r: $\dfrac{y-3}{2} = \dfrac{z+1}{-2}$; $x = 2$,   s: $\begin{cases} y = 2x \\ z = x - 3 \end{cases}$ e

h: $\begin{cases} x = 3 + t \\ y = 1 - 3t \\ z = t \end{cases}$,

determinar:

a) o ponto de interseção de s e h;

b) o ângulo entre r e s.

26) Em que ponto a reta que passa por $A(2,3,4)$ e $B(1,0,-2)$ intercepta o plano xy?

27) Sejam as retas

$$r: \begin{cases} x = 2 + 3t \\ y = 4 + 5t \\ z = mt \end{cases} \quad e \quad s: \begin{cases} y = 2x + 1 \\ z = \dfrac{x}{2} - \dfrac{3}{2} \end{cases}$$

a) calcular o valor de m para que r e s sejam concorrentes;

b) determinar, para o valor de m, o ponto de interseção de r e s.

28) Estabelecer as equações paramétricas da reta que passa pelo ponto $A(3,2,1)$ e é simultaneamente ortogonal às retas

$$r: \begin{cases} x = 3 \\ z = 1 \end{cases} \quad e \quad s: \begin{cases} y = -2x + 1 \\ z = -x - 3 \end{cases}$$

29) Estabelecer as equações da reta que passa pela origem e é simultaneamente ortogonal às retas

$$r: \dfrac{x}{2} = \dfrac{y}{-1} = \dfrac{z-3}{-2} \quad e \quad s: \begin{cases} y = 3x - 1 \\ z = -x + 4 \end{cases}$$

30) Determinar as equações paramétricas da reta que contém o ponto $A(2,0,-1)$ e é simultaneamente ortogonal à reta

$$r: \dfrac{y-3}{2} = \dfrac{z+1}{-1} \; ; \; x = 1$$

e ao eixo dos y.

31) Estabelecer as equações paramétricas da reta que passa pelo ponto de interseção das retas

$$r: \; x - 2 = \dfrac{y+1}{2} = \dfrac{z}{3} \quad e \quad s: \begin{cases} x = 1 - y \\ z = 2 + 2y \end{cases}$$

e é, ao mesmo tempo, ortogonal a r e s.

32) A reta

$$r: \frac{x-1}{a} = \frac{y}{b} = \frac{z}{-2}$$

é paralela à reta que passa pelo ponto $A(-1, 0, 0)$ e é simultaneamente ortogonal às retas

$$r_1: \begin{cases} x = -t \\ y = -2t + 3 \\ z = 3t - 1 \end{cases} \quad e \quad r_2: \begin{cases} y = x \\ z = 2x \end{cases}$$

Calcular a e b.

33) Dados os pontos $P_1(7, -1, 3)$ e $P_2(3, 0, -12)$, determinar

    a) o ponto P, que divide o segmento $P_1 P_2$ na razão $\frac{2}{3}$;

    b) o ponto Q, que divide o segmento $P_1 P_2$ ao meio.

34) O ponto $P(9, 14, 7)$ divide o segmento $P_1 P_2$ na razão $\frac{2}{3}$. Determinar P_2, sabendo que $P_1(1, 4, 3)$.

35) Seja o triângulo de vértices $A(1, 0, -2)$, $B(2, -1, -6)$ e $C(-4, 5, 2)$.

    Estabelecer as equações paramétricas da reta suporte da mediana do triângulo ABC relativa ao lado BC.

4.15.1 Respostas dos Problemas Propostos

1) Apenas P_1

2) $(4, 1, 5)$

3) $m = -2, n = -5$

4) $(5, -2, -2)$, $(-7, 4, 10)$ $(2, -\frac{1}{2}, 1)$

5) $P(2, 1, 9)$

6) $y = 2x - 8$ e $z = \dfrac{5}{2}x - 13$

7) a) $\begin{cases} y = \dfrac{x}{2} - \dfrac{5}{2} \\ z = -2x + 5 \end{cases}$

   b) $\begin{cases} y = -x + 1 \\ z = 3 \end{cases}$

8) $x = \dfrac{1}{2}z - \dfrac{5}{2}$ e $y = \dfrac{1}{2}z - \dfrac{3}{2}$

10) $m = -5$

12) a) $\begin{cases} y = -2 \\ z = 4 \end{cases}$ d) $\begin{cases} z = 2 \\ x = -y + 3 \end{cases}$

    b) $\begin{cases} x = 3 \\ z = 1 \end{cases}$ e) $\begin{cases} x = 2 \\ \dfrac{y+1}{2} = \dfrac{z-3}{-1} \end{cases}$

    c) $\begin{cases} x = 2 \\ y = 3 \end{cases}$

14) a) $60°$

    b) $30°$

    c) $30°$

    d) $\theta = \arccos\left(\dfrac{2}{3}\right) \cong 48°11'$

15) 7 ou 1

16) $\pm\sqrt{15}$

17) -4

18) a) -2; b) $-\dfrac{5}{2}$

19) m = 10 e n = 5

20) y = 4x + 9 e z = -x - 2

21) D(0, 1, 0)

22) 1 ou $-\dfrac{3}{2}$

23) a) 4 b) -7 c) $\dfrac{3}{2}$

24) a) (1, 2, 3)
    b) (4, 3, 9)
    c) (2, 1, -2)
    d) (1, -5, 5)

25) a) (2, 4, -1)
    b) θ = arc co $\dfrac{\sqrt{3}}{6}$

26) $(\dfrac{4}{3}, 1, 0)$

27) a) m = 2
    b) (-1, -1, -2)

28) $\begin{cases} x = 3 - t \\ y = 2 \\ z = 1 - t \end{cases}$

29) $\begin{cases} y = 0 \\ x = z \end{cases}$

30) $\begin{cases} y = 0 \\ z = -1 \end{cases}$

31) $\begin{cases} x = 2 + t \\ y = -1 - 5t \\ z = 3t \end{cases}$

32) $\begin{cases} a = 14 \\ b = -10 \end{cases}$

33) a) $P(15, -3, 33)$

   b) $Q(5, -\dfrac{1}{2}, -\dfrac{9}{2})$

34) $P_2(-3, -1, 1)$

35) $\begin{cases} x = 1 + 2t \\ y = -2t \\ z = -2 \end{cases}$

CAPÍTULO

5

O PLANO

5.1 Equação Geral do Plano

Seja $A(x_1, y_1, z_1)$ um ponto pertencente a um plano π e $\vec{n} = a\vec{i} + b\vec{j} + c\vec{k}$, $\vec{n} \neq (0, 0, 0)$ um vetor normal (ortogonal) ao plano. O plano π pode ser definido como sendo o conjunto de todos os pontos $P(x, y, z)$ do espaço tais que o vetor $\overrightarrow{AP}$ é ortogonal a $\vec{n}$ (Fig. 5.1-a). O ponto P pertence a π se, e somente se:

$$\vec{n} \cdot \overrightarrow{AP} = 0 \tag{5.1-I}$$

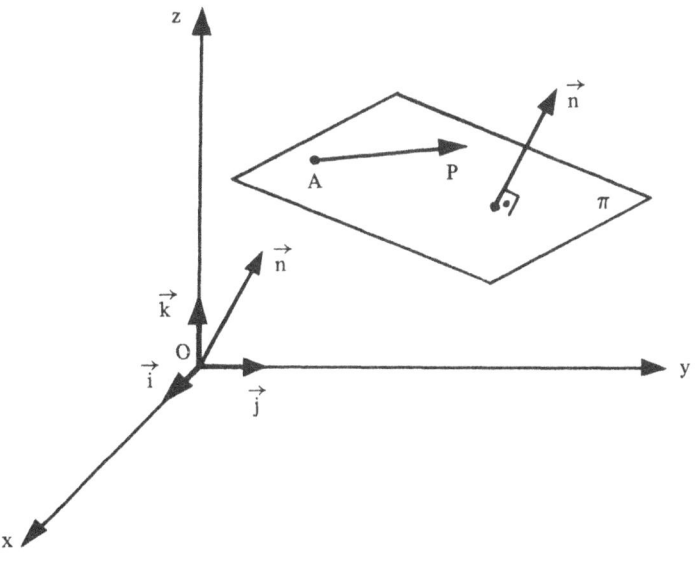

Figura 5.1-a

Tendo em vista que:

$$\vec{n} = (a, b, c) \quad \text{e} \quad \overrightarrow{AP} = (x - x_1, \; y - y_1, \; z - z_1),$$

a equação (5.1-I) fica:

$$(a, b, c) \cdot (x - x_1, y - y_1, z - z_1) = 0$$

ou:

$$a(x - x_1) + b(y - y_1) + c(z - z_1) = 0 \qquad (5.1\text{-II})$$

ou, ainda:

$$ax + by + cz - ax_1 - by_1 - cz_1 = 0$$

Fazendo:

$$-ax_1 - by_1 - cz_1 = d, \quad \text{vem:}$$

$$ax + by + cz + d = 0 \qquad (5.1\text{-III})$$

Esta é a equação *geral* ou *cartesiana* do plano π.

Observações

a) Da forma com que definimos o plano π, vimos que ele fica perfeitamente identificado por um de seus pontos A e por um vetor normal $\vec{n} = (a, b, c)$ a π, com a, b, c não simultaneamente nulos. Qualquer vetor

$k\vec{n}$, $k \neq 0$, é também vetor normal ao plano.

b) Sendo $\vec{n}$ um vetor ortogonal ao plano π, ele será ortogonal a qualquer vetor representado neste plano. Em particular, se $\vec{v}_1$ e $\vec{v}_2$ são vetores não colineares, e paralelos ao plano, em virtude de $\vec{n}$ ser ortogonal, ao mesmo tempo, a $\vec{v}_1$ e $\vec{v}_2$ (Fig. 5.1-b), tem-se:

$$\vec{n} = \vec{v}_1 \times \vec{v}_2$$

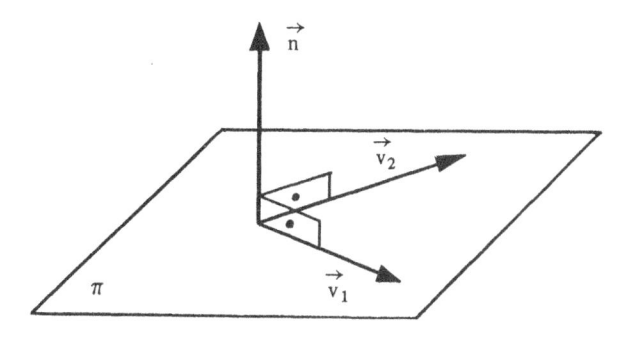

Figura 5.1-b

c) É importante observar que os três coeficientes a, b e c da equação geral

ax + by + cz + d = 0

representam as componentes de um vetor normal ao plano. Por exemplo, se um plano π é dado por:

π : 3x + 2y - 4z + 5 = 0,

um de seus vetores normais é:

$\vec{n}$ = (3, 2, -4)

Este mesmo vetor $\vec{n}$ é também normal a qualquer plano paralelo a π.

Assim, todos os infinitos planos paralelos a π têm equação geral do tipo:

3x + 2y - 4z + d = 0

na qual d é o elemento que diferencia um plano de outro. O valor de d está identificado quando se conhece um ponto do plano.

Exemplo

Determinar a equação geral do plano π que passa pelo ponto A(2, -1, 3), sendo $\vec{n}$ = (3, 2, -4) um vetor normal a π.

Solução

Se $\vec{n}$ é normal ao plano, sua equação é do tipo:

$3x + 2y - 4z + d = 0$.

Como o ponto A pertence ao plano, suas coordenadas devem verificar a equação, isto é:

$3(2) + 2(-1) - 4(3) + d = 0$

$6 - 2 - 12 + d = 0$

$d = 8$

Logo, a equação geral do plano π é:

$3x + 2y - 4z + 8 = 0$

Observação

Este problema pode ser resolvido com a utilização da equação (5.1-II):

$a(x - x_1) + b(y - y_1) + c(z - z_1) = 0$

mas:

$(a, b, c) = (3, 2, -4)$

e:

$x_1 = 2$
$y_1 = -1$
$z_1 = 3$,

logo:

$3(x - 2) + 2(y + 1) - 4(z - 3) = 0$

ou:

$$3x - 6 + 2y + 2 - 4z + 12 = 0$$

e:

$$3x + 2y - 4z + 8 = 0$$

5.1.1 Problemas Resolvidos

1) Escrever a equação cartesiana do plano π que passa pelo ponto $A(3, 1, -4)$ e é paralelo ao plano:

$$\pi_1 : 2x - 3y + z - 6 = 0$$

Solução

Sendo $\pi // \pi_1$, o vetor $\vec{n_1} = (2, -3, 1)$ normal a π_1 é também normal a π. Então, a equação de π é do tipo:

$$2x - 3y + z + d = 0$$

Tendo em vista que $A \in \pi$, deve-se ter:

$$2(3) - 3(1) + 1(-4) + d = 0$$

ou:

$$6 - 3 - 4 + d = 0$$

e:

$$d = 1$$

Logo, a equação do plano π é:

$$2x - 3y + z + 1 = 0.$$

2) Estabelecer a equação geral do plano mediador do segmento AB, dados $A(2,-1,4)$ e $B(4,-3,-2)$.

Solução

O plano mediador de AB é o plano perpendicular a AB e que contém o seu ponto médio. Um vetor normal a este plano é $\overrightarrow{AB} = (2, -2, -6)$ e um ponto do plano é este ponto médio $P(3, -2, 1)$, conforme se pode ver em (4.14.1). Então, a equação procurada, de acordo com (5.1-II) é:

$$2(x-3) - 2(y+2) - 6(z-1) = 0$$
$$2x - 2y - 6z - 6 - 4 + 6 = 0$$

ou:

$$2x - 2y - 6z - 4 = 0$$

Observação

Se se multiplicar ambos os membros da equação acima por $\frac{1}{2}$, vem:

$$x - y - 3z - 2 = 0$$

Esta equação é a mesma equação geral do plano mediador do segmento AB. O que ocorreu para se obter a equação simplificada foi o seguinte: em lugar de se considerar o vetor normal $\overrightarrow{AB} = (2, -2, 6)$, foi utilizado o vetor normal

$$\vec{v} = \frac{1}{2}(\overrightarrow{AB}) = \frac{1}{2}(2, -2, -6) = (1, -1, -3).$$

3) Determinar a equação geral do plano que passa pelo ponto $A(2, 1, -2)$ e é perpendicular à reta

$$r: \begin{cases} x = -4 + 3t \\ y = 1 + 2t \\ z = t \end{cases}$$

Solução

Um vetor normal a este plano é o próprio vetor diretor $(3,2,1)$ desta reta. Então, a equação do plano π, de acordo com (5.1-II), é:

$3(x-2) + 2(y-1) + 1(z+2) = 0$

$3x + 2y + z - 6 = 0$

Observação

Para obter pontos de um plano, basta atribuir valores arbitrários a duas das variáveis e calcular a outra na equação dada. Assim, por exemplo, se na equação anterior fizermos $x = 1$ e $y = -2$, teremos:

$3(1) + 2(-2) + z - 6 = 0$

$3 - 4 + z - 6 = 0$

$z = 7$

e, portanto, o ponto $A(1,-2,7)$ pertence a este plano. Se nesta mesma equação

$3x + 2y + z - 6 = 0$ fizermos:

$x = 0$ e $y = 0$, vem $z = 6$

$x = 0$ e $z = 0$, vem $y = 3$

$y = 0$ e $z = 0$, vem $x = 2$

Obtemos, assim, os pontos $A_1(0,0,6)$, $A_2(0,3,0)$ e $A_3(2,0,0)$ nos quais o plano intercepta os eixos coordenados. A Figura 5.1-c mostra o referido plano.

5.2 Determinação de um Plano

Vimos que um plano é determinado por um de seus pontos e por um vetor normal a ele. Existem outras formas de determinação de um plano nas quais estes dois elementos (ponto e vetor normal) ficam bem evidentes. Algumas destas formas serão a seguir apresentadas.

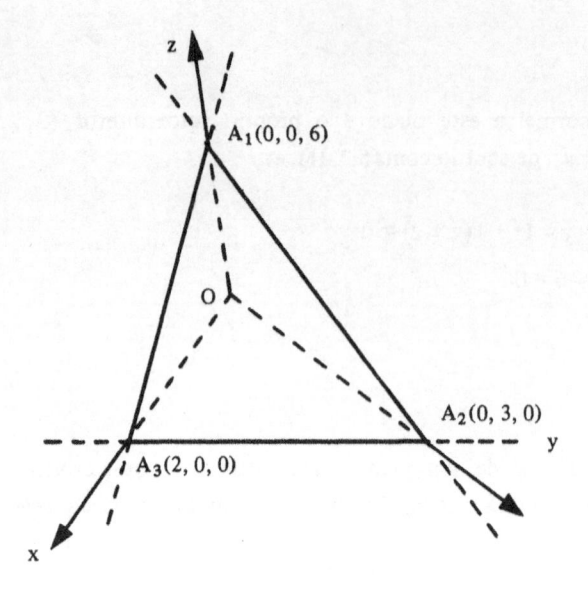

Figura 5.1-c

Assim, existe apenas um plano que:

1) passa por um ponto A e é paralelo a dois vetores $\vec{v_1}$ e $\vec{v_2}$ não colineares.
   Neste caso: $\vec{n} = \vec{v_1} \times \vec{v_2}$;

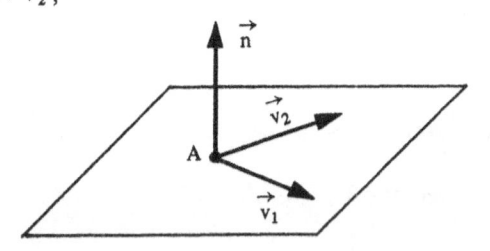

2) passa por dois pontos A e B e é paralelo a um vetor $\vec{v}$ não colinear ao vetor $\overrightarrow{AB}$.
   Neste caso: $\vec{n} = \vec{v} \times \overrightarrow{AB}$;

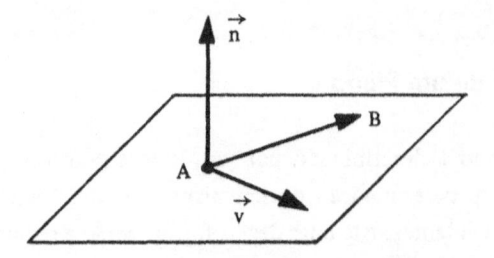

3) passa por três pontos A, B e C não em linha reta.

Neste caso: $\vec{n} = \vec{AB} \times \vec{AC}$;

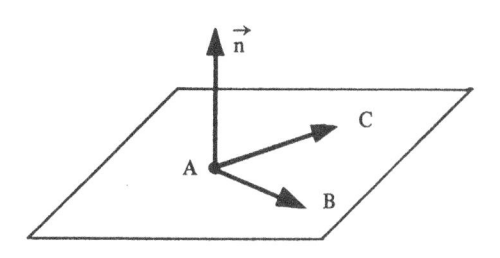

4) contém duas retas r_1 e r_2 concorrentes.

Neste caso: $\vec{n} = \vec{v}_1 \times \vec{v}_2$, sendo $\vec{v}_1$ e $\vec{v}_2$ vetores diretores de r_1 e r_2;

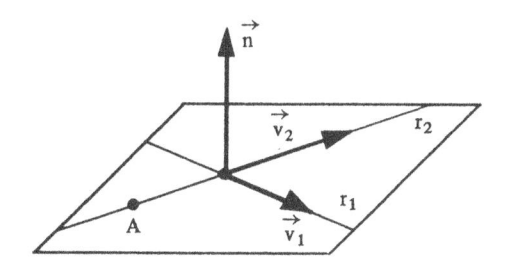

5) contém duas retas r_1 e r_2 paralelas.

Neste caso: $\vec{n} = \vec{v}_1 \times \vec{A_1A_2}$, sendo $\vec{v}_1$ um vetor diretor de r_1 (ou r_2) e $A_1 \in r_1$ e $A_2 \in r_2$.

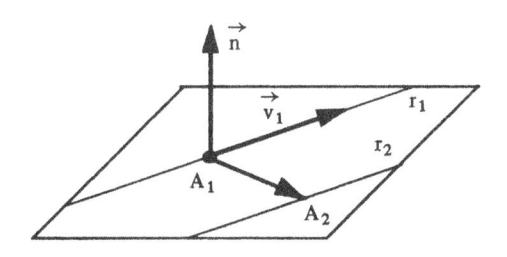

6) contém uma reta r e um ponto $B \notin r$.

Neste caso: $\vec{n} = \vec{v} \times \vec{AB}$, sendo $\vec{v}$ um vetor diretor de r e $A \in r$.

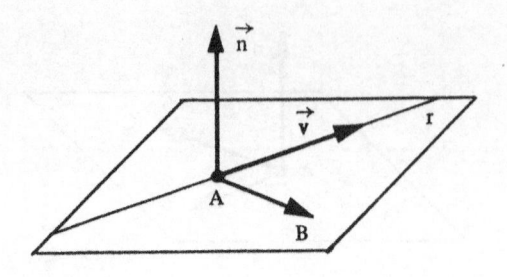

Observação

Nos seis casos apresentados de determinação de um plano, um vetor normal $\vec{n}$ sempre é dado pelo produto vetorial de dois vetores representados no plano. Estes dois vetores são chamados *vetores-base* do plano.

5.2.1 Problemas Resolvidos

4) Determinar a equação geral do plano que passa pelo ponto $A(1, -3, 4)$ e é paralelo aos vetores $\vec{v}_1 = (3, 1, -2)$ e $\vec{v}_2 = (1, -1, 1)$.

Solução

Os vetores-base do plano são $\vec{v}_1$ e $\vec{v}_2$ e, portanto, um vetor normal ao plano (caso 1) é:

$$\vec{n} = \vec{v}_1 \times \vec{v}_2 = \begin{vmatrix} \vec{i} & \vec{j} & \vec{k} \\ 3 & 1 & -2 \\ 1 & -1 & 1 \end{vmatrix} = (-1, -5, -4)$$

Então, a equação geral do plano, de acordo com (5.1-II), é:

$-1(x - 1) - 5(y + 3) - 4(z - 4) = 0$

$-x - 5y - 4z + 1 - 15 + 16 = 0$

ou:

x + 5y + 4z - 2 = 0

Nesta equação, um vetor normal ao plano é:

$\vec{n}_1 = -1\vec{n} = -1(-1, -5, -4) = (1, 5, 4)$.

5) Estabelecer a equação geral do plano determinado pelos pontos A(2, 1, -1), B(0, -1, 1) e C(1, 2, 1).

Solução

Os vetores-base do plano são $\vec{AB}$ = (-2, -2, 2) e $\vec{AC}$ = (-1, 1, 2) e, portanto, um vetor normal do plano (caso 3) é:

$$\vec{n} = \vec{AB} \times \vec{AC} = \begin{vmatrix} \vec{i} & \vec{j} & \vec{k} \\ -2 & -2 & 2 \\ -1 & 1 & 2 \end{vmatrix} = (-6, 2, -4)$$

Então, a equação geral do plano, de acordo com (5.1-II), é:

-6(x - 2) + 2(y - 1) - 4(z + 1) = 0

-6x + 2y - 4z + 12 - 2 - 4 = 0

-6x + 2y - 4z + 6 = 0

ou, multiplicando ambos os membros da equação por $-\frac{1}{2}$:

3x - y + 2z - 3 = 0

Observação

Na determinação da equação deste plano foi utilizado o ponto A. A equação seria a mesma se se usasse o ponto B ou o ponto C.

6) Estabelecer a equação cartesiana do plano que contém a reta

$$r: \begin{cases} x = 4 \\ y = 3 \end{cases} \quad \text{e o ponto } B(-3, 2, 1)$$

Solução

A reta r passa pelo ponto $A(4, 3, 0)$ (a cota deste ponto pode ser qualquer número real, pois a reta r é paralela ao eixo Oz) e tem a direção do vetor $\vec{v} = (0, 0, 1)$. Portanto, os vetores-base do plano (caso 6) são $\vec{v}$ e $\vec{AB} = (-7, -1, 1)$ e:

$$\vec{n} = \vec{v} \times \vec{AB} = \begin{vmatrix} \vec{i} & \vec{j} & \vec{k} \\ 0 & 0 & 1 \\ -7 & -1 & 1 \end{vmatrix} = (1, -7, 0)$$

Então, a equação cartesiana do plano, de acordo com (5.1-II), é:

$$1(x + 3) - 7(y - 2) + 0(z - 1) = 0$$

ou:

$$x - 7y + 17 = 0$$

Observação

Em todos os problemas de determinação da equação geral do plano um vetor normal $\vec{n}$ foi obtido através do produto vetorial de dois vetores-base desse plano. Vamos mostrar, retomando o Problema 4, um outro modo de se obter a equação geral.

Nesse problema, o plano passa pelo ponto $A(1, -3, 4)$ e é paralelo aos vetores $\vec{v}_1 = (3, 1, -2)$ e $\vec{v}_2 = (1, -1, 1)$.

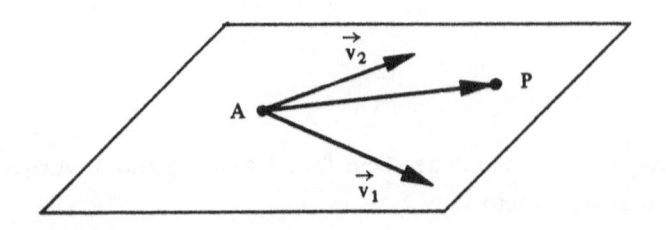

Ora, se $P(x, y, z)$ é um ponto qualquer do plano, os vetores $\vec{AP}$, $\vec{v_1}$ e $\vec{v_2}$ são coplanares e, portanto, o produto misto deles é nulo, isto é:

$$(\vec{AP}, \vec{v_1}, \vec{v_2}) = 0$$

Assim, obtemos a equação geral do plano desenvolvendo o determinante do 1? membro da igualdade:

$$\begin{vmatrix} x-1 & y+3 & z-4 \\ 3 & 1 & -2 \\ 1 & -1 & 1 \end{vmatrix} = 0$$

isto é:

$$(x-1)\begin{vmatrix} 1 & -2 \\ -1 & 1 \end{vmatrix} - (y+3)\begin{vmatrix} 3 & -2 \\ 1 & 1 \end{vmatrix} + (z-4)\begin{vmatrix} 3 & 1 \\ 1 & -1 \end{vmatrix} = 0$$

e:

$(x-1)(1-2) - (y+3)(3+2) + (z-4)(-3-1) = 0$

$(x-1)(-1) - (y+3)(5) + (z-4)(-4) = 0$

$-x - 5y - 4z + 1 - 15 + 16 = 0$

$-x - 5y - 4z + 2 = 0$

ou:

$x + 5y + 4z - 2 = 0$

O que fizemos para este caso, podemos repetir para todos os demais, pois basta observar que no produto misto dos três vetores dois deles são vetores-base do plano (no caso presente, $\vec{v_1}$ e $\vec{v_2}$) e o terceiro é obtido com um ponto fixo do plano e o ponto $P(x, y, z)$ genérico.

Com o intuito de esclarecer bem, faremos mais um problema.

7) Determinar a equação geral do plano que contém as retas

$$r_1: \begin{cases} y = 2x + 1 \\ z = -3x - 2 \end{cases} \quad e \quad r_2: \begin{cases} x = -1 + 2t \\ y = 4t \\ z = 3 - 6t \end{cases}$$

Solução

A reta r_1 passa pelo ponto $A_1(0, 1, -2)$ e tem a direção do vetor $\vec{v}_1 = (1, 2, -3)$. A reta r_2 passa pelo ponto $A_2(-1, 0, 3)$ e tem a direção do vetor $\vec{v}_2 = (2, 4, -6)$. Como $\vec{v}_2 = 2\vec{v}_1$, as retas r_1 e r_2 são paralelas (caso 5).

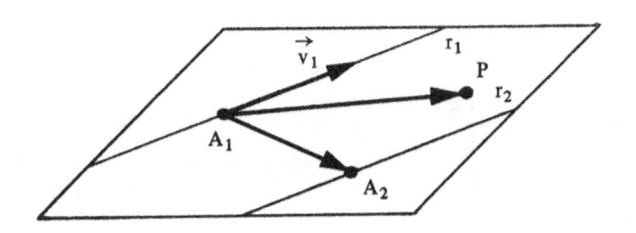

Os vetores-base são $\vec{v}_1$ e $\overrightarrow{A_1A_2} = (-1, -1, 5)$. Para o ponto fixo A_1 desse plano e $P(x, y, z)$ um ponto genérico, deve-se ter:

$$(\overrightarrow{A_1P}, \vec{v}_1, \overrightarrow{A_1A_2}) = 0$$

ou:

$$\begin{vmatrix} x & y-1 & z+2 \\ 1 & 2 & -3 \\ -1 & -1 & 5 \end{vmatrix} = 0$$

e, daí, vem:

$$7x - 2y + z + 4 = 0$$

5.3 Planos Paralelos aos Eixos e aos Planos Coordenados — Casos Particulares

A equação (5.1-III):

$ax + by + cz + d = 0$

na qual a, b e c não são todos nulos, é a equação de um plano π, sendo $\vec{n} = (a, b, c)$ um vetor normal a π. Quando uma ou duas das componentes de $\vec{n}$ são nulas, ou quando $d = 0$, está-se em presença de casos particulares.

5.3.1 Plano que Passa pela Origem

Se o plano $ax + by + cz + d = 0$ passa pela origem:

$a \cdot 0 + b \cdot 0 + c \cdot 0 + d = 0,$

isto é:

$d = 0$

Assim a equação:

$ax + by + cz = 0$ \hfill (5.3.1)

representa a equação de um plano que passa pela origem.

5.3.2 Planos Paralelos aos Eixos Coordenados

Se apenas uma das componentes do vetor $\vec{n} = (a, b, c)$ é nula, o vetor é ortogonal a um dos eixos coordenados, e, portanto, o plano π é paralelo ao mesmo eixo:

I) se $a = 0$, $\vec{n} = (0, b, c) \perp Ox \therefore \pi \,//\, Ox$

e a equação geral dos planos paralelos ao eixo Ox é:

$by + cz + d = 0$

A Figura 5.3-a mostra o plano de equação:

$2y + 3z - 6 = 0$

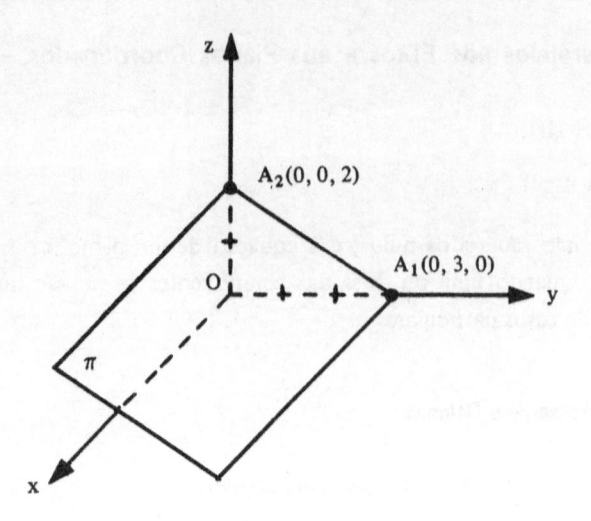

Figura 5.3-a

Observemos que suas interseções com os eixos Oy e Oz são $A_1(0,3,0)$ e $A_2(0,0,2)$, respectivamente, e que nenhum ponto da forma $P(x,0,0)$ satisfaz a equação. Um vetor normal ao plano é $\vec{n} = (0,2,3)$, pois a equação de π pode ser escrita na forma:

$0x + 2y + 3z - 6 = 0.$

Com raciocínio análogo, vamos concluir que:

II) os planos paralelos ao eixo Oy têm equação da forma:

$ax + cz + d = 0;$

III) os planos paralelos ao eixo Oz têm equação da forma:

$ax + by + d = 0$

Da análise feita sobre este caso particular, conclui-se que a variável ausente na equação indica que o plano é paralelo ao eixo desta variável.

As Figuras 5.3-b e 5.3-c mostram os planos

$\pi_1 : x + z - 3 = 0$

e:

$\pi_2 : x + 2y - 4 = 0,$

respectivamente.

Figura 5.3-b   Figura 5.3-c

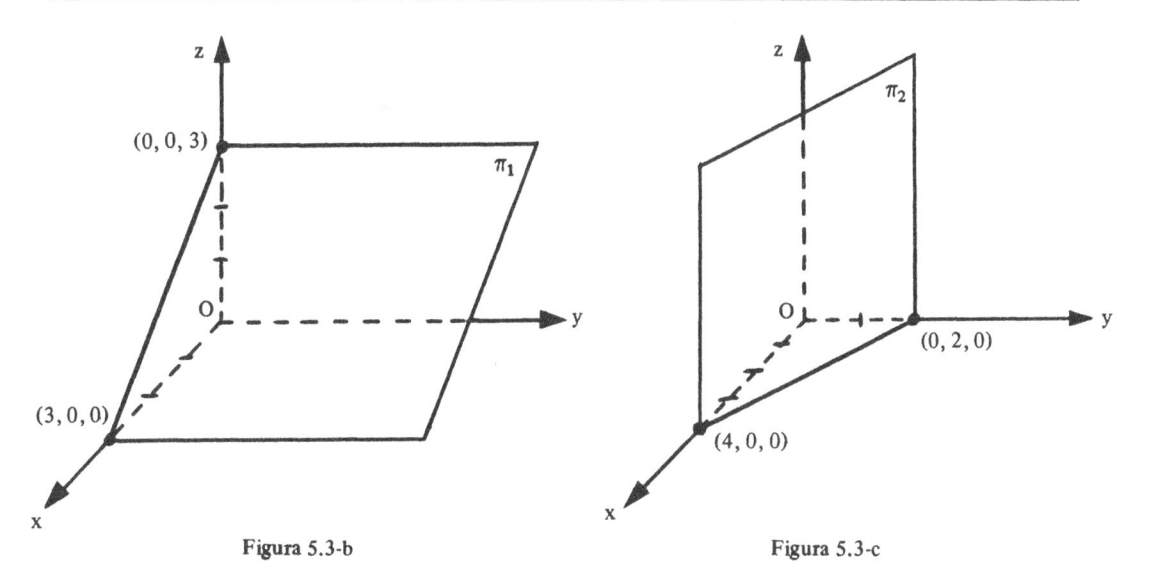

Observações

a) A equação $x + 2y - 4 = 0$, como vimos, representa no espaço $\mathbb{R}^3$ um plano paralelo ao eixo Oz. Porém, esta mesma equação, interpretada no plano $\mathbb{R}^2$, representa uma reta.

b) Se na equação $ax + by + d = 0$ fizermos $d = 0$, a equação $ax + by = 0$ representa um plano que passa pela origem e, portanto, contém o eixo Oz.

5.3.3 Planos Paralelos aos Planos Coordenados

Se duas das componentes do vetor normal $\vec{n} = (a, b, c)$ são nulas, $\vec{n}$ é colinear a um dos vetores $\vec{i} = (1, 0, 0)$ ou $\vec{j} = (0, 1, 0)$ ou $\vec{k} = (0, 0, 1)$, e, portanto, o plano π é paralelo ao plano dos outros dois vetores:

I) se $a = b = 0$, $\vec{n} = (0, 0, c) = c(0, 0, 1) = c\vec{k}$ $\therefore$ $\pi \,//\, xOy$

e a equação geral dos planos paralelos ao plano xOy é:

$cz + d = 0$

como $c \neq 0$, vem:

$z = -\dfrac{d}{c}$

Os planos cujas equações são da forma

z = k

são paralelos ao plano xOy.

A Figura 5.3-d mostra o plano de equação: z = 4

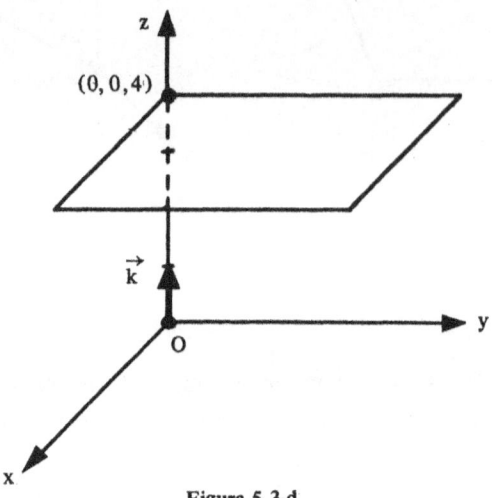

Figura 5.3-d

A equação z = 4 pode também ser apresentada sob a forma

0x + 0y + z - 4 = 0

na qual vemos que qualquer ponto do tipo $A(x, y, 4)$ satisfaz esta equação e $\vec{k} = (0, 0, 1)$ é um vetor normal ao plano.

Assim sendo, o plano paralelo ao plano xOy e que passa pelo ponto $A(x_1, y_1, z_1)$ tem por equação:

$z = z_1$

Por exemplo, o plano que passa pelo ponto $A(-1, 2, -3)$ e é paralelo ao plano xOy tem por equação:

z = -3

Com raciocínio análogo, vamos concluir que:

II) os planos paralelos ao plano xOz têm por equação:

$y = k$;

III) os planos paralelos ao plano yOz têm por equação:

$x = k$

As Figuras 5.3-e e 5.3-f mostram os planos

$\pi_1: y = 3$
$\pi_2: x = 2$,

respectivamente.

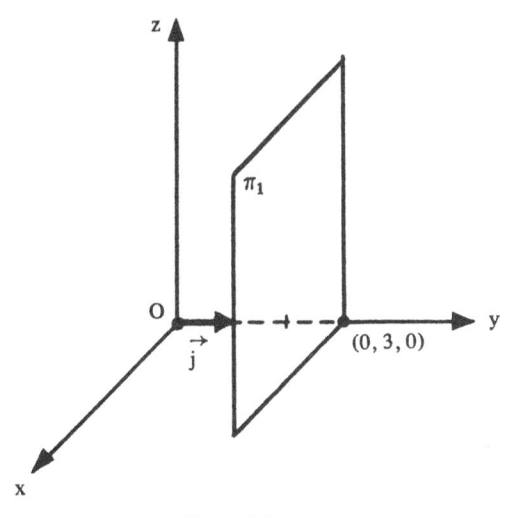

Figura 5.3-e

Para fixar melhor este assunto, consideremos o ponto $A(2, 3, 4)$ e as seguintes equações dos planos:

$\pi_1: x = 2$

Esta é a equação do plano que passa por A e é perpendicular ao eixo Ox (ou paralelo ao plano yOz);

$\pi_2 : y = 3$

Esta é a equação do plano que passa por A e é perpendicular ao eixo Oy (ou paralelo ao plano xOz);

$\pi_3 : z = 4$

Esta é a equação do plano que passa por A e é perpendicular ao eixo Oz (ou paralelo ao plano xOy).

A Figura mostra o ponto $A(2, 3, 4)$ e os três planos citados.

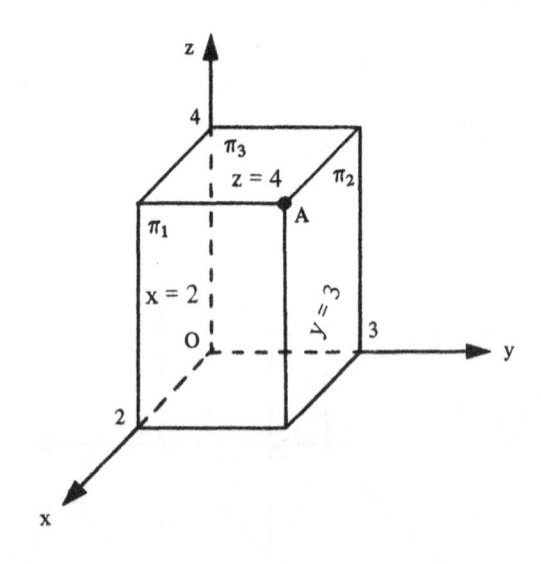

Os planos coordenados são planos particulares destes e suas equações são:

x = 0   (plano yOz)
y = 0   (plano xOz)
z = 0   (plano xOy)

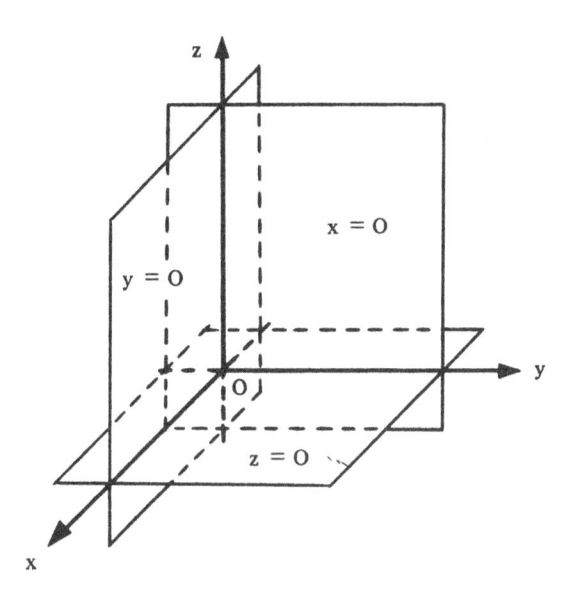

5.3.4 Problemas Resolvidos

8) Determinar a equação cartesiana do plano que contém o ponto $A(2, 2, -1)$ e a reta

$$r: \begin{cases} x = 4 \\ y = 3 \end{cases}$$

Solução

A reta r passa pelo ponto $B(4, 3, 0)$ (a cota é arbitrária, pois a reta r é paralela ao eixo Oz) e tem a direção do vetor $\vec{v} = (0, 0, 1)$. Os vetores-base são $\vec{v}$ e $\overrightarrow{AB} = (2, 1, 1)$. Sendo A (ou B) um ponto fixo desse plano e $P(x, y, z)$ um ponto genérico, deve-se ter:

$$(\overrightarrow{AP}, \vec{v}, \overrightarrow{AB}) = 0$$

ou:

$$\begin{vmatrix} x-2 & y-2 & z+1 \\ 0 & 0 & 1 \\ 2 & 1 & 1 \end{vmatrix} = 0$$

e:

x - 2y + 2 = 0

Trata-se de um plano paralelo ao eixo Oz e, portanto, perpendicular ao plano xOy.

9) Determinar a equação geral do plano que passa por $A(2, 3, 4)$ e é paralelo aos vetores $\vec{v_1} = \vec{j} + \vec{k}$ e $\vec{v_2} = \vec{j} - \vec{k}$.

Solução

Sendo P(x, y, z) o ponto genérico deste plano, deve-se ter:

$(\overrightarrow{AP}, \vec{v_1}, \vec{v_2}) = 0$

ou:

$$\begin{vmatrix} x-2 & y-3 & z-4 \\ 0 & 1 & 1 \\ 0 & 1 & -1 \end{vmatrix} = 0$$

e:

x = 2

Trata-se de um plano paralelo ao plano yOz e está representado na Figura 5.3-f.

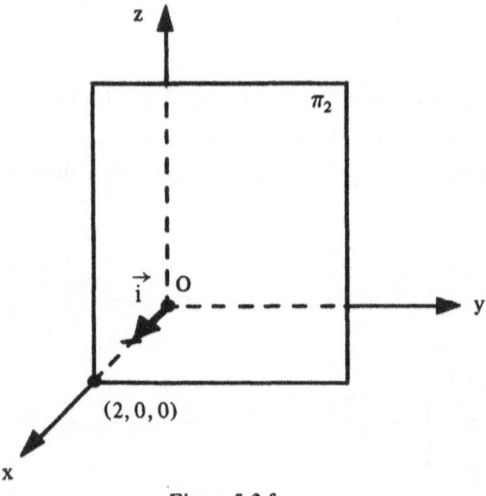

Figura 5.3-f

Observação

É interessante assinalar que a equação $x = 2$ pode representar:

a) um *ponto* se o universo for a reta $\mathbb{R}$;

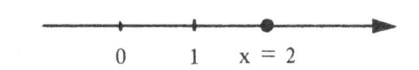

```
———+———+———●————————▶
   0   1  x = 2
```

b) uma *reta* se o universo for o plano $\mathbb{R}^2$;

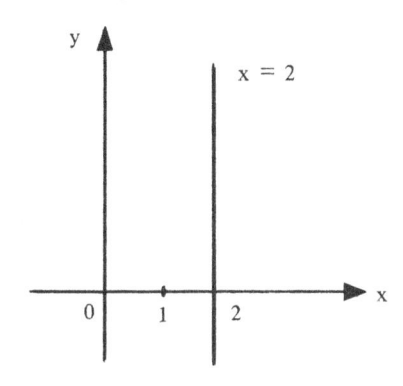

c) um *plano* se o universo for o espaço $\mathbb{R}^3$ (é neste universo que estamos presentemente trabalhando).

5.4 Equações Paramétricas do Plano

Seja $A(x_0, y_0, z_0)$ um ponto de um plano π e $\vec{u} = (a_1, b_1, c_1)$ e $\vec{v} = (a_2, b_2, c_2)$ dois vetores não colineares. Um ponto $P(x, y, z)$ pertence ao plano π que passa por A e é paralelo aos vetores $\vec{u}$ e $\vec{v}$ (Fig. 5.4) se, e somente se, existem números reais h e t tais que

$$\overrightarrow{AP} = h\vec{u} + t\vec{v} \tag{5.4}$$

Figura 5.4

Escrevendo a equação (5.4) em coordenadas, obtemos

$$(x - x_0, y - y_0, z - z_0) = h(a_1, b_1, c_1) + t(a_2, b_2, c_2)$$

donde:

$$\begin{cases} x = x_0 + a_1 h + a_2 t \\ y = y_0 + b_1 h + b_2 t \\ z = z_0 + c_1 h + c_2 t \end{cases}$$

Estas são as equações paramétricas do plano.

Quando h e t, denominados parâmetros, variam de $-\infty$ a $+\infty$, o ponto P percorre o plano π.

Exemplos

1) As equações paramétricas do plano que passa pelo ponto $A(2, 1, 3)$ e é paralelo aos vetores $\vec{u} = (-3, -3, 1)$ e $\vec{v} = (2, 1, -2)$ são:

$$\begin{cases} x = 2 - 3h + 2t \\ y = 1 - 3h + t \\ z = 3 + h - 2t \end{cases}$$

Se quisermos algum ponto deste plano, basta arbitrar valores para h e t. Por exemplo, para $h = 2$ e $t = 3$, vem:

$x = 2 - 3(2) + 2(3) = 2$

$y = 1 - 3(2) + 1(3) = -2$

$z = 3 + 1(2) - 2(3) = -1$

e, portanto, $A(2, -2, -1)$ é um ponto do plano.

2) Escrever as equações paramétricas do plano determinado pelos pontos $A(5, 7, -2)$, $B(8, 2, -3)$ e $C(1, 2, 4)$.

Solução

Sabe-se que três pontos não colineares determinam um plano. Neste caso, faremos

$\vec{u} = \overrightarrow{AB} = (3, -5, -1)$
$\vec{v} = \overrightarrow{AC} = (-4, -5, 6)$

Logo, as equações paramétricas (utilizando o ponto A) do plano são:

$$\begin{cases} x = 5 + 3h - 4t \\ y = 7 - 5h - 5t \\ z = -2 - h + 6t \end{cases}$$

5.5 Ângulo de Dois Planos

Sejam os planos

$\pi_1: \ a_1 x + b_1 y + c_1 z + d_1 = 0$

e:

$\pi_2: \ a_2 x + b_2 y + c_2 z + d_2 = 0.$

Então, $\vec{n}_1 = (a_1, b_1, c_1)$ e $\vec{n}_2 = (a_2, b_2, c_2)$ são vetores normais a π_1 e π_2, respectivamente (Fig. 5.5).

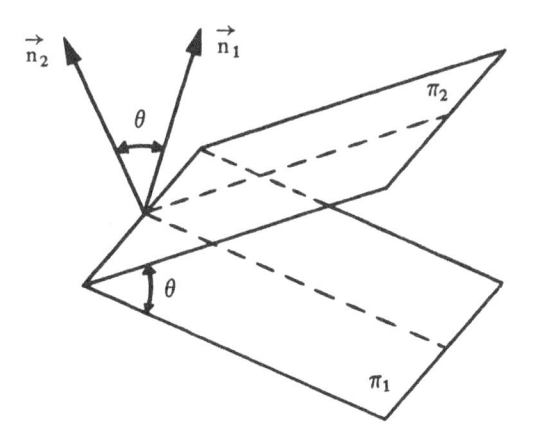

Figura 5.5

Chama-se *ângulo de dois planos* π_1 e π_2 o menor ângulo que um vetor normal de π_1 forma com um vetor normal de π_2. Sendo θ este ângulo, tem-se:

$$\cos \theta = \frac{|\vec{n_1} \cdot \vec{n_2}|}{|\vec{n_1}||\vec{n_2}|}, \text{ com } 0 \leqslant \theta \leqslant \frac{\pi}{2} \tag{5.5}$$

ou, em coordenadas:

$$\cos \theta = \frac{|a_1 a_2 + b_1 b_2 + c_1 c_2|}{\sqrt{a_1^2 + b_1^2 + c_1^2} \sqrt{a_2^2 + b_2^2 + c_2^2}}$$

5.5.1 Condições de Paralelismo e Perpendicularismo de Dois Planos

Sejam os planos

$$\pi_1 : a_1 x + b_1 y + c_1 z + d_1 = 0$$

e:

$$\pi_2 : a_2 x + b_2 y + c_2 z + d_2 = 0$$

Então,

$$\vec{n_1} = (a_1, b_1, c_1) \perp \pi_1 \quad \text{e} \quad \vec{n_2} = (a_2, b_2, c_2) \perp \pi_2$$

As condições de paralelismo e de perpendicularismo de dois planos são as mesmas de seus respectivos vetores normais, isto é:

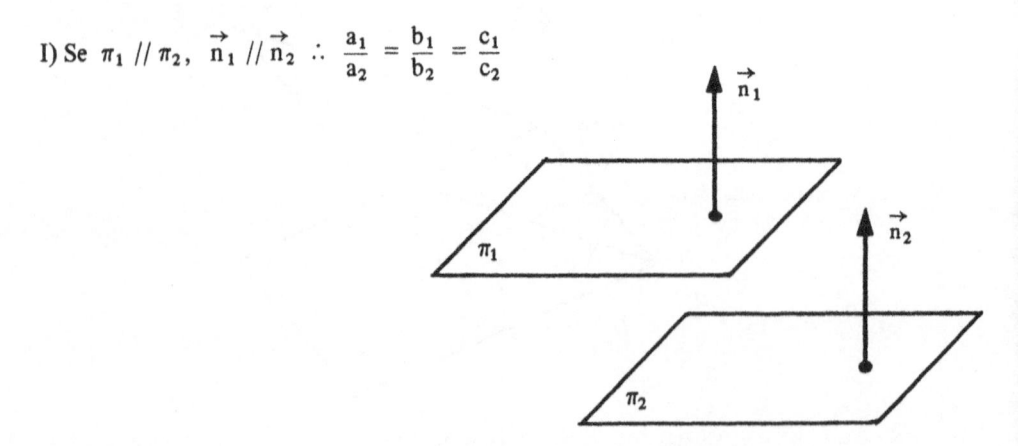

I) Se $\pi_1 \parallel \pi_2$, $\vec{n_1} \parallel \vec{n_2}$ $\therefore$ $\dfrac{a_1}{a_2} = \dfrac{b_1}{b_2} = \dfrac{c_1}{c_2}$

Observações

a) Se além das igualdades anteriores se tiver também

$$\frac{a_1}{a_2} = \frac{b_1}{b_2} = \frac{c_1}{c_2} = \frac{d_1}{d_2},$$

os planos π_1 e π_2 serão coincidentes porque, nesse caso, a equação de π_2 é obtida de π_1 mediante a multiplicação por um número, o que não altera a equação de π_1.

b) Em particular, se $a_1 = a_2$, $b_1 = b_2$, $c_1 = c_2$ e $d_1 \neq d_2$, os planos π_1 e π_2 também são paralelos.

II) Se $\pi_1 \perp \pi_2$, $\vec{n}_1 \perp \vec{n}_2$ $\therefore$ $a_1 a_2 + b_1 b_2 + c_1 c_2 = 0$

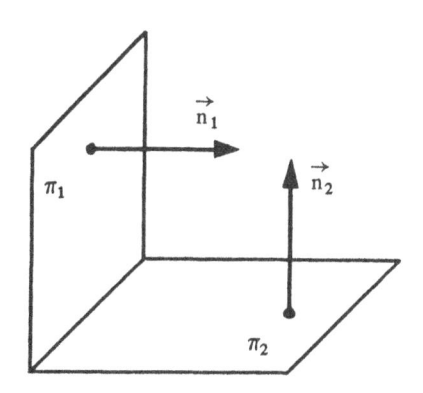

5.5.2 Problemas Resolvidos

10) Determinar o ângulo entre os planos

$\pi_1 : 2x - 3y + 5z - 8 = 0$

e:

$\pi_2 : 3x + 2y + 5z - 4 = 0$

Solução

Os vetores $\vec{n_1} = (2, -3, 5)$ e $\vec{n_2} = (3, 2, 5)$ são vetores normais a estes planos. De acordo com (5.5), temos:

$$\cos \theta = \frac{|\vec{n_1} \cdot \vec{n_2}|}{|\vec{n_1}||\vec{n_2}|} = \frac{|(2, -3, 5) \cdot (3, 2, 5)|}{\sqrt{2^2 + (-3)^2 + 5^2} \sqrt{3^2 + 2^2 + 5^2}}$$

$$\cos \theta = \frac{|2 \times 3 - 3 \times 2 + 5 \times 5|}{\sqrt{2^2 + (-3)^2 + 5^2} \times \sqrt{2^2 + (-3)^2 + 5^2}} = \frac{|25|}{\sqrt{38}\sqrt{38}} = \frac{25}{38}$$

Logo:

$$\theta = \arccos \frac{25}{38}$$

$$\theta \cong 48°51'$$

11) Calcular os valores de m e n para que o plano

$\pi_1 : (2m - 1)x - 2y + nz - 3 = 0$

seja paralelo ao plano

$\pi_2 : 4x + 4y - z = 0$

Solução

Os vetores $\vec{n_1} = (2m - 1, -2, n)$ e $\vec{n_2} = (4, 4, -1)$ são vetores normais aos planos π_1 e π_2, respectivamente. De acordo com a condição de paralelismo de dois planos, deve-se ter:

$$\frac{2m-1}{4} = \frac{-2}{4} = \frac{n}{-1},$$

isto é:

$$\frac{2m-1}{4} = -\frac{2}{4} \qquad \qquad -\frac{2}{4} = \frac{n}{-1}$$

$$8m - 4 = -8 \qquad \qquad 4n = 2$$

$$8m = -4 \qquad \qquad n = \frac{1}{2}$$

$$m = -\frac{1}{2}$$

5.6 Ângulo de uma Reta com um Plano

Seja uma reta r com a direção do vetor $\vec{v}$ e um plano π, sendo $\vec{n}$ um vetor normal a π (Fig. 5.6).

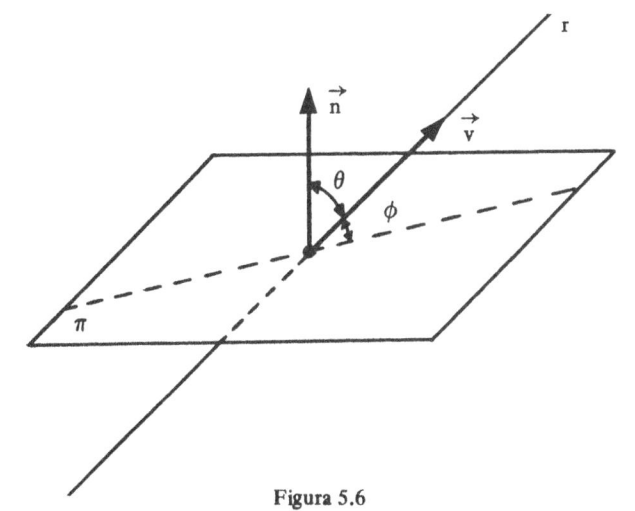

Figura 5.6

O ângulo ϕ da reta r com o plano π é o complemento do ângulo θ que a reta r forma com uma reta normal ao plano.

Tendo em vista que $\theta + \phi = \frac{\pi}{2}$ e, portanto, $\cos \theta = \text{sen } \phi$, vem, de acordo com a fórmula (3.4-II):

$$\text{sen } \phi = \frac{|\vec{v} \cdot \vec{n}|}{|\vec{v}||\vec{n}|}, \quad 0 \leq \phi \leq \frac{\pi}{2} \qquad (5.6)$$

5.6.1 Condições de Paralelismo e Perpendicularismo entre Reta e Plano

Para a reta r e o plano π anteriores, temos:

I) se $r // \pi$, $\vec{v} \perp \vec{n}$.

O paralelismo de r e π implica a ortogonalidade dos vetores $\vec{v}$ e $\vec{n}$;

II) se $r \perp \pi$, $\vec{v} // \vec{n}$.

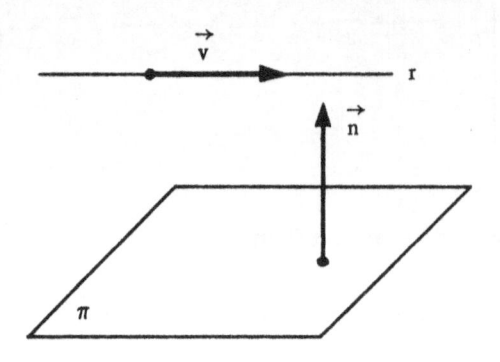

O perpendicularismo de r e π implica o paralelismo dos vetores $\vec{v}$ e $\vec{n}$.

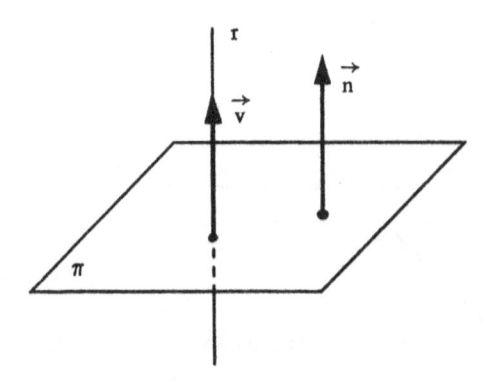

5.6.2 Condições para que uma Reta Esteja Contida num Plano

Uma reta r está contida num plano π se:

I) o vetor diretor $\vec{v}$ de r é ortogonal ao vetor $\vec{n}$, normal ao plano π; e

II) um ponto A pertencente a r pertence também ao plano.

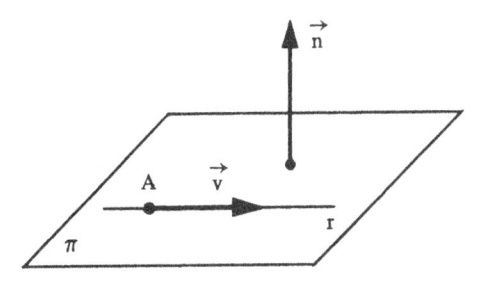

Observação

Uma reta r está também contida num plano π se dois pontos A e B pertencentes a r pertencem a esse plano.

5.6.3 Problemas Resolvidos

12) Determinar o ângulo que a reta

$$r: \begin{cases} x = 1 - 2t \\ y = -t \\ z = 3 + t \end{cases}$$

forma com o plano

$\pi: x + y - 5 = 0$

Solução

A reta r tem a direção do vetor $\vec{v} = (-2, -1, 1)$ e $\vec{n} = (1, 1, 0)$ é um vetor normal ao plano π. De acordo com (5.6), vem:

$$\operatorname{sen} \phi = \frac{|\vec{v} \cdot \vec{n}|}{|\vec{v}||\vec{n}|} = \frac{|(-2, -1, 1) \cdot (1, 1, 0)|}{\sqrt{(-2)^2 + (-1)^2 + 1^2} \sqrt{1^2 + 1^2 + 0^2}} =$$

$$= \frac{|-2 - 1 + 0|}{\sqrt{4+1+1}\sqrt{1+1}} = \frac{|-3|}{\sqrt{6}\sqrt{2}}$$

$$\operatorname{sen} \phi = \frac{3}{\sqrt{12}} = \frac{3}{\sqrt{4 \times 3}} = \frac{3}{2\sqrt{3}} = \frac{3}{2\sqrt{3}} \times \frac{\sqrt{3}}{\sqrt{3}} = \frac{3\sqrt{3}}{2 \times 3} = \frac{\sqrt{3}}{2}$$

Logo:

$$\phi = \text{arc sen} \frac{\sqrt{3}}{2} = \frac{\pi}{3}$$

13) Verificar se a reta

$$r: \quad \frac{x-2}{3} = \frac{y+1}{-2} = \frac{z}{-1}$$

é perpendicular ao plano

$\pi: 9x - 6y - 3z + 5 = 0$

Solução

Sabe-se que a reta r é perpendicular ao plano π se um vetor $\vec{v}$ de r é colinear a um vetor $\vec{n}$, normal ao plano. No caso presente, tem-se $\vec{v} = (3, -2, -1)$ e $\vec{n} = (9, -6, -3)$, respectivamente. Como $\vec{n} = 3\vec{v}$, os vetores são colineares e, portanto, r é perpendicular a π.

14) Determinar os valores de m e n para que a reta

$$r: \begin{cases} x = 2 + t \\ y = 1 + t \\ z = -3 - 2t \end{cases}$$

esteja contida no plano

$\pi: mx + ny + 2z - 1 = 0$

Solução

A reta r passa pelo ponto $A(2, 1, -3)$ e tem a direção do vetor $\vec{v} = (1, 1, -2)$. Um vetor normal ao plano π é $\vec{n} = (m, n, 2)$. Para que r esteja contida em π é necessário que $\vec{v} \perp \vec{n}$ e $A \in \pi$, de acordo com o que foi visto em 5.6.2, isto é:

$(1, 1, -2) \cdot (m, n, 2) = 0$

e:

$$m(2) + n(1) + 2(-3) - 1 = 0$$

ou:

$$\begin{cases} m + n - 4 = 0 \\ 2m + n - 7 = 0 \end{cases}$$

A solução do sistema determina os valores de m e n para que a reta r esteja contida em π, ou seja:

$$m = 3$$

$$n = 1$$

5.7 Interseção de Dois Planos

Consideremos os planos não paralelos

$$\pi_1 : 5x - 2y + z + 7 = 0 \quad \text{e} \quad \pi_2 : 3x - 3y + z + 4 = 0$$

Sabemos que a interseção de dois planos não paralelos é uma reta r cujas equações se deseja determinar. Uma reta está determinada quando se conhece dois de seus pontos ou um ponto e um vetor diretor da mesma. Um ponto pertence à reta interseção se suas coordenadas satisfazem simultaneamente a equações dos dois planos, isto é, ele constitui uma solução do sistema:

$$\begin{cases} 5x - 2y + z + 7 = 0 \\ 3x - 3y + z + 4 = 0 \end{cases} \tag{5.7}$$

O sistema é indeterminado e, em termos de x, sua solução é:

$$\begin{cases} y = -2x - 3 \\ z = -9x - 13 \end{cases}$$

Estas são as equações reduzidas da reta interseção dos planos π_1 e π_2, sendo os pontos desta interseção da forma:

$$(x, y, z) = (x, -2x - 3, -9x - 13)$$

Observações

a) Se atribuirmos valores a x na solução do sistema, encontraremos pontos particulares da interseção dos planos π_1 e π_2.

Por exemplo, para $x = 0$, temos o ponto $A(0, -3, -13)$ e para $x = 1$, o ponto $B(1, -5, -22)$. Então, um vetor diretor da reta interseção é $\vec{v} = \overrightarrow{AB} = (1, -2, -9)$ e as equações paramétricas dessa reta, utilizando o ponto A, são:

$$r: \begin{cases} x = t \\ y = -3 - 2t \\ z = -13 - 9t \end{cases}$$

b) Lembrando que uma reta é definida por um ponto e por um vetor diretor, as equações desta reta interseção podem ser encontradas de outra forma.

Determinaremos primeiramente um ponto da reta de abscissa zero, por exemplo. Então, fazendo $x = 0$ nas equações do sistema (5.7), resulta o sistema:

$$\begin{cases} -2y + z + 7 = 0 \\ -3y + z + 4 = 0 \end{cases}$$

cuja solução é $y = -3$ e $z = -13$. Logo, um ponto da reta interseção é $A(0, -3, -13)$.

Como o vetor diretor $\vec{v}$ desta reta é simultaneamente ortogonal aos vetores $\vec{n}_1 = (5, -2, 1)$ e $\vec{n}_2 = (3, -3, 1)$, normais aos planos π_1 e π_2, respectivamente, (Fig. 5.7), $\vec{v}$ será dado pelo produto vetorial de $\vec{n}_1$ e $\vec{n}_2$, isto é:

$$\vec{v} = \vec{n}_1 \times \vec{n}_2 = \begin{vmatrix} \vec{i} & \vec{j} & \vec{k} \\ 5 & -2 & 1 \\ 3 & -3 & 1 \end{vmatrix} = (1, -2, -9)$$

Portanto, as equações reduzidas da reta são

$$\begin{cases} y = -2x - 3 \\ z = -9x - 13 \end{cases}$$

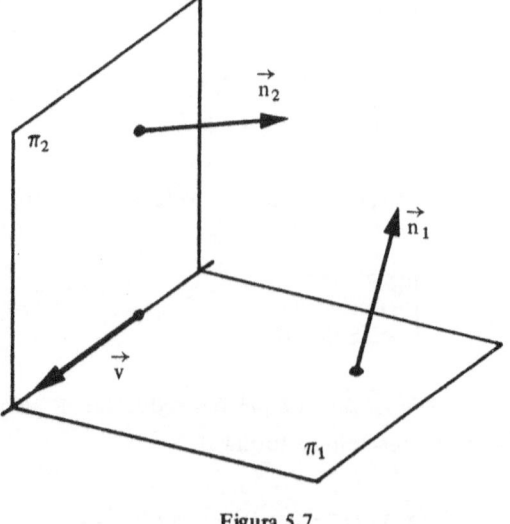

Figura 5.7

c) Como a interseção de dois planos não paralelos é sempre uma reta, é muito comum apresentar uma reta através de um sistema cujas equações representam planos. No caso presente, se r é esta reta, temos:

$$r: \begin{cases} 5x - 2y + z + 7 = 0 \\ 3x - 3y + z + 4 = 0 \end{cases}$$

5.8 Interseção de Reta com Plano

Seja determinar o ponto de interseção da reta

$$r: \begin{cases} y = 2x + 3 \\ z = 3x - 4 \end{cases}$$

com o plano

$\pi: 3x + 5y - 2z - 9 = 0.$

Solução

Se $I(x, y, z)$ é o ponto de interseção de r e π, suas coordenadas devem verificar as equações do sistema formado pelas equações de r e de π:

$$\begin{cases} y = 2x + 3 \\ z = 3x - 4 \\ 3x + 5y - 2z - 9 = 0 \end{cases}$$

Resolvendo o sistema, obtém-se:

$x = -2$

$y = -1$

$z = -10$

Portanto, $I(-2, -1, -10)$ é o ponto de interseção da reta r com o plano π.

5.8.1 Interseção de Plano com os Eixos e Planos Coordenados

a) Seja o plano

$$\pi: 2x + 3y + z - 6 = 0$$

Como os pontos dos eixos são da forma (x, 0, 0), (0, y, 0) e (0, 0, z), basta fazer na equação do plano duas variáveis iguais a zero para se encontrar a terceira, e assim obter as interseções com os eixos. Assim:

I) se $y = z = 0$, $2x - 6 = 0$ ∴ $x = 3$ e $A_1(3, 0, 0)$ é a interseção do plano π com o eixo dos x;

II) se $x = z = 0$, $3y - 6 = 0$ ∴ $y = 2$ e $A_2(0, 2, 0)$ é a interseção do plano π com o eixo dos y;

III) se $x = y = 0$, $z - 6 = 0$ ∴ $z = 6$ e $A_3(0, 0, 6)$ é a interseção do plano π com o eixo dos z.

b) Como as equações dos planos coordenados são $x = 0$, $y = 0$ e $z = 0$, basta fazer, na equação do plano, uma variável igual a zero para se encontrar uma equação nas outras duas variáveis e, assim, obter as interseções com os planos coordenados. Então:

I) se $x = 0$, $3y + z - 6 = 0$, a reta

$$r_1 : \begin{cases} x = 0 \\ z = -3y + 6 \end{cases}$$

é a interseção de π com o plano yOz;

II) se $y = 0$, $2x + z - 6 = 0$, a reta

$$r_2 : \begin{cases} y = 0 \\ z = -2x + 6 \end{cases}$$

é a interseção de π com o plano xOz;

III) se $z = 0$, $2x + 3y - 6 = 0$, a reta

$$r_3 : \begin{cases} z = 0 \\ y = -\frac{2}{3}x + 2 \end{cases}$$

é a interseção de π com o plano xOy.

O gráfico mostra os pontos A_1, A_2 e A_3 e as retas r_1, r_2 e r_3.

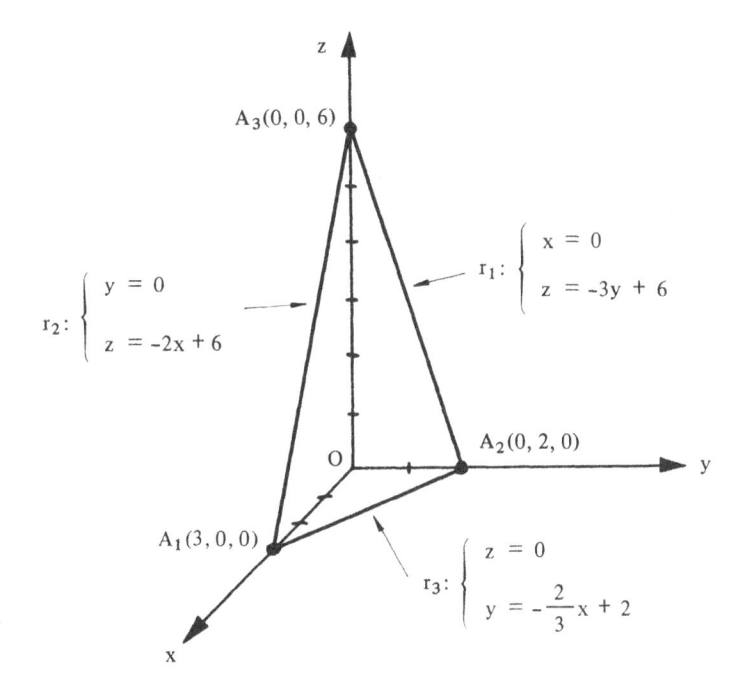

Observação

Se um plano $\pi: ax + by + cz + d = 0$ não é paralelo a nenhum dos planos coordenados ($a \neq 0$, $b \neq 0$, $c \neq 0$) e não passa pela origem ($d \neq 0$), sua equação pode ser apresentada na forma

$$\frac{x}{p} + \frac{y}{q} + \frac{z}{r} = 1$$

denominada *equação segmentária* do plano na qual $(p, 0, 0)$, $(0, q, 0)$ e $(0, 0, r)$ são os os pontos onde π intercepta os eixos dos x, dos y e dos z, respectivamente.

Exemplo

Seja a equação:

$$2x + 3y + z - 6 = 0$$

ou:

$$2x + 3y + z = 6$$

Dividindo ambos os membros por 6, vem:

$$\frac{x}{3} + \frac{y}{2} + \frac{z}{6} = 1$$

e os pontos de interseção com os eixos dos x, dos y e dos z são $A_1(3,0,0)$, $A_2(0,2,0)$ e $A_3(0,0,6)$, respectivamente, conforme já vimos.

5.9 Problemas Propostos

1) Seja o plano

$$\pi: 2x - y + 3z + 1 = 0$$

Calcular:

a) O ponto de π que tem abscissa 4 e ordenada 3;

b) O ponto de π que tem abscissa 1 e cota 2;

c) O valor de k para que o ponto $P(2, k+1, k)$ pertença a π;

d) O ponto de abscissa zero e cuja ordenada é o dobro da cota.

Nos problemas 2 a 10, determinar a equação geral do plano

2) paralelo ao plano $\pi: 2x - 3y - z + 5 = 0$ e que contém o ponto $A(4, -1, 2)$;

3) perpendicular à reta

$$r: \begin{cases} x = 2y - 3 \\ z = -y + 1 \end{cases}$$

e que contém o ponto $A(1, 2, 3)$;

4) mediador do segmento de extremos $A(1,-2,6)$ e $B(3,0,0)$;

5) mediador do segmento de extremos $A(5,-1,4)$ e $B(-1,-7,1)$;

6) paralelo ao eixo dos z e que contém os pontos $A(0,3,1)$ e $B(2,0,-1)$;

7) paralelo ao eixo dos x e que contém os pontos $A(-2,0,2)$ e $B(0,-2,1)$;

8) paralelo ao eixo dos y e que contém os pontos $A(2,1,0)$ e $B(0,2,1)$;

9) paralelo ao plano xOy e que contém o ponto $A(5,-2,3)$;

10) perpendicular ao eixo dos y e que contém o ponto $A(3,4,-1)$.

Nos problemas 11 a 14, escrever a equação geral do plano determinado pelos pontos:

11) $A(-1,2,0)$, $B(2,-1,1)$ e $C(1,1,-1)$.

12) $A(2,1,0)$, $B(-4,-2,-1)$ e $C(0,0,1)$.

13) $A(0,0,0)$, $B(0,3,0)$ e $C(0,2,5)$.

14) $A(2,1,3)$, $B(-3,-1,3)$ e $C(4,2,3)$.

15) Determinar o valor de α para que os pontos $A(\alpha,-1,5)$, $B(7,2,1)$, $C(-1,-3,-1)$ e $D(1,0,3)$ sejam coplanares.

Nos problemas de 16 a 19, determinar a equação geral do plano nos seguintes casos:

16) O plano passa pelo ponto $A(6,0,-2)$ e é paralelo aos vetores $\vec{i}$ e $-2\vec{j}+\vec{k}$.

17) O plano passa pelos pontos $A(-3,1,-2)$ e $B(-1,2,1)$ e é paralelo ao vetor $\vec{v}=2\vec{i}-3\vec{k}$.

18) O plano contém os pontos $A(1,-2,2)$ e $B(-3,1,-2)$ e é perpendicular ao plano $\pi: 2x+y-z+8=0$.

19) O plano contém o ponto $A(4,1,0)$ e é perpendicular aos planos $\pi_1: 2x-y-4z-6=0$ e $\pi_2: x+y+2z-3=0$.

Nos Problemas 20 a 23, determinar a equação geral do plano que contém os seguintes pares de retas:

20) $r: \begin{cases} y = 2x - 3 \\ z = -x + 2 \end{cases}$ e $s: \begin{cases} \dfrac{x-1}{3} = \dfrac{z-1}{5} \\ y = -1 \end{cases}$

21) $r: \dfrac{x-1}{2} = \dfrac{y+2}{3} = \dfrac{z-3}{-1}$ e $s: \dfrac{x-1}{-2} = \dfrac{y+2}{-1} = \dfrac{z-3}{2}$

22) $r: \begin{cases} x = -3 + t \\ y = -t \\ z = 4 \end{cases}$ e $s: \dfrac{x+2}{2} = \dfrac{y-1}{-2} \; ; \; z = 0$

23) $r: \quad x = z; \; y = -3$ e $s: \begin{cases} x = -t \\ y = 1 \\ z = 2 - t \end{cases}$

Nos problemas 24 a 28, determinar a equação geral do plano que contém o ponto e a reta dados:

24) $A(3, -1, 2)$ e $r: \begin{cases} x = t \\ y = 2 - t \\ z = 3 + 2t \end{cases}$

25) $A(3, -2, -1)$ e $r: \begin{cases} x + 2y + z - 1 = 0 \\ 2x + y - z + 7 = 0 \end{cases}$

26) $A(1, 2, 1)$ e a reta interseção do plano $\pi: x - 2y + z - 3 = 0$ com o plano yOz.

27) $A(1, -1, 2)$ e o eixo dos z.

28) $A(1, -2, 1)$ e o eixo dos x.

29) Estabelecer as equações dos planos bissetores dos ângulos formados pelos planos xOz e yOz.

30) Representar graficamente os planos de equações:

a) $x + y - 3 = 0$
b) $z = -2$
c) $2y + 3z - 6 = 0$
d) $3x + 4y + 2z - 12 = 0$

31) Dada a equação geral do plano $\pi: 3x - 2y - z - 6 = 0$, determinar um sistema de equações paramétricas de π.

32) Estabelecer equações paramétricas do plano determinado pelos pontos $A(1,1,0)$, $B(2,1,3)$ e $C(-1,-2,4)$.

33) Determinar o ângulo entre os seguintes planos:

a) $\pi_1: x + 2y + z - 10 = 0$ e $\pi_2: 2x + y - z + 1 = 0$
b) $\pi_1: 2x - 2y + 1 = 0$ e $\pi_2: 2x - y - z = 0$
c) $\pi_1: 3x + 2y - 6 = 0$ e $\pi_2:$ plano xOz
d) $\pi_1: 3x + 2y - 6 = 0$ e $\pi_2:$ plano yOz.

34) Determinar o valor de m para que seja de 30° o ângulo entre os planos

$\pi_1: x + my + 2z - 7 = 0$ e
$\pi_2: 4x + 5y + 3z - 2 = 0$.

35) Determinar a e b, de modo que os planos

$\pi_1: ax + by + 4z - 1 = 0$ e $\pi_2: 3x - 5y - 2z + 5 = 0$

sejam paralelos.

36) Determinar m de modo que os planos

$\pi_1: 2mx + 2y - z = 0$ e
$\pi_2: 3x - my + 2z - 1 = 0$

sejam perpendiculares.

37) Determinar o ângulo que a reta

$$r: \left\{ \frac{x-2}{3} = \frac{y}{-4} = \frac{z+1}{5} \right.$$

forma com o plano $\pi: 2x - y + 7z - 1 = 0$.

38) Determinar o ângulo formado pela reta

$$r: \begin{cases} y = -2x \\ z = 2x + 1 \end{cases}$$

e o plano $\pi: x - y + 5 = 0$.

39) Determinar as equações reduzidas, em termos de x, da reta r que passa pelo ponto $A(2, -1, 4)$ e é perpendicular ao plano $\pi: x - 3y + 2z - 1 = 0$.

40) Determinar as equações paramétricas da reta que passa pelo ponto $A(-1, 0, 0)$ e é paralela a cada um dos planos

$$\pi_1: 2x - y - z + 1 = 0 \quad \text{e} \quad \pi_2: x + 3y + z - 5 = 0.$$

41) Seja o paralelepípedo de dimensões 2, 3 e 4, representado a seguir. Determinar:

   a) as equações da reta que contém o segmento AF;

   b) as equações da reta que contém o segmento AB;

   c) as equações da reta que contém o segmento EF;

   d) as equações da reta que contém o segmento AC;

   e) as equações da reta que passa pelos pontos O e F;

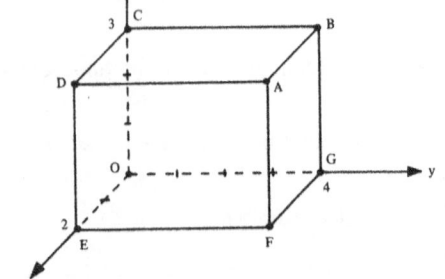

   f) as equações paramétricas da reta que contém o segmento OA;

   g) a equação do plano que contém a face ABCD;

   h) a equação do plano que contém a face ABGF.

42) Mostrar que a reta

$$r: \begin{cases} x = 3t + 1 \\ y = -2t - 1 \\ z = t \end{cases}$$

é paralela ao plano $\pi: x + 2y + z + 3 = 0$.

43) Mostrar que a reta

$$r: \begin{cases} \dfrac{x-1}{1} = \dfrac{y+1}{-2} \; ; \; z = 0 \end{cases}$$

está contida no plano $\pi: 2x + y - 3z - 1 = 0$.

44) Calcular os valores de m e n para que a reta

$$r: \begin{cases} y = 2x - 3 \\ z = -x + 4 \end{cases}$$

esteja contida no plano $\pi: nx + my - z - 2 = 0$.

Nos problemas 45 e 46, estabelecer as equações reduzidas, sendo x a variável independente, da reta interseção dos planos:

45) $\pi_1: 3x - y + z - 3 = 0$ e $\pi_2: x + 3y + 2z + 4 = 0$

46) $\pi_1: 3x - 2y - z - 1 = 0$ e $\pi_2: x + 2y - z - 7 = 0$

Nos problemas 47 e 48, determinar as equações paramétricas da reta interseção dos planos:

47) $\pi_1: 2x - y - 3z - 5 = 0$ e $\pi_2: x + y - z - 3 = 0$

48) $\pi_1: 2x + y - 2 = 0$ e $\pi_2: z = 3$

Nos problemas 49 a 51, determinar o ponto de interseção da reta r com o plano π nos seguintes casos:

49) $r: x = 2y - 3 = \dfrac{2z - 3}{3}$ e $\pi: 2x - y + 3z - 9 = 0$

50) $r: \begin{cases} x = 1 + t \\ y = 2t \\ z = 5 \end{cases}$ e $\pi: x = 3$

51) $r: \begin{cases} x = t \\ y = 1 - 2t \\ z = -t \end{cases}$ e $\pi: 2x + y - z - 4 = 0$

52) Determinar os pontos de interseção da reta

$r: \begin{cases} y = 2x - 3 \\ z = -x + 2 \end{cases}$

com os planos coordenados.

53) Determinar os pontos de interseção do plano

$\pi: 2x + 4y - z - 4 = 0$

com os eixos coordenados e, também, a reta interseção deste plano com o plano xOy.

54) Determinar o ponto de interseção das retas

$r: \begin{cases} 3x + y + 6z + 13 = 0 \\ 9x + 3y + 5z = 0 \end{cases}$ e $s: \begin{cases} x = 1 \\ 4x + y - z - 9 = 0 \end{cases}$

Nos problemas 55 e 56, determinar a equação geral do plano que contém o ponto A e a reta interseção dos planos π_1 e π_2.

55) $A(2, 0, 1)$, $\pi_1: 2x - 3y - 5z = 0$ e $\pi_2: x - y = 0$.

56) $A(-1, 2, 0)$, $\pi_1: 2x - y = 0$ e $\pi_2: x + y - z - 4 = 0$.

57) Seja a reta

$$r: \begin{cases} x = 3 + t \\ y = 1 - 2t \\ z = -1 + 2t \end{cases}$$

a) quais as equações reduzidas da projeção de r sobre o plano xOy? E sobre o plano xOz?

b) qual o ângulo que r forma com o plano xOy?

58) Estabelecer as equações simétricas da reta que passa pelo ponto A(3, 6, 4), intercepta o eixo Oz e é paralela ao plano

π: x - 3y + 5z - 6 = 0.

59) O plano π: x + y - z - 2 = 0 intercepta os eixos cartesianos nos pontos A, B e C. Calcular a área do triângulo ABC.

60) Calcular o volume do tetraedro limitado pelo plano 3x + 2y - 4z - 12 = 0 e pelos planos coordenados.

5.9.1 Respostas de Problemas Propostos

1) *a*) (4, 3, -2)   *c*) k = -2
   b) (1, 9, 2)   *d*) (0, -2, -1)

2) 2x - 3y - z - 9 = 0

3) 2x + y - z - 1 = 0

4) x + y - 3z + 8 = 0

5) 4x + 4y + 2z + 3 = 0

6) 3x + 2y - 6 = 0

7) y - 2z + 4 = 0

8) x + 2z - 2 = 0

9) z = 3

10) y = 4

11) 4x + 5y + 3z - 6 = 0

12) x - 2y = 0

13) x = 0

14) z = 3

15) α = -3

16) $y + 2z + 4 = 0$

17) $3x - 12y + 2z + 25 = 0$

18) $x - 12y - 10z - 5 = 0$

19) $2x - 8y + 3z = 0$

20) $5x - 4y - 3z - 6 = 0$

21) $5x - 2y + 4z - 21 = 0$

22) $2x + 2y + z + 2 = 0$

23) $2x + y - 2z + 3 = 0$

24) $x + y - 2 = 0$

25) $2x + 3y + z + 1 = 0$

26) $6x - 2y + z - 3 = 0$

27) $x + y = 0$

28) $y + 2z = 0$

29) $x + y = 0$ e $x - y = 0$

31) Existem infinitos sistemas. Um deles é:
$$\begin{cases} x = t \\ y = -h \\ z = -6 + 2h + 3t; \ h, t \in \mathbb{R} \end{cases}$$

32) $\begin{cases} x = 1 + h - 2t \\ y = 1 - 3t \\ z = 3h + 4t \end{cases}$

33) a) $60°$
    b) $30°$
    c) arc cos $\dfrac{2}{\sqrt{13}}$
    d) arc cos $\dfrac{3}{\sqrt{13}}$

34) 1 ou 7

35) $a = -6$
    $b = 10$

36) $\dfrac{1}{2}$

37) $60°$

38) $45°$

39) $\begin{cases} y = -3x + 5 \\ z = 2x \end{cases}$

40) $\begin{cases} x = 2t - 1 \\ y = -3t \\ z = 7t \end{cases}$

41) a) $\begin{cases} x = 2 \\ y = 4 \end{cases}$
    b) $\begin{cases} y = 4 \\ z = 3 \end{cases}$
    c) $\begin{cases} x = 2 \\ z = 0 \end{cases}$

d) $\begin{cases} x = 2t \\ y = 4t \\ z = 3 \end{cases}$

e) $\begin{cases} x = 2t \\ y = 4t \\ z = 0 \end{cases}$

f) $\begin{cases} x = 2t \\ y = 4t \\ z = 3t \end{cases}$

g) $z = 3$

h) $y = 4$

44) $m = -2$
    $n = 3$

45) $\begin{cases} y = x - 2 \\ z = -2x + 1 \end{cases}$

46) $\begin{cases} y = \frac{1}{2}x + \frac{3}{2} \\ z = 2x - 4 \end{cases}$

47) $\begin{cases} x = 4t \\ y = 1 - t \\ z = -2 + 3t \end{cases}$

48) $\begin{cases} x = t \\ y = 2 - 2t \\ z = 3 \end{cases}$

49) $(1, 2, 3)$

50) $(3, 4, 5)$

51) $(3, -5, -3)$

52) $(2, 1, 0), (\frac{3}{2}, 0, \frac{1}{2}), (0, -3, 2)$

53) $(2, 0, 0), (0, 1, 0), (0, 0, -4)$

$\begin{cases} z = 0 \\ y = -\frac{1}{2}x + 1 \end{cases}$

54) $(1, 2, -3)$

55) $5x - 7y - 10z = 0$

56) $2x - 7y + 4z + 16 = 0$

57) a) $\begin{cases} y = -2x + 7 \\ z = 0 \end{cases}$ e $\begin{cases} z = 2x - 7 \\ y = 0 \end{cases}$

b) arc cos $\frac{\sqrt{5}}{3}$

58) $\frac{x}{1} = \frac{y}{2} = \frac{z-1}{1}$ ou

$\frac{x-3}{1} = \frac{y-6}{2} = \frac{z-4}{1}$

59) $2\sqrt{3}$ u.a.

60) 12 u.v.

CAPÍTULO 6

DISTÂNCIAS

6.1 Distância entre Dois Pontos

A distância d entre os pontos $P_1(x_1, y_1, z_1)$ e $P_2(x_2, y_2, z_2)$ é o módulo do vetor $\overrightarrow{P_1P_2}$, isto é:

$$d(P_1, P_2) = |\overrightarrow{P_1P_2}|$$

e, portanto,

$$d(P_1, P_2) = \sqrt{(x_2 - x_1)^2 + (y_2 - y_1)^2 + (z_2 - z_1)^2} \tag{6.1}$$

6.1.1 Problema Resolvido

1) Calcular a distância entre os pontos $P_1(7, 3, 4)$ e $P_2(1, 0, 6)$.

Solução

No caso presente, temos:

$x_1 = 7$; $x_2 = 1$
$y_1 = 3$; $y_2 = 0$
$z_1 = 4$; $z_2 = 6$

Logo, de acordo com (6.1), vem:

$d(P_1, P_2) = \sqrt{(1-7)^2 + (0-3)^2 + (6-4)^2}$

$d(P_1, P_2) = \sqrt{36 + 9 + 4}$

$d(P_1, P_2) = \sqrt{49}$

$d(P_1, P_2) = 7$ u.c. (7 unidades de comprimento)

6.2 Distância de um Ponto a uma Reta

Seja uma reta r definida por um ponto $P_1(x_1, y_1, z_1)$ e pelo vetor diretor $\vec{v} = (a, b, c)$ e seja $P_0(x_0, y_0, z_0)$ um ponto qualquer do espaço. Os vetores $\vec{v}$ e $\overrightarrow{P_1P_0}$ determinam um paralelogramo cuja altura corresponde à distância d de P_0 a r que pretendemos calcular (Fig. 6.2).

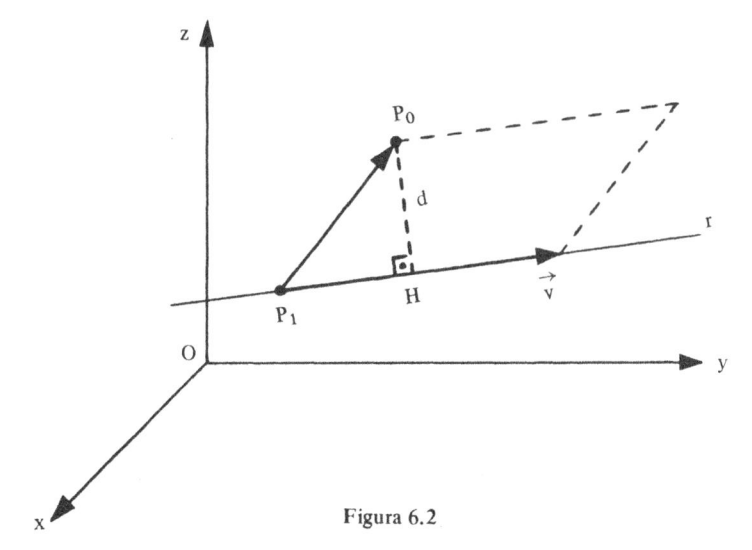

Figura 6.2

Sabe-se que a área A de um paralelogramo é dada pelo produto da base pela altura:

a) $A = |\vec{v}| d$

ou, de acordo com a interpretação geométrica do módulo do produto vetorial, por:

b) $A = |\vec{v} \times \overrightarrow{P_1P_0}|$

Comparando *a*) com *b*), vem:

$$|\vec{v}|d = |\vec{v} \times \overrightarrow{P_1P_0}|$$

e:

$$d = d(P_0, r) = \frac{|\vec{v} \times \overrightarrow{P_1P_0}|}{|\vec{v}|} \qquad (6.2)$$

6.2.1 Problema Resolvido

2) Calcular a distância do ponto $P_0(2, 0, 7)$ à reta

r: $\quad \dfrac{x}{2} = \dfrac{y-2}{2} = \dfrac{z+3}{1}$

Solução

A reta r passa pelo ponto $P_1(0, 2, -3)$ e tem a direção do vetor $\vec{v} = (2, 2, 1)$. Seja ainda o vetor $\overrightarrow{P_1P_0} = P_0 - P_1 = (2, -2, 10)$. De acordo com (6.2), temos:

$$d(P_0, r) = \frac{|(2, 2, 1) \times (2, -2, 10)|}{|(2, 2, 1)|} = \frac{|(22, -18, -8)|}{|(2, 2, 1)|}$$

$$d(P_0, r) = \frac{\sqrt{22^2 + (-18)^2 + (-8)^2}}{\sqrt{2^2 + 2^2 + 1^2}} = \frac{\sqrt{484 + 324 + 64}}{\sqrt{4 + 4 + 1}}$$

$$d(P_0, r) = \frac{\sqrt{872}}{3} \text{ u.c.}$$

Observação

O produto vetorial $\vec{v} \times \overrightarrow{P_1P_0} = (2, 2, 1) \times (2, -2, 10)$ é dado por:

$$\begin{vmatrix} \vec{i} & \vec{j} & \vec{k} \\ 2 & 2 & 1 \\ 2 & -2 & 10 \end{vmatrix} = (22, -18, -8)$$

Distâncias 193

6.3 Distância entre Duas Retas

6.3.1 As Retas são Concorrentes

A distância d entre duas retas r e s concorrentes é nula, por definição.

6.3.2 As Retas são Paralelas

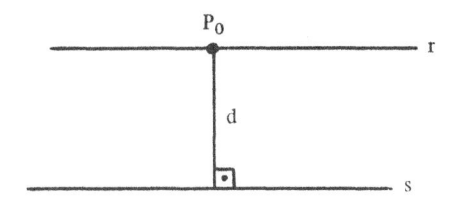

Figura 6.3-a

A distância d entre as retas r e s, paralelas (Fig. 6.3-a), é a distância de um ponto qualquer P_0 de uma delas à outra reta, isto é:

$$d(r, s) = d(P_0, s), \quad P_0 \in r$$

ou:

$$d(r, s) = d(P_0, r), \quad P_0 \in s$$

Como se vê, a distância entre duas retas paralelas se reduz ao cálculo da distância de um ponto a uma reta, visto em 6.2.

6.3.2.1 *Problema Resolvido*

3) Calcular a distância entre as retas

$$r: \begin{cases} y = -2x + 3 \\ z = 2x \end{cases} \quad \text{e} \quad s: \begin{cases} x = -1 - 2t \\ y = 1 + 4t \\ z = -3 - 4t \end{cases}$$

Solução

As retas, na verdade, são paralelas, pois um vetor diretor de r é $\vec{u} = (1, -2, 2)$ e um vetor diretor de s é $\vec{v} = (-2, 4, -4)$ e $\vec{v} = -2\vec{u}$. Calculemos a distância entre r e s por

$$d(r, s) = d(P_0, s) \quad \text{com} \quad P_0 \in r$$

Um ponto de r é $P_0(0, 3, 0)$ e s passa por $P_1(-1, 1, -3)$ e tem a direção de $\vec{v} = (-2, 4, -4)$. De acordo com (6.2), temos:

$$d(P_0, s) = \frac{|\vec{v} \times \overrightarrow{P_1P_0}|}{|\vec{v}|}$$

Como $\overrightarrow{P_1P_0} = (1, 2, 3)$, vem:

$$d(P_0, s) = \frac{|(-2, 4, -4) \times (1, 2, 3)|}{|(-2, 4, -4)|} = \frac{|(20, 2, -8)|}{|(-2, 4, -4)|}$$

$$d(P_0, s) = \frac{\sqrt{400 + 4 + 64}}{\sqrt{4 + 16 + 16}} = \frac{\sqrt{468}}{\sqrt{36}} = \frac{6\sqrt{13}}{6} = \sqrt{13}$$

$$d(P_0, s) = \sqrt{13} \text{ u.c.}$$

6.3.3 As Retas são Reversas

Consideremos duas retas r e s reversas: a reta r definida por um ponto $P_1(x_1, y_1, z_1)$ e pelo vetor diretor $\vec{u} = (a_1, b_1, c_1)$ e a reta s pelo ponto $P_2(x_2, y_2, z_2)$ e pelo vetor diretor $\vec{v} = (a_2, b_2, c_2)$.

Os vetores $\vec{u}$, $\vec{v}$ e $\overrightarrow{P_1P_2} = (x_2 - x_1, y_2 - y_1, z_2 - z_1)$ determinam um paralelepípedo (Fig. 6.3-b). A base desse paralelepípedo é definida pelos vetores $\vec{u}$ e $\vec{v}$ e a altura corresponde à distância d entre as retas r e s, porque a reta s é paralela ao plano da base do paralelepípedo uma vez que sua direção é a do vetor $\vec{v}$.

Figura 6.3-b

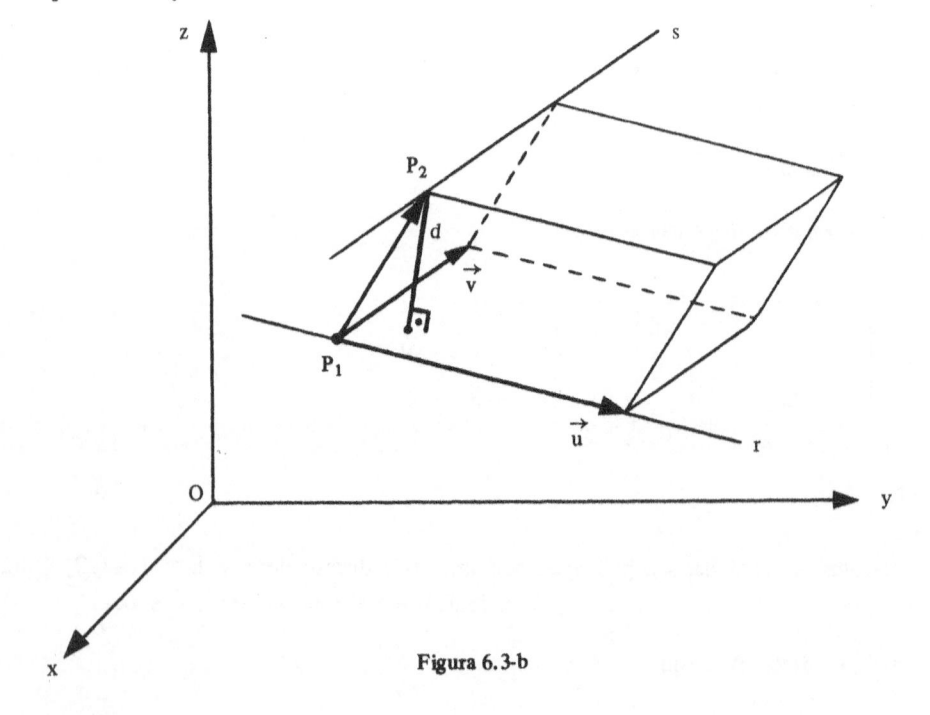

Sabe-se que o volume V de um paralelepípedo é dado pelo produto da área da base pela altura:

a) $V = |\vec{u} \times \vec{v}| d$

ou, de acordo com a interpretação geométrica do módulo do produto misto, por:

b) $V = |(\vec{u}, \vec{v}, \overrightarrow{P_1 P_2})|$

Comparando a) com b), vem:

$|\vec{u} \times \vec{v}| d = |(\vec{u}, \vec{v}, \overrightarrow{P_1 P_2})|$

e:

$$d = d(r, s) = \frac{|(\vec{u}, \vec{v}, \overrightarrow{P_1 P_2})|}{|\vec{u} \times \vec{v}|} \qquad (6.3.3)$$

6.3.3.1 *Problema Resolvido*

4) Calcular a distância entre as retas

$$r: \begin{cases} y = 1 \\ \\ x + 2 = \dfrac{z-4}{-2} \end{cases} \qquad e \quad s: \begin{cases} x = 3 \\ y = 2t - 1 \\ z = -t + 3 \end{cases}$$

Solução

A reta r passa pelo ponto $P_1(-2, 1, 4)$ e tem a direção do vetor $\vec{u} = (1, 0, -2)$ e a reta s pelo ponto $P_2(3, -1, 3)$ e tem a direção de $\vec{v} = (0, 2, -1)$. Então, $\overrightarrow{P_1 P_2} = (5, -2, -1)$

e:

$$(\vec{u}, \vec{v}, \overrightarrow{P_1 P_2}) = \begin{vmatrix} 1 & 0 & -2 \\ 0 & 2 & -1 \\ 5 & -2 & -1 \end{vmatrix} = 16$$

$$\vec{u} \times \vec{v} = \begin{vmatrix} \vec{i} & \vec{j} & \vec{k} \\ 1 & 0 & -2 \\ 0 & 2 & -1 \end{vmatrix} = (4, 1, 2)$$

De acordo com 6.3.3, temos:

$$d(r, s) = \frac{|16|}{|(4, 1, 2)|} = \frac{16}{\sqrt{16 + 1 + 4}} = \frac{16}{\sqrt{21}}$$

$$d(r, s) = \frac{16}{\sqrt{21}} \text{ u.c.}$$

6.4 Distância de um Ponto a um Plano

Sejam um ponto $P_0(x_0, y_0, z_0)$ e um plano

$\pi: ax + by + cz + d = 0$

Sejam A o pé da perpendicular conduzida por P_0 sobre o plano π (Fig. 6.4) e $P(x, y, z)$ um ponto qualquer desse plano.

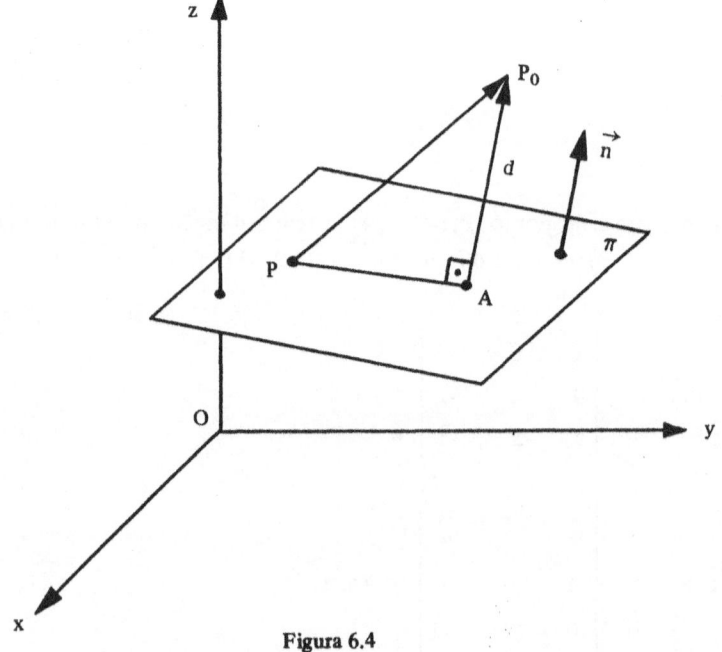

Figura 6.4

O vetor $\vec{n} = (a, b, c)$ é normal ao plano π e, por conseguinte, o vetor $\overrightarrow{AP_0}$ tem a mesma direção de $\vec{n}$.

A distância d do ponto P_0 ao plano π é:

$$d(P_0, \pi) = |\overrightarrow{AP_0}|$$

Observando que o vetor $\overrightarrow{AP_0}$ é a projeção do vetor $\overrightarrow{PP_0}$ na direção de $\vec{n}$, de acordo com o disposto em (3.6), vem:

$$d(P_0, \pi) = |\overrightarrow{AP_0}| = \left|\overrightarrow{PP_0} \cdot \frac{\vec{n}}{|\vec{n}|}\right|$$

mas:

$$\overrightarrow{PP_0} = (x_0 - x, y_0 - y, z_0 - z)$$

e:

$$\frac{\vec{n}}{|\vec{n}|} = \frac{(a, b, c)}{\sqrt{a^2 + b^2 + c^2}}$$

logo:

$$d(P_0, \pi) = \left|(x_0 - x, y_0 - y, z_0 - z) \cdot \frac{(a, b, c)}{\sqrt{a^2 + b^2 + c^2}}\right|$$

$$d(P_0, \pi) = \frac{|a(x_0 - x) + b(y_0 - y) + c(z_0 - z)|}{\sqrt{a^2 + b^2 + c^2}}$$

$$d(P_0, \pi) = \frac{|ax_0 + by_0 + cz_0 - ax - by - cz|}{\sqrt{a^2 + b^2 + c^2}}$$

Em virtude de P pertencer ao plano π:

$$-ax - by - cz = d$$

e, portanto:

$$d(P_0, \pi) = \frac{|ax_0 + by_0 + cz_0 + d|}{\sqrt{a^2 + b^2 + c^2}} \qquad (6.4)$$

Examinando esta fórmula, vê-se que o numerador é o módulo do número que se obtém substituindo x, y e z no primeiro membro da equação geral do plano pelas coordenadas do ponto P_0, e o denominador é o módulo do vetor normal ao plano.

Observação

Se o ponto considerado for a origem $O(0, 0, 0)$ do sistema, tem-se:

$$d(O, \pi) = \frac{|d|}{\sqrt{a^2 + b^2 + c^2}}$$

6.4.1 Problema Resolvido

5) Calcular a distância do ponto $P_0(-4, 2, 5)$ ao plano $\pi: 2x + y + 2z + 8 = 0$

Solução

No caso presente, tem-se:

I) coordenadas do ponto $P_0: x_0 = -4,\ y_0 = 2$ e $z_0 = 5$

II) componentes do vetor normal $\vec{n}: a = 2, b = 1$ e $c = 2$

Substituindo esses valores em (6.4), vem:

$$d(P_0, \pi) = \frac{|2(-4) + 1(2) + 2(5) + 8|}{\sqrt{2^2 + 1^2 + 2^2}}$$

$$d(P_0, \pi) = \frac{|-8+2+10+8|}{\sqrt{4+1+4}} = \frac{12}{3}$$

$d(P_0, \pi) = 4$ u.c.

6.5 Distância entre Dois Planos

A distância entre dois planos é definida somente quando os planos forem paralelos.

Dados dois planos π_1 e π_2, paralelos, a distância d entre eles é a distância de um ponto qualquer de um dos planos ao outro:

$$d(\pi_1, \pi_2) = d(P_0, \pi_2) \quad \text{com} \quad P_0 \in \pi_1$$

ou:

$$d(\pi_1, \pi_2) = d(P_0, \pi_1) \quad \text{com} \quad P_0 \in \pi_2$$

Como se vê, a distância entre dois planos paralelos se reduz ao cálculo da distância de um ponto a um plano visto em 6.4.

6.5.1 Problema Resolvido

6) Calcular a distância entre os planos

$\pi_1: 2x - 2y + z - 5 = 0$ e $\pi_2: 4x - 4y + 2z + 14 = 0$

Solução

Um ponto de π_1 é $P_0(0, 0, 5)$ e um vetor normal a π_2 é $\vec{n} = (4, -4, 2)$. Portanto, de acordo com (6.4), vem:

$$d(\pi_1, \pi_2) = d(P_0, \pi_2) = \frac{|4(0) - 4(0) + 2(5) + 14|}{\sqrt{4^2 + (-4)^2 + 2^2}} = \frac{|10 + 14|}{\sqrt{36}}$$

$$d(\pi_1, \pi_2) = \frac{24}{6} = 4 \text{ u.c.}$$

Outra Solução

Como os planos

$$\pi_1 : a_1 x + b_1 y + c_1 z + d_1 = 0$$

e:

$$\pi_2 : a_2 x + b_2 y + c_2 z + d_2 = 0$$

são paralelos, sempre é possível obter $a_1 = a_2 = a$, $b_1 = b_2 = b$ e $c_1 = c_2 = c$.

Levando em conta que

$$d(\pi_1, \pi_2) = d(P_0, \pi_1) = \frac{|ax_0 + by_0 + cz_0 + d_1|}{\sqrt{a^2 + b^2 + c^2}}$$

e, considerando a equação de π_2, vem:

$$ax_0 + by_0 + cz_0 = -d_2$$

logo:

$$d(\pi_1, \pi_2) = \frac{|d_1 - d_2|}{\sqrt{a^2 + b^2 + c^2}}$$

Considerando os planos do exemplo anterior e multiplicando por $\frac{1}{2}$ a equação de π_2, ficamos com:

$$\pi'_1 : 2x - 2y + z - 5 = 0 \quad \text{e} \quad \pi'_2 : 2x - 2y + z + 7 = 0$$

nas quais $d_1 = -5$ e $d_2 = 7$. Então:

$$d(\pi_1, \pi_2) = \frac{|d_1 - d_2|}{\sqrt{a^2 + b^2 + c^2}} = \frac{|-5 - 7|}{\sqrt{2^2 + (-2)^2 + 1^2}} = \frac{12}{3} = 4 \text{ u.c.}$$

6.6 Distância de uma Reta a um Plano

A distância de uma reta a um plano é definida somente quando a reta é paralela ao plano.

Dada uma reta r paralela a um plano π, a distância d da reta ao plano é a distância de um ponto qualquer da reta ao plano, isto é,

$$d(r, \pi) = d(P_0, \pi) \quad \text{com} \quad P_0 \in r.$$

problema resolvido em 6.4.

Nota

O cálculo de distâncias (distância entre dois pontos, distância de ponto à reta e distância entre retas paralelas) no plano não será objeto de estudo neste livro por pertencer ao currículo do 2º grau.

6.7 Problemas Propostos

1) Mostrar que o ponto $P_1(2, 2, 3)$ é eqüidistante dos pontos $P_2(1, 4, -2)$ e $P_3(3, 7, 5)$.

2) Determinar, no eixo das ordenadas, um ponto eqüidistante de $A(1, 1, 4)$ e $B(-6, 6, 4)$.

3) Calcular:

   a) a distância do ponto $P(1, 2, 3)$ à reta

   $$r: \begin{cases} x = 1 - 2t \\ y = 2t \\ z = 2 - t \end{cases}$$

   b) a distância do ponto $P(1, 2, 3)$ a cada um dos eixos coordenados

4) Seja o triângulo ABC de vértices $A(-3, 1, 4)$, $B(-4, -1, 0)$ e $C(-4, 3, 5)$.

   Calcular a medida da altura relativa ao lado BC.

5) Calcular a distância entre as retas r e s nos seguintes casos:

   a) $\quad r: \begin{cases} x = 0 \\ y = z \end{cases} \quad \text{e} \quad s: \begin{cases} y = 3 \\ z = 2x \end{cases}$

b) r passa pelos pontos $A(1,0,1)$ e $B(-1,-1,0)$ e s pelos pontos $C(0,1,-2)$ e $D(1,1,1)$

c) $r: \begin{cases} x = 3 \\ y = 2 \end{cases}$ e $s: \begin{cases} x = 1 \\ y = 4 \end{cases}$

d) $r: \begin{cases} x = 1 - t \\ y = 2 + 3t \\ z = -t \end{cases}$ e s: eixo dos x

e) $r: x = y = z - 2$ e $s: \begin{cases} y = x + 1 \\ z = x - 3 \end{cases}$

6) Determinar a distância do ponto $P(2,-1,2)$ a cada um dos planos:

a) $\pi: 2x - 2y - z + 3 = 0$

b) $\pi: x + y + z = 0$

c) $\pi: 2x + y = 3$

7) Achar a distância do ponto $P(2,-3,5)$ ao plano

$\pi: 3x + 2y + 6z - 2 = 0$.

8) Achar a distância da origem a cada um dos planos

a) $\pi: 3x - 4y + 20 = 0$

b) $\pi: \begin{cases} x = 2 - h + 2t \\ y = 1 + 3h - t \\ z = -t \end{cases}$

9) Dado o tetraedro de vértices $A(1,2,1)$, $B(2,-1,1)$, $C(0,-1,-1)$ e $D(3,1,0)$, calcular a medida da altura baixada do vértice D ao plano da face ABC.

10) Escrever as equações dos planos paralelos ao plano $\pi: 3x - 2y - 6z - 5 = 0$ que distam 5 unidades da origem.

11) Calcular a distância entre os planos paralelos:

a) $\pi_1: 2x + 2y + 2z - 5 = 0$ e $\pi_2: x + y + z - 3 = 0$

b) $\pi_1: x - 2z + 1 = 0$ e $\pi_2: 3x - 6z - 8 = 0$

12) Determinar a distância da reta

$$r: \begin{cases} x = 3 \\ y = 4 \end{cases}$$

a) ao plano xOz

b) ao plano yOz

c) ao eixo dos z

d) ao plano $\pi: x + y - 12 = 0$

6.7.1 Respostas dos Problemas Propostos

1) $d(P_1, P_2) = \sqrt{30} = d(P_1, P_3)$

2) $(0, 7, 0)$

3) a) 2 ; b) $\sqrt{13}, \sqrt{10}, \sqrt{5}$

4) $\dfrac{\sqrt{3157}}{41}$

5) a) $\dfrac{3}{\sqrt{6}}$; b) $\dfrac{5}{\sqrt{35}}$; c) $2\sqrt{2}$

   d) $\dfrac{2}{\sqrt{10}}$; e) $\dfrac{\sqrt{186}}{3}$

6) a) $\dfrac{7}{3}$; b) $\sqrt{3}$; c) 0

7) 4

8) a) 4 ; b) $\dfrac{7}{\sqrt{35}}$

9) $\dfrac{8}{\sqrt{19}}$

10) $3x - 2y - 6z \pm 35 = 0$

11) a) $\dfrac{\sqrt{3}}{6}$; b) $\dfrac{11}{3\sqrt{5}}$

12) a) 4 ; b) 3
    c) 5 ; d) $\dfrac{5}{\sqrt{2}}$

CAPÍTULO 7

CÔNICAS

7.1 A Parábola

Consideremos em um plano uma reta d e um ponto F não pertencente a d.

Parábola é o lugar geométrico dos pontos do plano que são *eqüidistantes de* F e d.

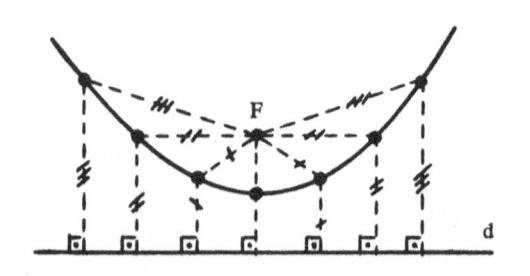

Figura 7.1-a

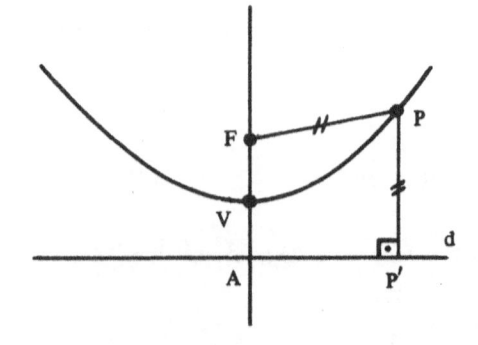

Figura 7.1-b

Na Figura 7.1-a estão assinalados sete pontos que são eqüidistantes do ponto F e da reta d.

Sendo P' o pé da perpendicular baixada de um ponto P do plano sobre a reta d (Fig. 7.1-b), de acordo com a definição acima, P pertence à parábola se, e somente se:

d(P, F) = d(P, P')

ou também:

$$|\overrightarrow{PF}| = |\overrightarrow{PP'}|$$

Observação

Consideramos o fato de $F \notin d$, pois, caso contrário, a parábola se degeneraria numa reta.

7.1.1 Elementos

Considerando a Figura 7.1-b, temos:

Foco: é o ponto F.
Diretriz: é a reta d.
Eixo: é a reta que passa pelo foco e é perpendicular à diretriz.
Vértice: é o ponto V de interseção da parábola com o seu eixo.

Obviamente, tem-se: $d(V, F) = d(V, A)$.

Com a finalidade de obtermos uma equação da parábola, teremos que referi-la ao sistema de eixos cartesianos. Iniciemos pelo caso mais simples.

7.1.2 Equação da Parábola de Vértice na Origem do Sistema

1º caso: *O eixo da parábola é o eixo dos y*

Seja $P(x, y)$ um ponto qualquer da parábola (Fig. 7.1-c) de foco $F(0, \frac{p}{2})$.

Da definição de parábola, tem-se:

$$|\overrightarrow{PF}| = |\overrightarrow{PP'}|$$

ou:

$$|\overrightarrow{FP}| = |\overrightarrow{P'P}|$$

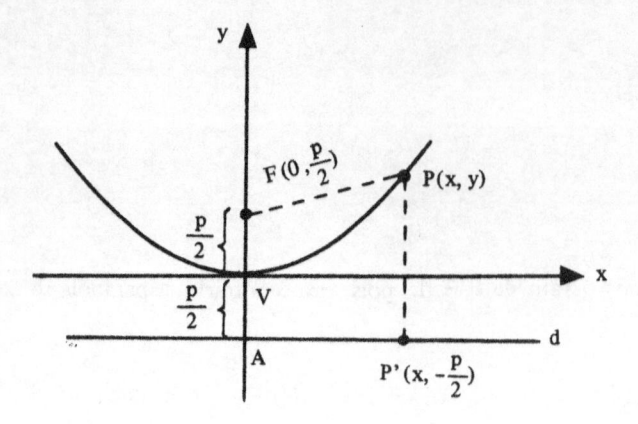

Figura 7.1-c

Como $P'(x, -\frac{p}{2})$, vem:

$$|(x-0, y-\frac{p}{2})| = |(x-x, y+\frac{p}{2})|$$

ou:

$$\sqrt{(x-0)^2 + (y-\frac{p}{2})^2} = \sqrt{(x-x)^2 + (y+\frac{p}{2})^2}$$

Elevando ambos os membros ao quadrado, obtemos:

$$(x-0)^2 + (y-\frac{p}{2})^2 = (x-x)^2 + (y+\frac{p}{2})^2$$

ou:

$$x^2 + y^2 - py + \frac{p^2}{4} = y^2 + py + \frac{p^2}{4}$$

ou, simplesmente:

$$x^2 = 2py \qquad (7.1.2)$$

Esta equação é chamada equação *reduzida* da parábola e constitui a forma padrão da equação da parábola de vértice na origem tendo para eixo o eixo dos y.

Da análise desta equação conclui-se que, tendo em vista ser $2py$ sempre positivo ou nulo (pois é igual a $x^2 \geq 0$), os sinais de p e de y são sempre iguais. Conseqüentemente, se $p > 0$ a parábola tem *concavidade voltada para cima* e, se $p < 0$, a parábola tem *concavidade voltada para baixo*, conforme as figuras a seguir esclarecem.

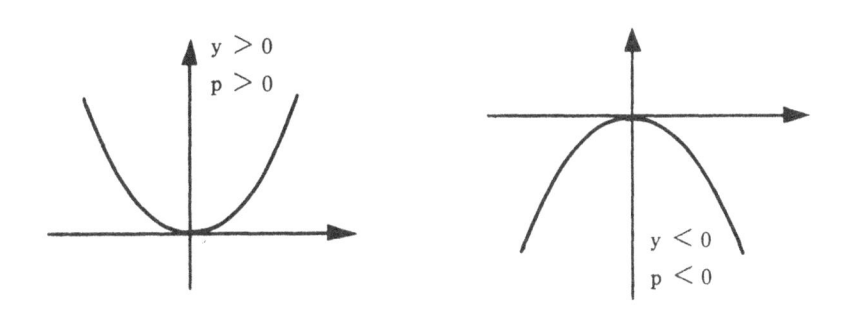

Este número real $p \neq 0$ é conhecido como *parâmetro* da parábola.

2º caso: *O eixo da parábola é o eixo dos* x

Sendo $P(x, y)$ um ponto qualquer da parábola (Fig. 7.1-d) de foco $F(\frac{p}{2}, 0)$, obteremos, de forma análoga ao 1º caso, a equação reduzida:

$$y^2 = 2px$$

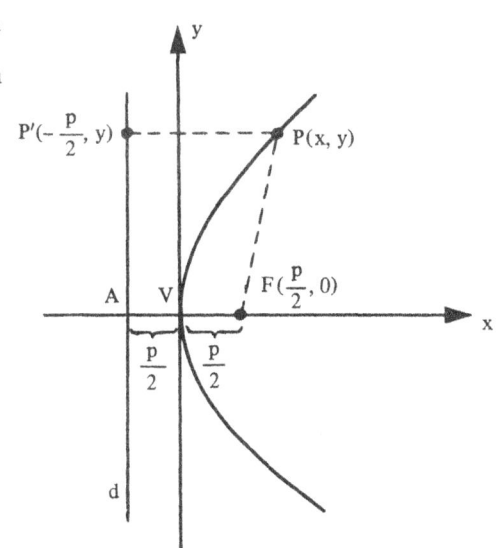

Figura 7.1-d

Conforme o sinal de p, teremos: se $p > 0$, a parábola tem concavidade voltada para a direita e, se $p < 0$, a parábola tem concavidade voltada para a esquerda.

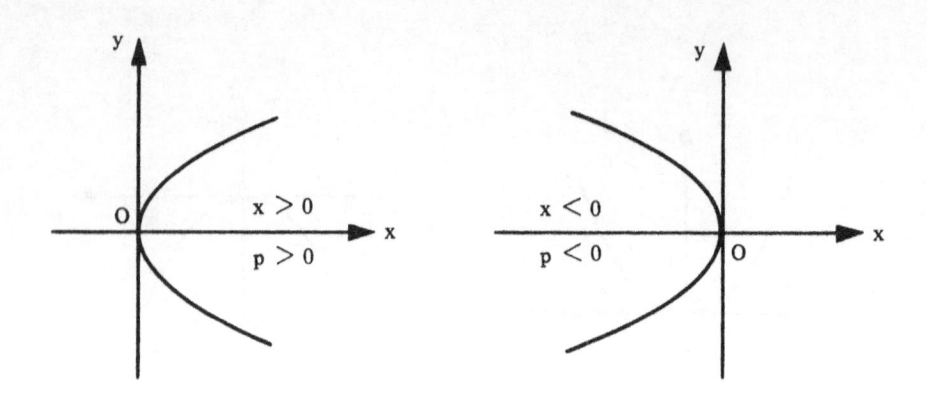

7.1.2.1 *Problemas Resolvidos*

1) Determinar o foco e a equação da diretriz das parábolas $x^2 = 8y$ e $y^2 = -2x$. Construir o gráfico.

Solução

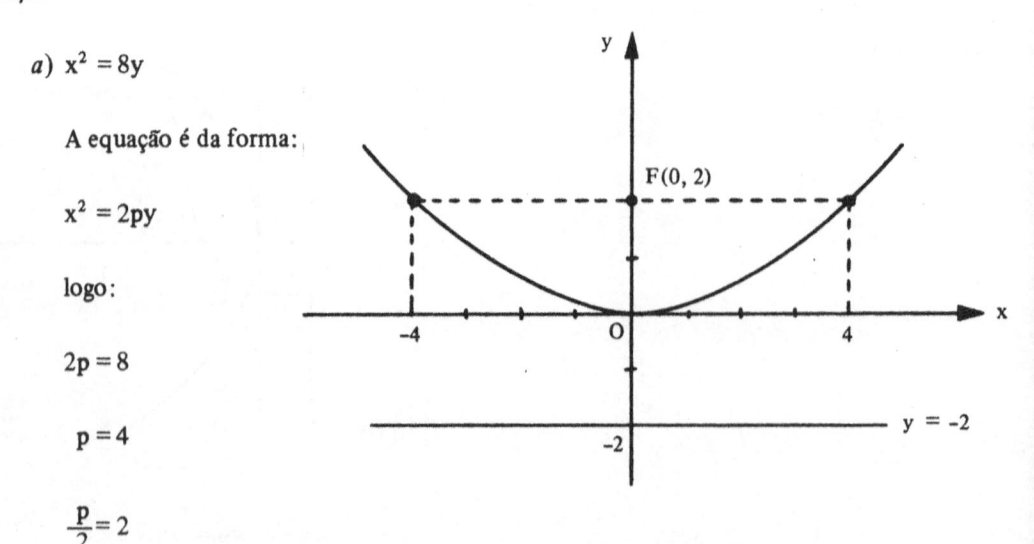

a) $x^2 = 8y$

A equação é da forma:

$x^2 = 2py$

logo:

$2p = 8$

$p = 4$

$\dfrac{p}{2} = 2$

Portanto:

foco: $F(0, 2)$

diretriz: $y = -2$

Observemos que na equação $x^2 = 8y$, a cada valor de y, por exemplo, 2, correspondem dois valores de x simétricos, no caso, 4 e –4. Assim, esta parábola é simétrica em relação ao eixo dos y. De modo geral, se numa equação a troca de x por -x não altera a equação, ela representa uma curva simétrica em relação ao eixo dos y. Em outras palavras, um gráfico é simétrico em relação ao eixo dos y se o ponto $(-x, y)$ pertence ao gráfico sempre que (x, y) também pertencer. A existência de simetria em relação a um eixo é uma particularidade muito útil para a construção de gráficos, pois basta determinar o gráfico de uma das metades da figura; a parte restante do gráfico é uma reflexão daquela.

b) $y^2 = -2x$

A equação é da forma

$y^2 = 2px$

logo:

$2p = -2$
$p = -1$

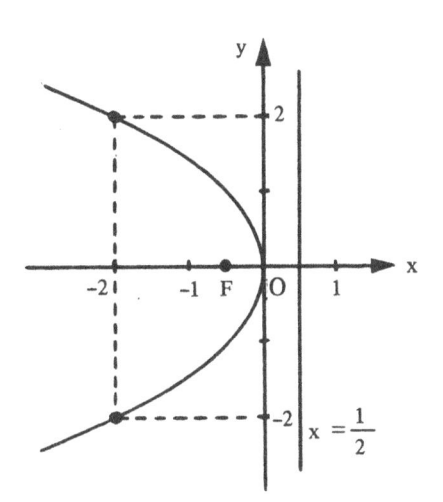

$\dfrac{p}{2} = -\dfrac{1}{2}$

Portanto:

foco: $F(-\dfrac{1}{2}, 0)$

diretriz: $x = \dfrac{1}{2}$

Esta parábola é simétrica em relação ao eixo dos x. Na verdade, a substituição de y por -y não altera uma equação da forma $y^2 = 2px$.

2) Determinar a equação de cada uma das parábolas, sabendo que:

a) vértice V(0, 0) e foco F(1, 0)
b) vértice V(0, 0) e diretriz y = 3
c) vértice V(0, 0), passa pelo ponto P(-2, 5) e concavidade voltada para cima.

Solução

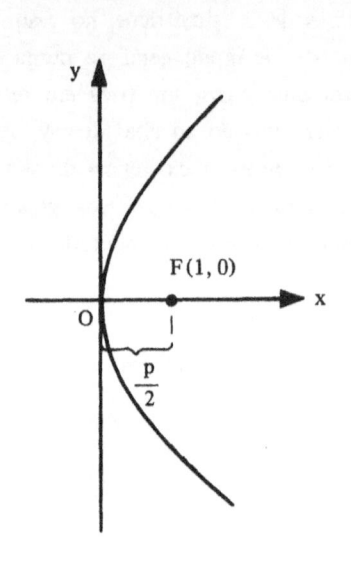

a) A equação é da forma:

$y^2 = 2px$

mas:

$\frac{p}{2} = 1$

ou:

$p = 2$

Substituindo este valor de p na equação acima, obtemos:

$y^2 = 2(2)x$

ou:

$y^2 = 4x$

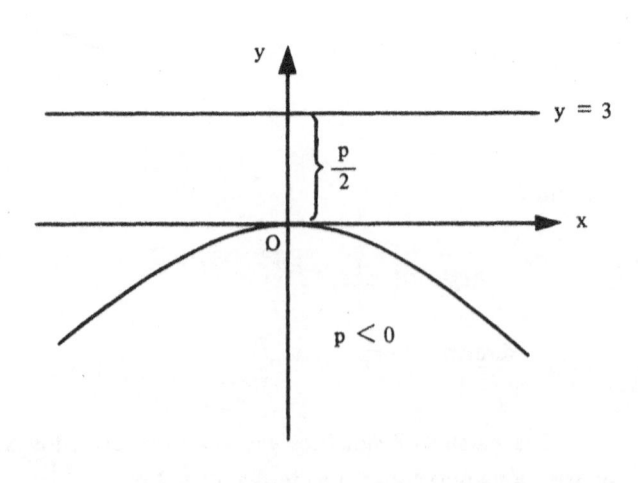

b) A equação é da forma:

$x^2 = 2py$

mas:

$\frac{p}{2} = -3$

ou:

$p = -6$

Logo, a equação é:

$x^2 = 2(-6)y$

ou:

$x^2 = -12y$

c) A equação é da forma

$x^2 = 2py$

Como P pertence à parábola, então (-2, 5) é uma solução da equação, isto é, a afirmação:

$(-2)^2 = 2p(5)$

é verdadeira. Daí vem:

$p = \dfrac{2}{5}$

e, portanto, a equação desejada é:

$x^2 = 2\left(\dfrac{2}{5}\right) y$

ou:

$x^2 = \dfrac{4}{5}y$

ou, ainda:

$5x^2 - 4y = 0$

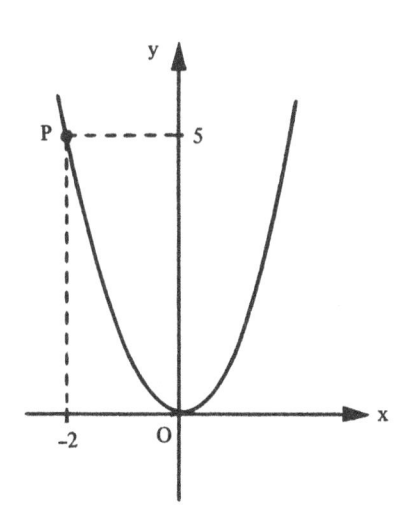

7.1.3 Translação de Eixos

Consideremos no plano cartesiano xOy um ponto $O'(h, k)$, arbitrário. Vamos introduzir um novo sistema $x'O'y'$ tal que os eixos $O'x'$ e $O'y'$ tenham a mesma unidade de medida, a mesma direção e o mesmo sentido dos eixos Ox e Oy. Nestas condições, um sistema pode ser obtido do outro, através de uma translação de eixos.

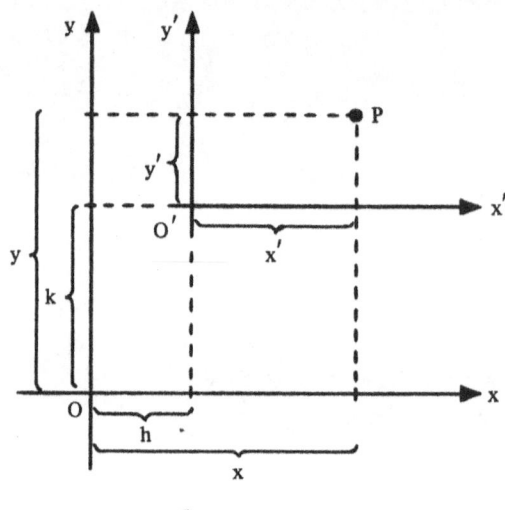

Figura 7.1-e

Seja um ponto P qualquer do plano tal que suas coordenadas são:

x e y em relação ao sistema xOy,

x' e y' em relação ao sistema $x'O'y'$.

Pela Figura 7.1-e, obtém-se:

$x = x' + h$ e $y = y' + k$

ou:

$x' = x - h$ e $y' = y - k$

que são as *fórmulas de translação* e que permitem transformar coordenadas de um sistema para outro.

A principal finalidade da transformação de coordenadas é modificar a forma de equações. Por exemplo, seja a parábola de equação

$$x'^2 = 4y'$$

referida ao sistema $x'O'y'$.

Se tivermos $h = 3$ e $k = 2$, isto é, $O'(3, 2)$, e sabendo que:

$$x' = x - h \quad e \quad y' = y - k$$

isto é:

$$x' = x - 3 \quad e \quad y' = y - 2,$$

a equação desta parábola em relação ao sistema xOy é:

$$(x - 3)^2 = 4(y - 2)$$

ou:

$$x^2 - 6x + 9 = 4y - 8$$

ou:

$$x^2 - 6x - 4y + 17 = 0.$$

Reciprocamente, a equação:

$$x^2 - 6x - 4y + 17 = 0$$

no sistema xOy tem equação

$$x'^2 = 4y'$$

no sistema $x'O'y'$.

De fato:

$$x^2 - 6x - 4y + 17 = 0$$

$x = x' + 3$

$y = y' + 2$

$(x' + 3)^2 - 6(x' + 3) - 4(y' + 2) + 17 = 0$

$x'^2 + 6x' + 9 - 6x' - 18 - 4y' - 8 + 17 = 0$

$x'^2 - 4y' = 0$

$x'^2 = 4y'$

Como se observa neste caso, mediante uma adequada translação de eixos, a equação em x e y transforma-se numa equação em x' e y' bem mais simples, e ambas com o mesmo gráfico.

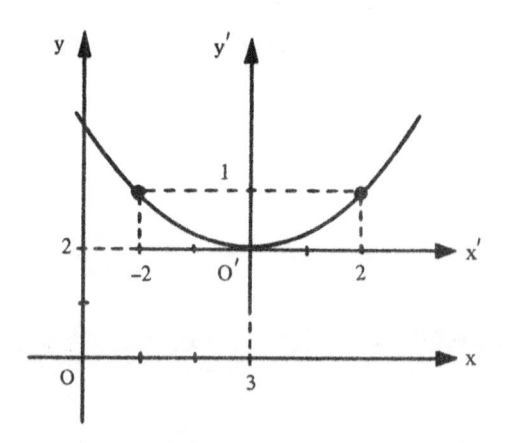

7.1.4 Equação da Parábola de Vértice Fora da Origem do Sistema

1º caso: *O eixo da parábola é paralelo ao eixo dos y*

Seja uma parábola de vértice $V(h, k)$ e eixo paralelo ao eixo dos y, sendo h e k coordenadas de V em relação ao sistema xOy.

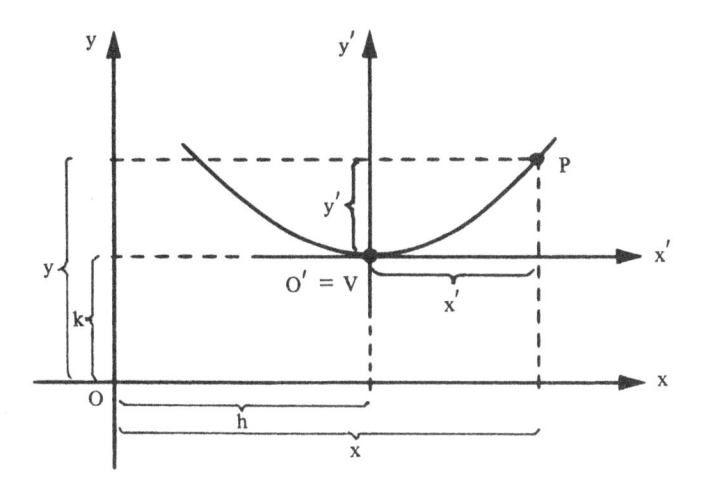

Figura 7.1-f

Seja $P(x, y)$ um ponto qualquer desta parábola.

Consideremos um novo sistema $x'O'y'$ com a origem O' em V nas condições do que foi visto em 7.1.3 (Fig. 7.1-f).

Sabe-se que a equação da parábola referida ao sistema $x'O'y'$ é

$$x'^2 = 2py'$$

mas:

$x' = x - h$ e $y' = y - k$, e daí:

$$(x - h)^2 = 2p(y - k)$$

que é a *forma padrão* da equação de uma parábola de vértice $V(h, k)$ e eixo paralelo ao eixo dos y.

2º caso: *O eixo da parábola é paralelo ao eixo dos x*

De modo análogo ao caso anterior, teremos:

$$(y - k)^2 = 2p(x - h)$$

Observemos que se $(h, k) = (0, 0)$, voltamos a ter o caso particular de 7.1.2.

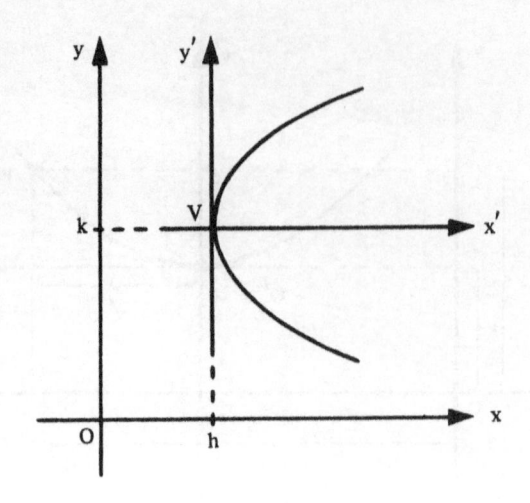

7.1.4.1 Problemas Resolvidos

3) Determinar a equação da parábola de vértice V(3, -1), sabendo que y - 1 = 0 é a equação de sua diretriz.

Solução

Para facilitar, façamos um esboço do gráfico.

A equação da parábola é da forma:

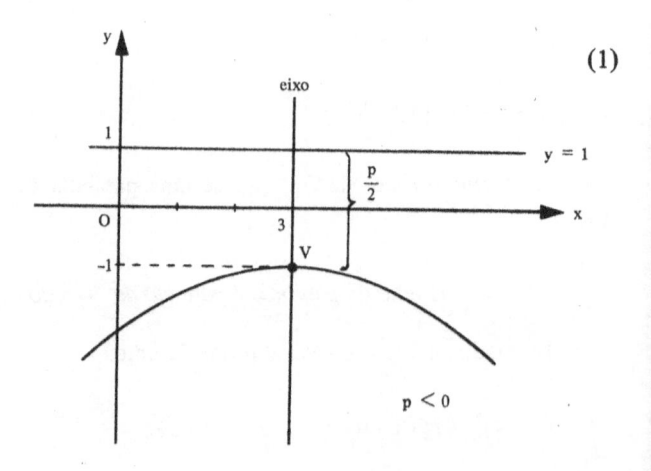

$$(x - h)^2 = 2p(y - k) \qquad (1)$$

mas:

$h = 3$

$k = -1$

$\dfrac{p}{2} = -2 \therefore p = -4$

Substituindo na equação (1), vem:

$(x - 3)^2 = 2 \cdot (-4)(y + 1)$

ou:

$$x^2 - 6x + 9 = -8y - 8$$

ou, ainda:

$$x^2 - 6x + 8y + 17 = 0$$

4) Determinar a equação da parábola de foco em $F(1, 2)$, sendo $x = 5$ a equação da diretriz.

Solução

A equação da parábola é da forma:

$$(y - k)^2 = 2p(x - h) \qquad (2)$$

mas:

V(3, 2) é ponto médio do segmento AF,

logo:

$$p = -4$$

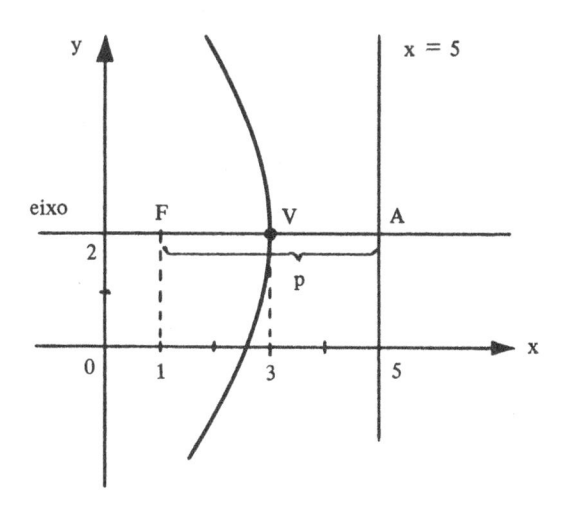

Substituindo na equação (2), vem:

$$(y - 2)^2 = 2 \cdot (-4)(x - 3)$$

ou:

$$y^2 - 4y + 4 = -8x + 24$$

ou:

$$y^2 - 4y + 8x - 20 = 0$$

5) Determinar o vértice, um esboço do gráfico, o foco e a equação da diretriz da parábola $y^2 + 6y - 8x + 1 = 0$.

Solução

Primeiramente, vamos apresentar esta equação na forma prática:

$$(y - k)^2 = 2p(x - h)$$

Iniciemos escrevendo a equação assim:

$$y^2 + 6y = 8x - 1$$

Como o 1º membro da equação deve ser um trinômio quadrado, teremos que completar a expressão $y^2 + 6y$. Para completar o quadrado de uma expressão da forma $y^2 + qy$ devemos somar o quadrado da metade do coeficiente de y, ou seja, $(\frac{q}{2})^2$. No caso de $y^2 + 6y$, devemos somar $(\frac{6}{2})^2$, ou seja, 9. Ora, como iremos somar 9 ao 1º membro da equação, não podemos deixar de compensar somando 9 também ao 2º membro:

$$y^2 + 6y + 9 = 8x - 1 + 9$$

ou:

$$(y + 3)^2 = 8x + 8$$

ou, ainda:

$$(y + 3)^2 = 8(x + 1)$$

e a equação dada está na forma padrão.

Logo, temos:

h = -1

k = -3

2p = 8   ou $\frac{p}{2} = 2$

Portanto, o vértice da parábola é:

V(-1, -3).

Pelo esboço do gráfico, tem-se os demais elementos solicitados:

foco: F(1, -3)

diretriz: x = -3

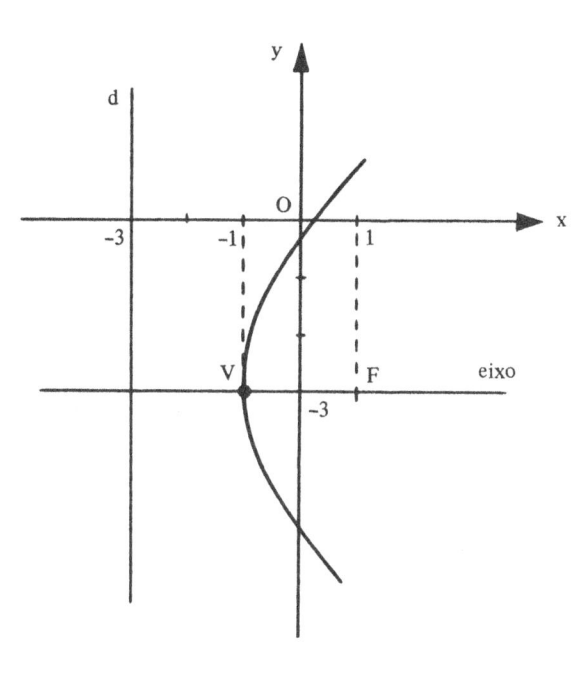

7.1.5   Equação da Parábola na Forma Explícita

Sabemos que a equação de uma parábola de vértice V(h, k) e eixo paralelo ao eixo dos y tem a forma padrão:

$$(x - h)^2 = 2p(y - k) \tag{7.1.5}$$

Por exemplo, para V(2, -1) e $p = \frac{1}{8}$, teríamos:

$$(x - 2)^2 = \frac{1}{4}(y + 1)$$

Com o objetivo de explicitar y nesta equação, faremos:

$$x^2 - 4x + 4 = \frac{1}{4}y + \frac{1}{4}$$

ou:

$$4x^2 - 16x + 16 = y + 1$$

donde:

$$y = 4x^2 - 16x + 15$$

Uma equação na forma padrão (7.1.5) pode ser apresentada sob a forma:

$$y = ax^2 + bx + c$$

chamada *forma explícita* da equação da parábola cujo eixo é paralelo ao eixo Oy.

Reciprocamente, dada uma equação na forma explícita, podemos sempre conduzi-la à forma padrão (7.1.5). Conseqüentemente, o gráfico de

$$y = ax^2 + bx + c$$

com $a \neq 0$, é sempre uma parábola de eixo paralelo ao eixo dos y.

Analisemos os aspectos mais importantes do gráfico da parábola de equação:

$$y = 4x^2 - 16x + 15$$

Inicialmente, transformemos esta equação para a forma padrão (7.1.5):

$$4x^2 - 16x = y - 15$$
$$4(x^2 - 4x) = y - 15$$
$$4(x^2 - 4x + 4) = y - 15 + 4(4)$$
$$4(x - 2)^2 = y + 1$$
$$(x - 2)^2 = \frac{1}{4}(y + 1),$$

logo, o vértice é:

$$V(2, -1)$$

e:

$$2p = \frac{1}{4} \therefore p = \frac{1}{8}$$

Para esboçar o gráfico, vamos calcular as interseções da parábola $y = 4x^2 - 16x + 15$ com os eixos coordenados.

Fazendo $x = 0$, vem $y = 15$ e, portanto, $(0, 15)$ é o ponto onde a parábola corta o eixo dos y.

Fazendo $y = 0$, vem

$$4x^2 - 16x + 15 = 0$$

cujas raízes são $\frac{3}{2}$ e $\frac{5}{2}$ e, portanto, $(\frac{3}{2}, 0)$ e $(\frac{5}{2}, 0)$ são os pontos onde a parábola corta o eixo dos x.

O gráfico está esboçado na figura.

Mas, $\frac{p}{2} = \frac{1}{16}$

e, portanto, o foco é:

$$F(2, -1 + \frac{1}{16}) \quad \text{ou} \quad F(2, -\frac{15}{16})$$

e a diretriz tem equação:

$$y = -1 - \frac{1}{16} \quad \text{ou} \quad y = -\frac{17}{16}$$

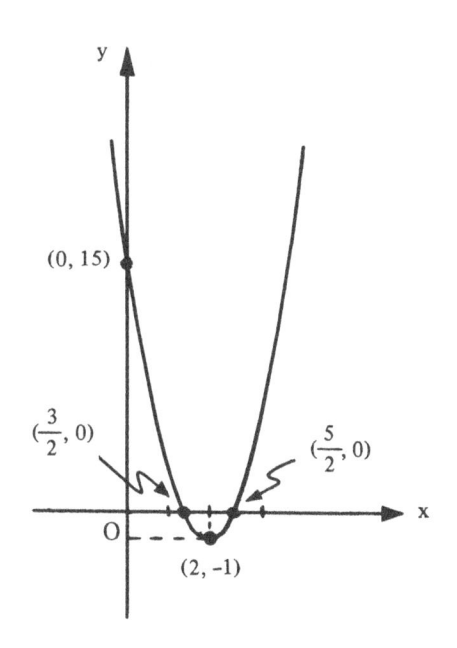

Quando a equação da parábola estiver na forma explícita $y = ax^2 + bx + c$, a determinação do vértice $V(h, k)$ poderá ser feita com maior rapidez lembrando que $h = -\frac{b}{2a}$. Para o caso da equação $y = 4x^2 - 16x + 15$, teremos:

$$h = -\frac{-16}{2(4)} = 2$$

e a ordenada correspondente k será obtida substituindo x = h por 2 nessa equação, isto é:

$$k = 4(2)^2 - 16(2) + 15 = -1$$

Logo, o vértice é V(2, -1).

Observação

Se a parábola tem eixo paralelo ao eixo dos x, sua equação na forma explícita é

$$x = ay^2 + by + c$$

correspondente à forma padrão:

$$(y - k)^2 = 2p(x - h)$$

Um detalhe importante na comparação destas equações é que o sinal do coeficiente a é o mesmo de p, e, portanto, a concavidade da parábola fica declarada quando sua equação estiver na forma explícita. Por exemplo, o gráfico de

$$x = -3y^2 + 5y$$

é uma parábola de concavidade voltada para a esquerda porque o sinal de a é negativo.

7.1.5.1 *Problema resolvido*

6) Determinar a equação da parábola que passa pelos pontos (0, 1), (1, 0) e (3, 0), conforme a figura.

Solução

A equação é da forma:

$$y = ax^2 + bx + c, \quad a > 0$$

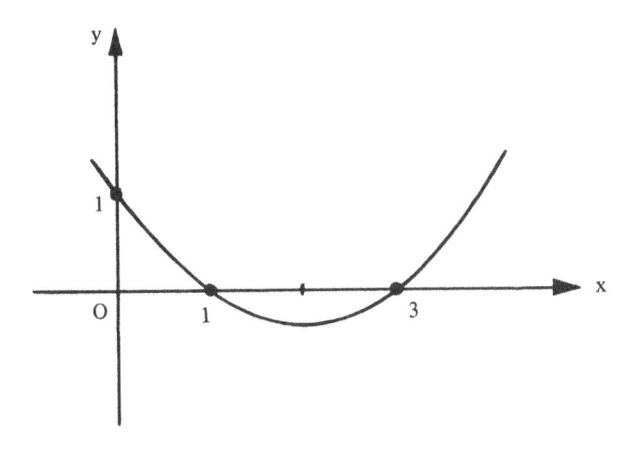

As coordenadas dos pontos devem satisfazer a equação desta parábola, isto é:

$$\begin{cases} 1 = a(0)^2 + b(0) + c \\ 0 = a(1)^2 + b(1) + c \\ 0 = a(3)^2 + b(3) + c \end{cases}$$

ou:

$$\begin{cases} c = 1 \\ a + b + c = 0 \\ 9a + 3b + c = 0, \end{cases}$$

sistema cuja solução é $a = \frac{1}{3}$, $b = -\frac{4}{3}$ e $c = 1$.

Logo, a equação da parábola é:

$$y = \frac{1}{3}x^2 - \frac{4}{3}x + 1$$

7.1.6 Problemas Propostos

Em cada um dos problemas 1 a 18, estabelecer a equação de cada uma das parábolas, sabendo que:

1) vértice: $V(0, 0)$; diretriz d: $y = -2$

2) foco: $F(2, 0)$; diretriz d: $x + 2 = 0$

3) vértice: $V(0, 0)$; foco: $F(0, -3)$

4) vértice: $V(0, 0)$; foco: $F(-3, 0)$

5) foco: $F(0, -1)$; d: $y - 1 = 0$

6) vértice: $V(0, 0)$; simetria em relação ao eixo dos y e passando pelo ponto $P(2, -3)$.

7) vértice: $V(-2, 3)$; foco: $F(-2, 1)$

8) vértice: $V(2, -1)$; foco: $F(5, -1)$

9) vértice: $V(4, 1)$; diretriz d: $x + 4 = 0$

10) vértice: $V(0, 0)$; eixo $y = 0$; passa por $(4, 5)$.

11) vértice: $V(-4, 3)$; foco: $F(-4, 1)$.

12) foco: $F(2, 3)$; diretriz: $y = -1$

13) foco: $F(6, 4)$; diretriz: $y = -2$

14) foco: $F(3, -1)$; diretriz: $x = \dfrac{1}{2}$

15) vértice: $V(1, 3)$; eixo paralelo ao eixo dos x, passando pelo ponto $P(-1, -1)$.

16) eixo de simetria paralelo ao eixo dos y e passa pelos pontos $A(0, 0)$, $B(1, 1)$ e $C(3, 1)$.

17) eixo de simetria paralelo ao eixo dos y e passa pelos pontos $P_1(0, 1)$, $P_2(1, 0)$ e $P_3(2, 0)$.

18) eixo paralelo a $y = 0$ e passa por $P_1(-2, 4)$, $P_2(-3, 2)$ e $P_3(-11, -2)$.

Em cada um dos problemas 19 a 34, determinar o vértice, o foco, uma equação para a diretriz e uma equação para o eixo da parábola de equação dada. Esboçar o gráfico.

19) $x^2 = -12y$

20) $y^2 = -100x$

21) $x^2 = 10y$

22) $y^2 - x = 0$

23) $y^2 = -3x$

24) $x^2 + 4x + 8y + 12 = 0$

25) $x^2 - 2x - 20y - 39 = 0$

26) $y^2 + 4y + 16x - 44 = 0$

27) $y^2 + 2y - 16x - 31 = 0$

28) $y^2 - 16x + 2y + 49 = 0$

29) $y^2 - 12x - 12 = 0$

30) $y = x^2 - 4x + 2$

31) $x^2 = 12(y - 6)$

32) $y = 4x - x^2$

33) $8x = 10 - 6y + y^2$

34) $6y = x^2 - 8x + 14$

7.1.6.1 Respostas dos problemas propostos

1) $x^2 = 8y$

2) $y^2 = 8x$

3) $x^2 = -12y$

4) $y^2 = -12x$

5) $x^2 = -4y$

6) $3x^2 + 4y = 0$

7) $x^2 + 4x + 8y - 20 = 0$

8) $y^2 + 2y - 12x + 25 = 0$

9) $y^2 - 2y - 32x + 129 = 0$

10) $4y^2 - 25x = 0$

11) $x^2 + 8x + 8y - 8 = 0$

12) $(x - 2)^2 = 8(y - 1)$

13) $(x - 6)^2 = 12(y - 1)$

14) $(y + 1)^2 = 5(x - \frac{7}{4})$

15) $(y - 3)^2 = -8(x - 1)$

16) $y = -\frac{1}{3}x^2 + \frac{4}{3}x$

17) $y = \frac{1}{2}x^2 - \frac{3}{2}x + 1$

18) $x = -\frac{1}{4}y^2 + 2y - 6$

19) $V(0, 0)$, $F(0, -3)$, $y = 3$, $x = 0$

20) $V(0, 0)$, $F(-25, 0)$, $x = 25$, $y = 0$

21) $V(0, 0)$, $F(0, \frac{5}{2})$, $y = -\frac{5}{2}$, $x = 0$

22) $V(0, 0)$, $F(\frac{1}{4}, 0)$, $x = -\frac{1}{4}$, $y = 0$

23) $V(0,0)$, $F(-\frac{3}{4},0)$, $x=\frac{3}{4}$, $y=0$

24) $V(-2,-1)$, $F(-2,-3)$, $y=1$, $x=-2$

25) $V(1,-2)$, $F(1,3)$, $y=-7$, $x=1$

26) $V(3,-2)$, $F(-1,-2)$, $x=7$, $y=-2$

27) $V(-2,-1)$, $F(2,-1)$, $x=-6$, $y=-1$

28) $V(3,-1)$, $F(7,-1)$, $x=-1$, $y=-1$

29) $V(-1,0)$, $F(2,0)$, $x=-4$, $y=0$

30) $V(2,-2)$, $F(2,-\frac{7}{4})$, $y=-\frac{9}{4}$, $x=2$

31) $V(0,6)$, $F(0,9)$, $y=3$, $x=0$

32) $V(2,4)$, $F(2,\frac{15}{4})$, $4y-17=0$, $x-2=0$

33) $V(\frac{1}{8},3)$, $F(\frac{17}{8},3)$, $8x+15=0$, $y-3=0$

34) $V(4,-\frac{1}{3})$, $F(4,\frac{7}{6})$, $6y+11=0$, $x-4=0$

7.2 A Elipse

Elipse é o lugar geométrico dos pontos de um plano cuja soma das distâncias a dois pontos fixos desse plano é constante.

Consideremos no plano dois pontos distintos, F_1 e F_2, tal que a distância $d(F_1, F_2) = 2c$. Seja um número real a tal que $2a > 2c$.

Ao conjunto de todos os pontos P do plano tais que:

$d(P, F_1) + d(P, F_2) = 2a$

ou:

$|\overrightarrow{PF_1}| + |\overrightarrow{PF_2}| = 2a$

dá-se o nome de elipse (Fig. 7.2-a).

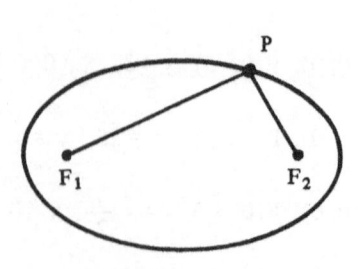

Figura 7.2-a

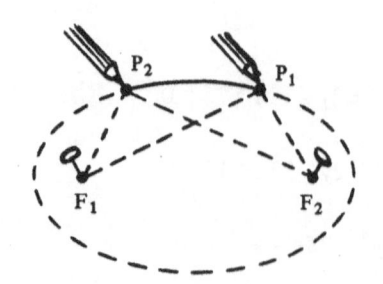

Figura 7.2-b

A Figura 7.2-b sugere como se pode construir uma elipse no papel. Nos pontos F_1 e F_2 fixemos dois percevejos e neles amarremos um fio não esticado. Tomemos um lápis e distendamos com sua ponta o fio, marcando o ponto P_1. Então, a soma das distâncias $d(P_1, F_1)$ e $d(P_1, F_2)$ é o comprimento do fio. Se o lápis deslizar sobre o papel, mantendo o fio sempre esticado, ficará traçada uma elipse de focos F_1 e F_2. A figura mostra outra posição P_2 da ponta do lápis e, também para este ponto, a soma das distâncias $d(P_2, F_1)$ e $d(P_2, F_2)$ é o comprimento do fio. Assim, para as infinitas posições da ponta do lápis, a soma das distâncias a F_1 e F_2 é constante.

A constante 2a anteriormente referida é o comprimento do fio.

Se mantivermos constante o comprimento do fio e variarmos as posições de F_1 e F_2, a forma da elipse irá variar. Assim, quanto mais próximos os focos estão entre si, tanto mais a forma da elipse se assemelha à da circunferência, e quando $F_1 = F_2$ obtém-se uma circunferência. Por outro lado, quanto mais afastados os focos estiverem entre si, mais "achatada" será a elipse.

7.2.1 Elementos

Focos: são os pontos F_1 e F_2.

Distância focal: é a distância 2c entre os focos.

Centro: é o ponto médio C do segmento $F_1 F_2$.

Eixo maior: é o segmento $A_1 A_2$ de comprimento 2a (o **segmento** $A_1 A_2$ contém os focos e os seus extremos pertencem à elipse).

Eixo menor: é o segmento $B_1 B_2$ de comprimento 2b ($B_1 B_2 \perp A_1 A_2$ no seu ponto médio).

Vértices: são os pontos A_1, A_2, B_1 e B_2.

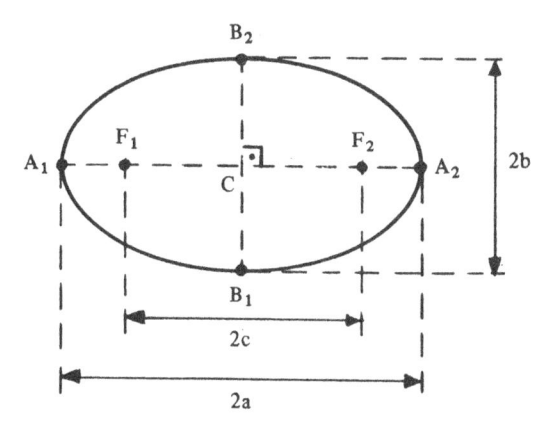

Excentricidade: é o número e dado por

$$e = \frac{c}{a}$$

Tendo em vista que $c < a$, tem-se: $0 < e < 1$.

Observação

Em toda elipse vale a relação:

$a^2 = b^2 + c^2$

Na verdade, esta igualdade é a relação de Pitágoras no triângulo retângulo $B_2 C F_2$.

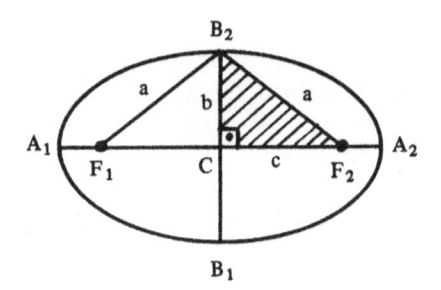

7.2.2 Equação da Elipse de Centro na Origem do Sistema

1º caso: *o eixo maior está sobre o eixo dos* x

Seja $P(x, y)$ um ponto qualquer de uma elipse (Fig. 7.2-c) de focos $F_1(-c, 0)$ e $F_2(c, 0)$. Por definição, tem-se:

$d(P, F_1) + d(P, F_2) = 2a$

ou:

$|\overrightarrow{F_1 P}| + |\overrightarrow{F_2 P}| = 2a$

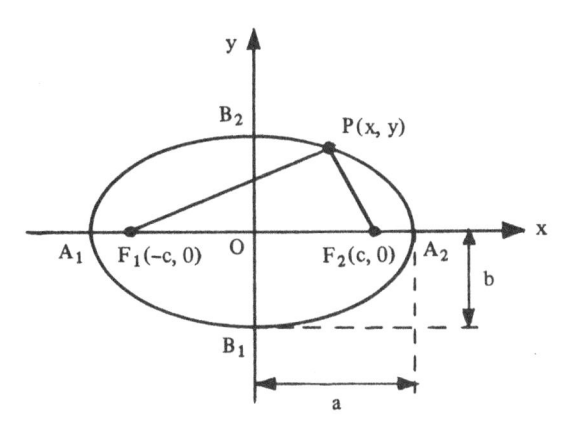

Figura 7.2-c

ou em coordenadas:

$$\sqrt{(x+c)^2 + (y-0)^2} + \sqrt{(x-c)^2 + (y-0)^2} = 2a$$

$$\sqrt{x^2 + y^2 + 2cx + c^2} = 2a - \sqrt{x^2 + y^2 - 2cx + c^2}$$

$$(\sqrt{x^2 + y^2 + 2cx + c^2})^2 = (2a - \sqrt{x^2 + y^2 - 2cx + c^2})^2$$

$$x^2 + y^2 + 2cx + c^2 = 4a^2 - 4a\sqrt{x^2 + y^2 - 2cx + c^2} + x^2 + y^2 - 2cx + c^2$$

$$4a\sqrt{x^2 + y^2 - 2cx + c^2} = 4a^2 - 4cx$$

$$a\sqrt{x^2 + y^2 - 2cx + c^2} = a^2 - cx$$

$$a^2(x^2 + y^2 - 2cx + c^2) = a^4 - 2a^2cx + c^2x^2$$

$$a^2x^2 + a^2y^2 - 2a^2cx + a^2c^2 = a^4 - 2a^2cx + c^2x^2$$

$$a^2x^2 - c^2x^2 + a^2y^2 = a^4 - a^2c^2$$

$$(a^2 - c^2)x^2 + a^2y^2 = a^2(a^2 - c^2)$$

mas:

$$a^2 - c^2 = b^2$$

logo:

$$b^2x^2 + a^2y^2 = a^2b^2$$

Dividindo ambos os membros da equação por a^2b^2, obtemos

$$\frac{x^2}{a^2} + \frac{y^2}{b^2} = 1$$

que é a *equação reduzida* da elipse de centro na origem e eixo maior sobre o eixo dos x.

2º caso: *O eixo maior está sobre o eixo dos y*

Com procedimento análogo ao 1º caso, obteremos a equação reduzida

$$\frac{x^2}{b^2} + \frac{y^2}{a^2} = 1$$

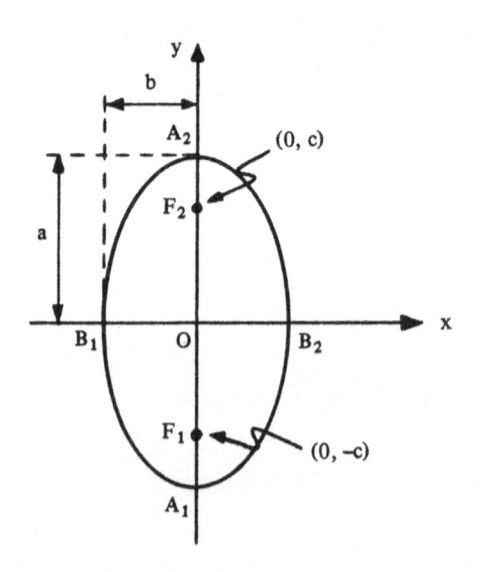

Observação

Tendo em vista que $a^2 = b^2 + c^2$, segue-se que:

$a^2 > b^2$ e daí: $a > b$

Então, sempre o maior dos denominadores na equação reduzida representa o número a^2, onde a é medida do semi-eixo maior.

Ainda mais: se na equação da elipse o número a^2 é denominador de x^2, a elipse tem seu eixo maior sobre o eixo dos x.

Exemplos

A equação reduzida da elipse ao lado é:

$$\frac{x^2}{3^2} + \frac{y^2}{2^2} = 1$$

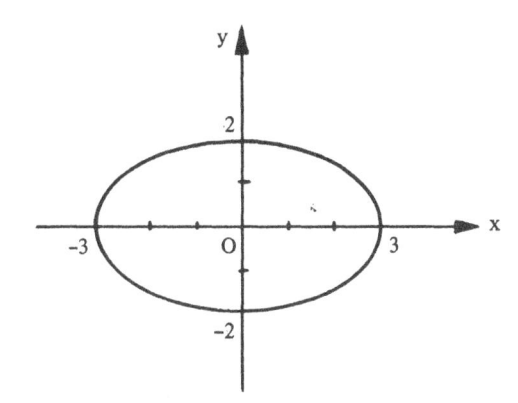

ou:

$$\frac{x^2}{9} + \frac{y^2}{4} = 1$$

A elipse ao lado tem equação reduzida:

$$\frac{x^2}{4} + \frac{y^2}{9} = 1$$

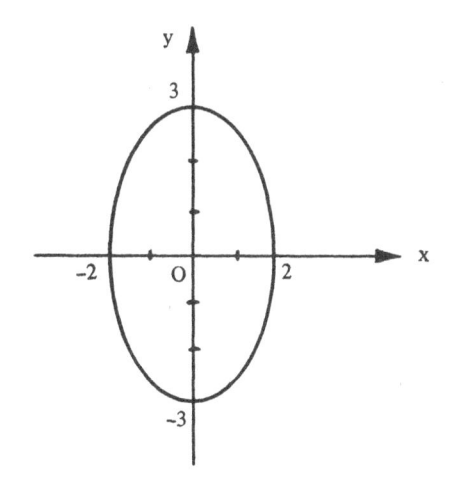

7.2.2.1 *Problemas resolvidos*

Nos problemas de 7 a 9, para cada uma das elipses, determinar:

a) a medida dos semi-eixos

b) um esboço do gráfico

c) os focos

d) a excentricidade

7) $9x^2 + 25y^2 = 225$

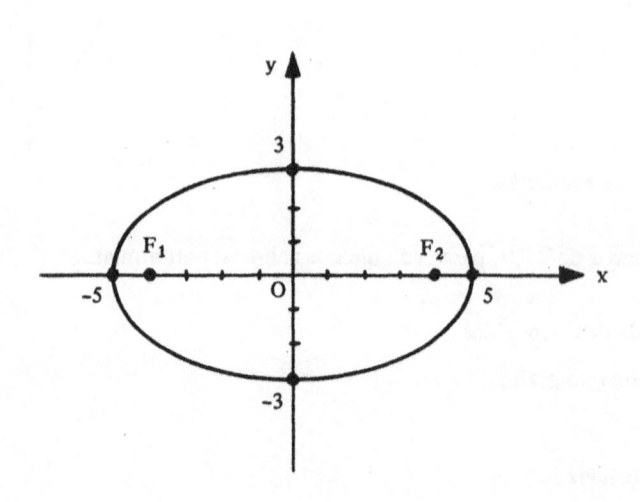

Solução

Dividindo cada termo da equação por 225, temos:

$$\frac{9x^2}{225} + \frac{25y^2}{225} = \frac{225}{225}$$

ou:

$$\frac{x^2}{25} + \frac{y^2}{9} = 1$$

a) Mas:

$$25 > 9,$$

logo:

$$a^2 = 25 \therefore a = 5$$

e:

$$b^2 = 9 \therefore b = 3$$

b)

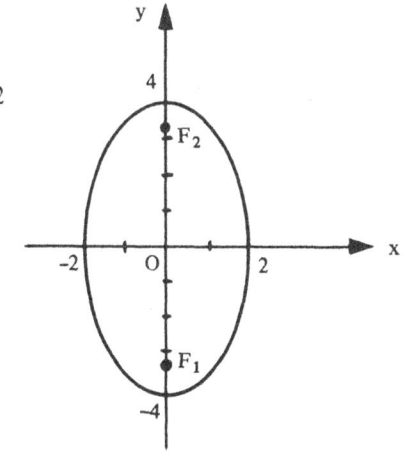

c) $a^2 = b^2 + c^2$

$25 = 9 + c^2$

$c^2 = 16 \therefore c = 4$

Logo, os focos são $F_1(-4, 0)$ e $F_2(4, 0)$.

d) $e = \dfrac{c}{a} = \dfrac{4}{5}$

8) $4x^2 + y^2 - 16 = 0$

Solução

Conduzindo a equação para a forma reduzida, vem:

$4x^2 + y^2 = 16$

ou:

$\dfrac{x^2}{4} + \dfrac{y^2}{16} = 1$

a) Mas:

$16 > 4,$

logo:

$a^2 = 16 \therefore a = 4$

e:

$b^2 = 4 \therefore b = 2$

b)

c) $a^2 = b^2 + c^2$

$16 = 4 + c^2$

$c^2 = 12$ e $c = \sqrt{12}$

Logo, os focos são $F_1(0, -\sqrt{12})$ e $F_2(0, \sqrt{12})$.

d) $e = \dfrac{c}{a} = \dfrac{\sqrt{12}}{4} = \dfrac{2\sqrt{3}}{4} = \dfrac{\sqrt{3}}{2}$

9) $x^2 + y^2 - 9 = 0$

Solução

A forma reduzida desta equação é:

$x^2 + y^2 = 9$

ou:

$\dfrac{x^2}{9} + \dfrac{y^2}{9} = 1$

a) Neste caso, tem-se

$a^2 = b^2 = 9$

e, portanto,

$a = b = 3$

Trata-se de uma circunferência de raio 3.

b)

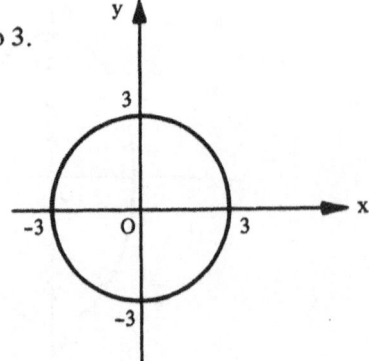

c) $a^2 = b^2 + c^2$

$9 = 9 + c^2$

$c = 0$

Portanto, os dois focos coincidem com o centro da circunferência.

d) $e = \dfrac{c}{a} = \dfrac{0}{3} = 0$

A circunferência é uma elipse de excentricidade nula.

10) Uma elipse de centro na origem tem um foco no ponto $(3,0)$ e a medida do eixo maior é 8. Determinar sua equação.

Solução

Tendo em vista que o foco dado é do eixo dos x, a equação desta elipse é da forma:

$$\dfrac{x^2}{a^2} + \dfrac{y^2}{b^2} = 1$$

Precisamos determinar *a* e *b*. Como o eixo maior mede 8, isto é:

$2a = 8$

tem-se:

$a = 4$

Tendo em vista que o centro da elipse é $(0,0)$ e um dos focos é $(3,0)$, conclui-se que $c = 3$

Mas:

$a^2 = b^2 + c^2$

ou:

$16 = b^2 + 9$

e:

$$b^2 = 7$$

Portanto, a equação procurada é:

$$\frac{x^2}{16} + \frac{y^2}{7} = 1$$

7.2.3 Equação da Elipse de Centro Fora da Origem do Sistema

1º caso: *O eixo maior é paralelo ao eixo dos x*

Consideremos uma elipse de centro $C(h, k)$ e seja $P(x, y)$ um ponto qualquer da mesma (Fig. 7.2-d).

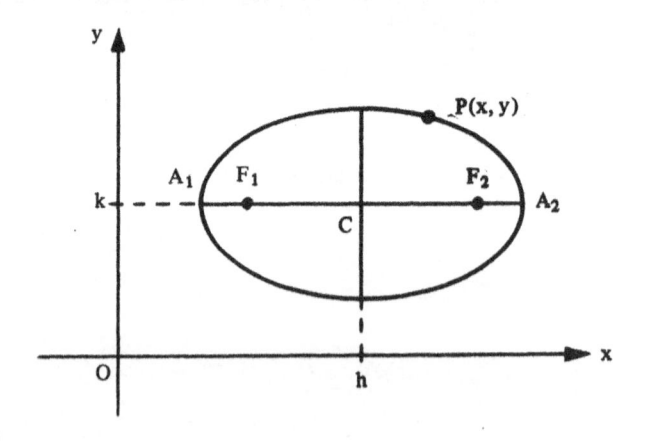

Figura 7.2-d

Em 7.1.4 estudamos o caso da equação da parábola com vértice em (h, k) quando ocorre uma translação de eixos. O caso presente da elipse é perfeitamente análogo àquele.

Assim:

$$\frac{x^2}{a^2} + \frac{y^2}{b^2} = 1$$

é a equação de uma elipse de centro $C(0,0)$ e eixo maior sobre o eixo dos x; quando o eixo maior for paralelo ao eixo dos x e o centro for $C(h, k)$, a equação passa a ser

$$\frac{(x-h)^2}{a^2} + \frac{(y-k)^2}{b^2} = 1$$

Este mesmo detalhe irá se repetir também no estudo da hipérbole a ser feito logo a seguir.

2º caso: *O eixo maior é paralelo ao eixo dos y*

De forma análoga, temos:

$$\frac{(x-h)^2}{b^2} + \frac{(y-k)^2}{a^2} = 1$$

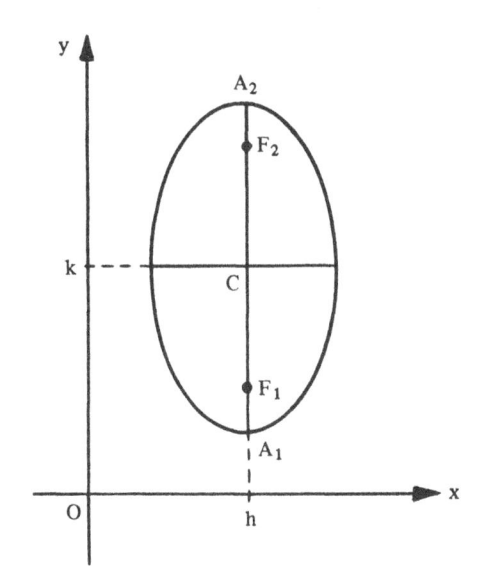

7.2.3.1 *Problemas resolvidos*

11) Uma elipse, cujo eixo maior é paralelo ao eixo dos y, tem centro $C(4, -2)$, excentricidade $e = \frac{1}{2}$ e eixo menor de medida 6. Qual a equação desta elipse?

Solução

A equação da elipse é da forma

$$\frac{(x-h)^2}{b^2} + \frac{(y-k)^2}{a^2} = 1$$

com $h = 4$ e $k = -2$.

Precisamos determinar a e b.
Mas:

$$2b = 6$$

logo:

$$b = 3$$

Sendo:

$$e = \frac{c}{a} = \frac{1}{2}$$

vem:

$$c = \frac{a}{2}$$

mas:

$$a^2 = b^2 + c^2$$

e:

$$a^2 = 3^2 + (\frac{a}{2})^2$$

$$a^2 = 9 + \frac{a^2}{4}$$

$$4a^2 = 36 + a^2$$

$$3a^2 = 36$$

$$a^2 = 12$$

Logo, a equação da elipse é:

$$\frac{(x-4)^2}{9} + \frac{(y+2)^2}{12} = 1$$

Eliminando os denominadores e desenvolvendo os quadrados, encontramos:

$$4(x^2 - 8x + 16) + 3(y^2 + 4y + 4) = 36$$

ou:

$$4x^2 - 32x + 64 + 3y^2 + 12y + 12 - 36 = 0$$

ou:

$$4x^2 + 3y^2 - 32x + 12y + 40 = 0$$

12) Determinar o centro, os vértices, os focos e a excentricidade da elipse de equação:

$$4x^2 + 9y^2 - 8x - 36y + 4 = 0$$

Solução

Para que a equação possa ser analisada devemos colocá-la na forma:

$$\frac{(x-h)^2}{a^2} + \frac{(y-k)^2}{b^2} = 1 \tag{1}$$

Primeiramente, vamos agrupar os termos de mesma variável:

$$(4x^2 - 8x) + (9y^2 - 36y) = -4$$

ou:

$$4(x^2 - 2x) + 9(y^2 - 4y) = -4$$

onde colocamos em evidência os números 4 e 9 para facilitar a construção de trinômios quadrados nestes dois parênteses:

$$4(x^2 - 2x + 1) + 9(y^2 - 4y + 4) = -4 + 4(1) + 9(4)$$

ou:

$$4(x - 1)^2 + 9(y - 2)^2 = 36$$

Dividindo ambos os membros da equação por 36, obtemos:

$$\frac{(x - 1)^2}{9} + \frac{(y - 2)^2}{4} = 1$$

que, comparada com a equação (1), informa:

o centro é $C(1, 2)$
$a^2 = 9$ $\therefore$ $a = 3$
$b^2 = 4$ $\therefore$ $b = 2$

Para atender as demais solicitações do problema, o gráfico auxilia. Assim, os vértices são:

$A_1(-2, 2)$, $A_2(4, 2)$, $B_1(1, 0)$ e $B_2(1, 4)$.

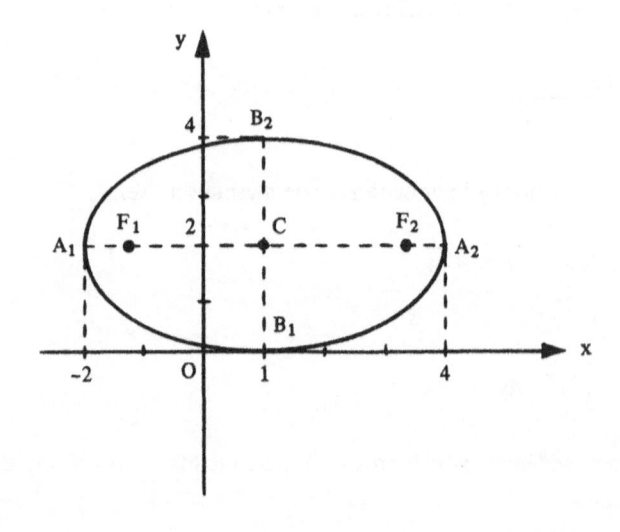

Para determinar os focos precisamos do valor de c:

$a^2 = b^2 + c^2$

$9 = 4 + c^2$

$c^2 = 5$

$c = \sqrt{5}$

Portanto, os focos são:

$F_1(1 - \sqrt{5}, 2)$ e $F_2(1 + \sqrt{5}, 2)$

Excentricidade: $e = \dfrac{c}{a} = \dfrac{\sqrt{5}}{3}$

7.2.4 Problemas Propostos

Em cada um dos problemas 1 a 8, determinar os vértices A_1 e A_2, os focos e a excentricidade das elipses dadas. Esboçar o gráfico.

1) $\dfrac{x^2}{100} + \dfrac{y^2}{36} = 1$

2) $\dfrac{x^2}{36} + \dfrac{y^2}{100} = 1$

3) $x^2 + 25y^2 = 25$

4) $9x^2 + 5y^2 - 45 = 0$

5) $4x^2 + 9y^2 = 25$

6) $4x^2 + y^2 = 1$

7) $4x^2 + 25y^2 = 1$

8) $9x^2 + 25y^2 = 25$

Em cada um dos problemas 9 a 22, determinar a equação da elipse que satisfaz as condições dadas.

9) eixo maior mede 10 e focos $(\pm 4, 0)$.

10) centro $C(0, 0)$, um foco $F(\frac{3}{4}, 0)$ e um vértice $A(1, 0)$.

11) centro $C(0, 0)$, um foco $F(0, -\sqrt{5})$ e eixo menor mede 4.

12) centro $C(0, 0)$, eixo menor mede 6, focos no eixo dos x e passa pelo ponto $P(-2\sqrt{5}, 2)$.

13) centro $C(0, 0)$, focos no eixo dos x, excentricidade $e = \frac{2}{3}$ e passa pelo ponto $P(2, -\frac{5}{3})$.

14) vértices $A(0, \pm 6)$ e passando por $P(3, 2)$.

15) centro $C(2, 4)$, um foco $F(5, 4)$ e excentricidade $\frac{3}{4}$.

16) eixo maior mede 10 e focos $F_1(2, -1)$ e $F_2(2, 5)$.

17) centro $C(-3, 0)$, um foco $F(-1, 0)$ e tangente ao eixo dos y.

18) centro $C(-3, 4)$, semi-eixos de comprimento 4 e 3 e eixo maior paralelo ao eixo dos x.

19) mesmos dados do problema anterior mas com eixo paralelo ao eixo dos y.

20) vértices $A_1(-1, 2)$, $A_2(-7, 2)$ e a medida do eixo menor igual a 2.

21) centro $C(2, -1)$, tangente aos eixos coordenados e eixos de simetria paralelos aos eixos coordenados.

22) vértices $A_1(1, -4)$ e $A_2(1, 8)$, excentricidade $e = \frac{2}{3}$.

Em cada um dos problemas 23 a 28, determinar o centro, os vértices A_1 e A_2, os focos e a excentricidade das elipses dadas. Esboçar o gráfico.

23) $\frac{(x-2)^2}{16} + \frac{(y+3)^2}{9} = 1$

24) $25x^2 + 16y^2 + 50x + 64y - 311 = 0$

25) $4x^2 + 9y^2 - 24x + 18y + 9 = 0$

26) $16x^2 + y^2 + 64x - 4y + 52 = 0$

27) $16x^2 + 9y^2 - 96x + 72y + 144 = 0$

28) $4x^2 + 9y^2 - 8x - 36y + 4 = 0$

7.2.5.1 *Respostas de problemas propostos*

1) $C(0, 0)$, $A(\pm 10, 0)$, $F(\pm 8, 0)$, $e = \dfrac{4}{5}$

2) $C(0, 0)$, $A(0, \pm 10)$, $F(0, \pm 8)$, $e = \dfrac{4}{5}$

3) $C(0, 0)$, $A(\pm 5, 0)$, $F(\pm 2\sqrt{6}, 0)$, $e = \dfrac{2\sqrt{6}}{5}$

4) $C(0, 0)$, $A(0, \pm 3)$, $F(0, \pm 2)$, $e = \dfrac{2}{3}$

5) $C(0, 0)$, $A(\pm \dfrac{5}{2}, 0)$, $F(\pm \dfrac{5\sqrt{5}}{6}, 0)$, $e = \dfrac{\sqrt{5}}{3}$

6) $C(0, 0)$, $A(0, \pm 1)$, $F(0, \pm \dfrac{\sqrt{3}}{2})$, $e = \dfrac{\sqrt{3}}{2}$

7) $C(0, 0)$, $A(\pm \dfrac{1}{2}, 0)$, $F(\pm \dfrac{\sqrt{21}}{10}, 0)$, $e = \dfrac{\sqrt{21}}{5}$

8) $C(0, 0)$, $A(\pm \dfrac{5}{3}, 0)$, $F(\pm \dfrac{4}{3}, 0)$, $e = \dfrac{4}{5}$

9) $9x^2 + 25y^2 = 225$

10) $7x^2 + 16y^2 = 7$

11) $9x^2 + 4y^2 - 36 = 0$

12) $x^2 + 4y^2 - 36 = 0$

13) $5x^2 + 9y^2 - 45 = 0$

14) $\dfrac{8x^2}{81} + \dfrac{y^2}{36} = 1$

15) $7x^2 + 16y^2 - 28x - 128y + 172 = 0$

16) $25x^2 + 16y^2 - 100x - 64y - 236 = 0$

17) $5x^2 + 9y^2 + 30x = 0$

18) $9x^2 + 16y^2 + 54x - 128y + 193 = 0$

19) $16x^2 + 9y^2 + 96x - 72y + 144 = 0$

20) $x^2 + 9y^2 + 8x - 36y + 43 = 0$

21) $x^2 + 4y^2 - 4x + 8y + 4 = 0$

22) $9x^2 + 5y^2 - 18x - 20y - 151 = 0$

23) $C(2, -3)$, $A_1(-2, -3)$, $A_2(6, -3)$, $F(2 \pm \sqrt{7}, -3)$, $e = \dfrac{\sqrt{7}}{4}$

24) $C(-1, -2)$, $A_1(-1, -7)$, $A_2(-1, 3)$, $F_1(-1, -5)$, $F_2(-1, 1)$ $e = \dfrac{3}{5}$

25) $C(3, -1)$, $A_1(6, -1)$, $A_2(0, -1)$, $F(3 \pm \sqrt{5}, -1)$, $e = \dfrac{\sqrt{5}}{3}$

26) $C(-2, 2)$, $A_1(-2, -2)$, $A_2(-2, 6)$, $F(-2, 2 \pm \sqrt{15})$, $e = \dfrac{\sqrt{15}}{4}$

27) $C(3, -4)$, $A_1(3, -8)$, $A_2(3, 0)$, $F(3, -4 \pm \sqrt{7})$, $e = \dfrac{\sqrt{7}}{4}$

28) $C(1, 2)$, $A_1(-2, 2)$, $A_2(4, 2)$, $F(1 \pm \sqrt{5}, 2)$, $e = \dfrac{\sqrt{5}}{3}$

7.3 A Hipérbole

Hipérbole é o lugar geométrico dos pontos de um plano cuja diferença das distâncias, em valor absoluto, a dois pontos fixos desse plano é constante.

Consideremos no plano dois pontos distintos F_1 e F_2 tal que a distância $d(F_1, F_2) = 2c$. Seja um número real a tal que $2a < 2c$.

Ao conjunto de todos os pontos P do plano tais que:

$$| d(P, F_1) - d(P, F_2) | = 2a \qquad (7.3)$$

ou:

$$\left| |\overrightarrow{PF_1}| - |\overrightarrow{PF_2}| \right| = 2a$$

dá-se o nome de hipérbole (Fig. 7.3-a).

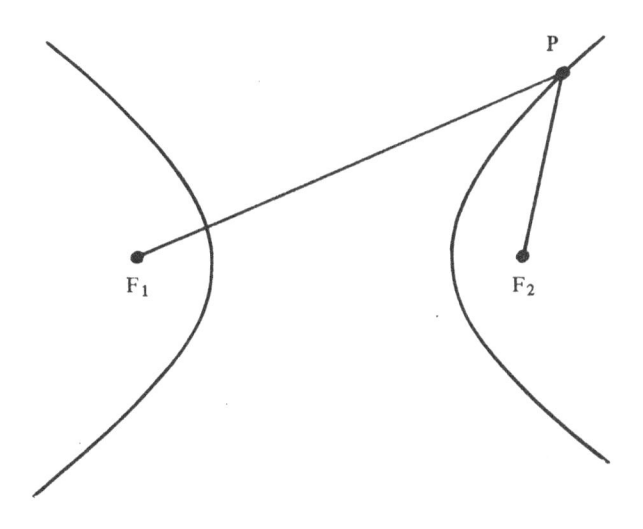

Figura 7.3-a

Como se vê, a hipérbole é uma curva com dois ramos. Na verdade, pela equação (7.3) um ponto P está na hipérbole se, e somente se:

$$d(P, F_1) - d(P, F_2) = \pm 2a$$

Quando P estiver no ramo da direita, a diferença é +2a e, em caso contrário, será -2a.

Consideremos a reta que passa por F_1 e F_2 e sejam A_1 e A_2 os pontos de interseção da hipérbole com esta reta. Consideremos outra reta perpendicular a esta passando pelo ponto médio C do segmento $F_1 F_2$ (Fig. 7.3-b).

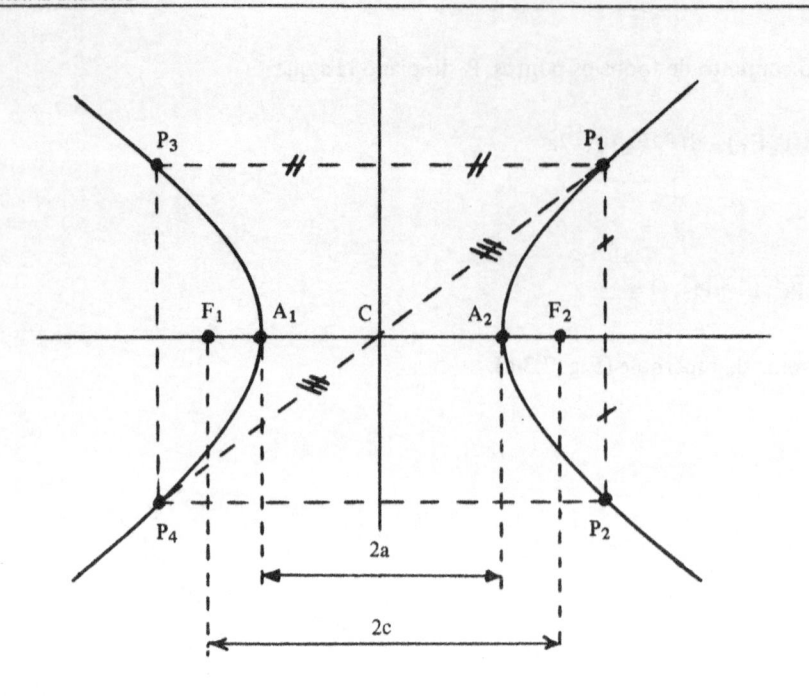

Figura 7.3-b

A hipérbole é uma curva simétrica em relação a estas duas retas, como também em relação ao ponto C. Se P_1 é um ponto da hipérbole, existem os pontos P_2, P_3 e P_4 tais que: P_2 é o simétrico de P_1 em relação à reta horizontal, P_3 é o simétrico de P_1 em relação à reta vertical, P_4 é o simétrico de P_1 em relação ao ponto C.

Ainda, pela simetria, conclui-se que:

$$d(A_1, F_1) = d(A_2, F_2)$$

e da própria definição, vem

$$d(A_1, A_2) = 2a$$

7.3.1 Elementos

Focos: são os pontos F_1 e F_2.

Distância focal: é a distância $2c$ entre os focos.

Centro: é o ponto médio C do segmento $F_1 F_2$.

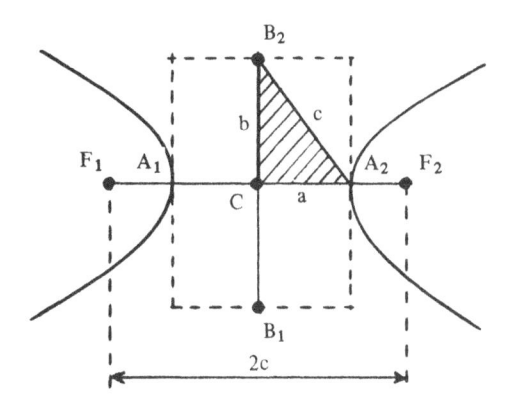

Figura 7.3-c

Vértices: são os pontos A_1 e A_2.

Eixo real ou transverso: é o segmento $A_1 A_2$ de comprimento 2a.

Eixo imaginário ou conjugado: é o segmento $B_1 B_2$ de comprimento 2b (Fig. 7.3-c).

O valor de b é definido através da relação:

$c^2 = a^2 + b^2$

onde a, b e c são as medidas dos lados do triângulo retângulo $B_2 C A_2$.

Vamos fazer ainda uma outra consideração em torno de a, b e c. Consideremos uma circunferência de raio c e cujo centro é o próprio centro C da hipérbole. Tomemos um valor arbitrário para a e marquemos os pontos A_1 e A_2, vértices da hipérbole. Por estes pontos tracemos cordas perpendiculares ao diâmetro $F_1 F_2$. As quatro extremidades destas cordas são os vértices de um retângulo MNPQ inscrito nesta circunferência (Fig. 7.3-d).

O retângulo assim construído tem dimensões 2a e 2b e a relação $c^2 = a^2 + b^2$ está novamente presente no triângulo retângulo hachurado na figura, com o eixo imaginário $B_1 B_2$ bem caracterizado.

As retas r e s, que contêm as diagonais do referido retângulo, chamam-se *assíntotas* da hipérbole.

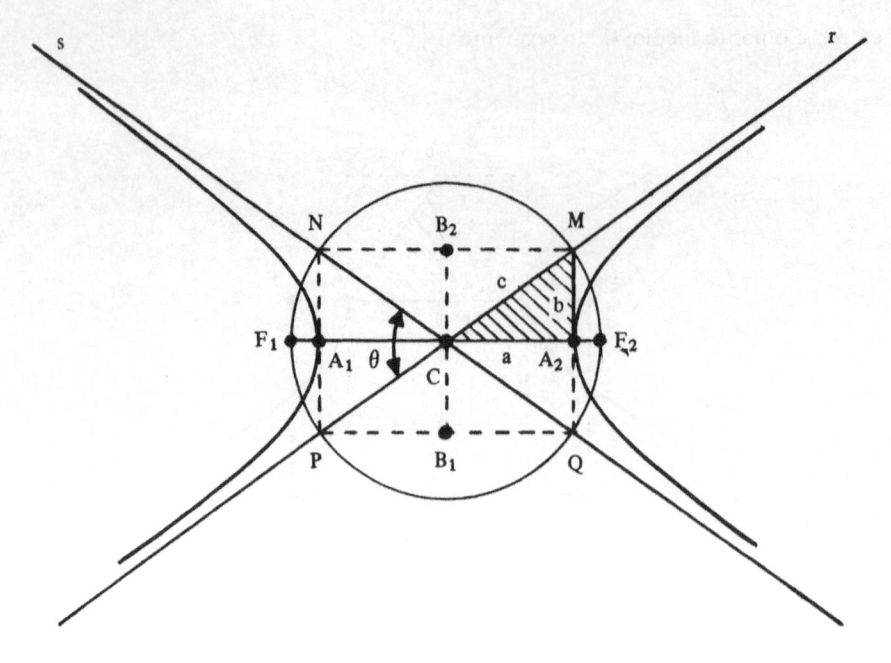

Figura 7.3-d

As assíntotas são retas das quais a hipérbole se aproxima cada vez mais à medida que os pontos se afastam dos focos. Esta aproximação é "contínua" e "lenta" de forma que a tendência da hipérbole é tangenciar suas assíntotas no infinito. Naturalmente esta particularidade das assíntotas constitui um excelente guia para traçar o esboço do gráfico.

O ângulo θ assinalado na figura é chamado *abertura* da hipérbole.

Chama-se *excentricidade* da hipérbole ao número e dado por:

$$e = \frac{c}{a}$$

mas:

$c > a \therefore e > 1$.

A excentricidade da hipérbole está intimamente relacionada com sua abertura.

De fato: voltemos outra vez à figura anterior onde a circunferência tem raio c. Mantendo o raio c da Figura 7.3-d e tomando um valor para "a" menor de que o anterior, o novo retângulo MNPQ será mais "estreito" e, em conseqüência, a abertura θ será maior.

Ora, diminuir o valor de "a" (mantendo c fixo) significa aumentar o valor de $e = \dfrac{c}{a}$. Assim, quanto maior a excentricidade, maior será a abertura, ou seja, mais "abertos" estarão os ramos da hipérbole.

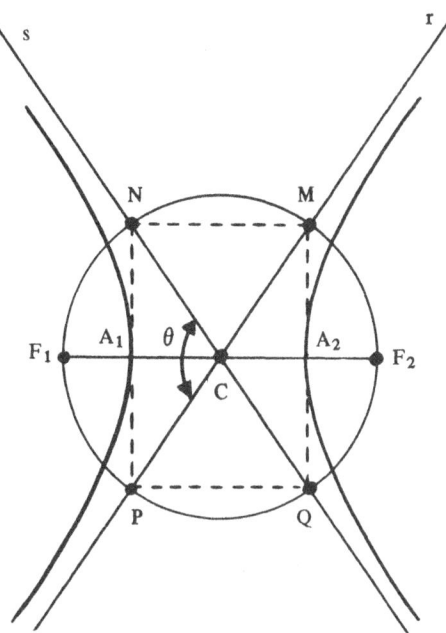

Quando a = b, o retângulo MNPQ se transforma num quadrado e as assíntotas serão perpendiculares ($\theta = 90°$). A hipérbole, neste caso, é denominada "hipérbole equilátera".

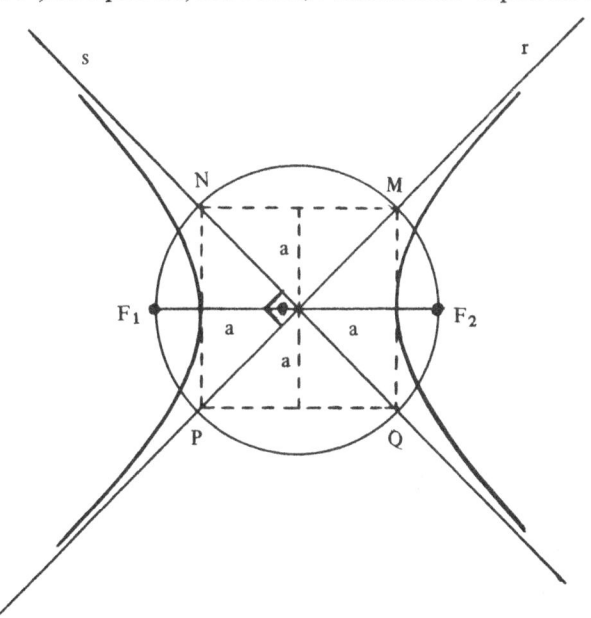

7.3.2 Equação da Hipérbole de Centro na Origem do Sistema

1º caso: *O eixo real está sobre o eixo dos* x

Seja P(x, y) um ponto qualquer de uma hipérbole (Fig. 7.3-e) de focos $F_1(-c, O)$ e $F_2(c, O)$.

Por definição, tem-se:

$$|d(P, F_1) - d(P, F_2)| = 2a$$

ou, em coordenadas:

$$\left|\sqrt{(x+c)^2 + (y-0)^2} - \sqrt{(x-c)^2 + (y-0)^2}\right| = 2a$$

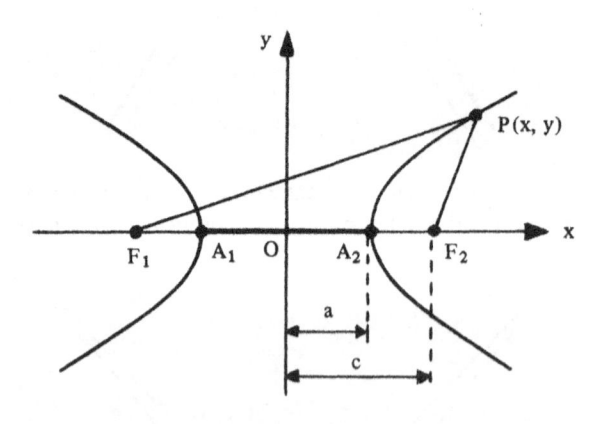

Figura 7.3-e

Com procedimento de simplificação análogo ao que foi usado na dedução da equação da elipse, e lembrando que $c^2 = a^2 + b^2$, chegaremos à equação:

$$\frac{x^2}{a^2} - \frac{y^2}{b^2} = 1$$

que é a *equação reduzida* da hipérbole de centro na origem e eixo real sobre o eixo dos x.

2º caso: *O eixo real está sobre o eixo dos y*

Como já ocorreu com a parábola e a elipse, a equação desta hipérbole somente difere da anterior pela troca de posição das variáveis:

$$\frac{y^2}{a^2} - \frac{x^2}{b^2} = 1$$

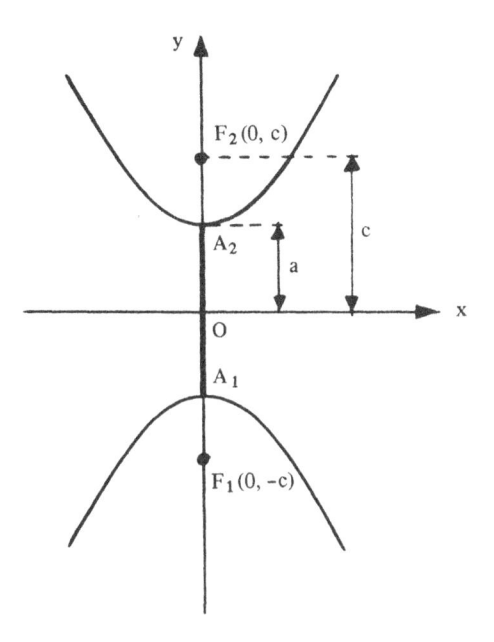

Exemplos

1) A hipérbole da figura a seguir tem equação reduzida

$$\frac{x^2}{3^2} - \frac{y^2}{2^2} = 1$$

ou:

$$\frac{x^2}{9} - \frac{y^2}{4} = 1 \qquad (1)$$

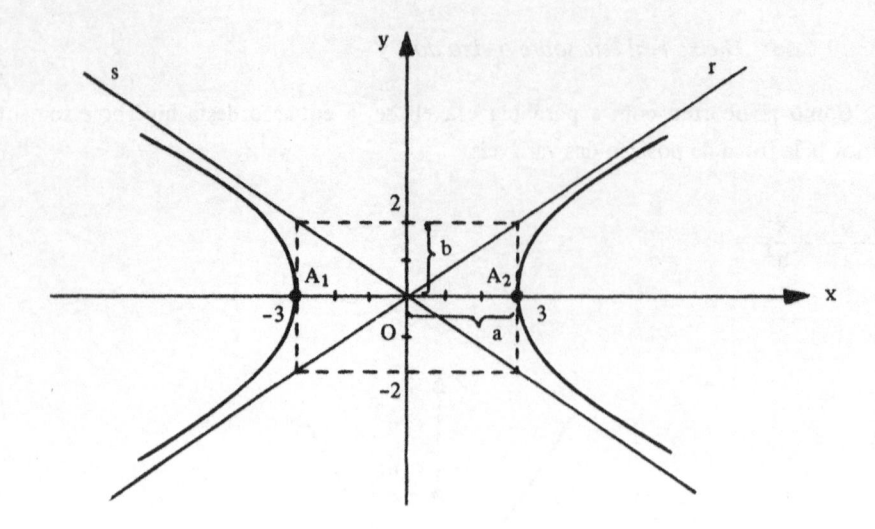

Observações

a) Para obter os vértices A_1 e A_2, fazemos $y = 0$ na equação (1). Daí, vem:

$$\frac{x^2}{9} = 1$$

ou:

$$x = \pm 3$$

logo:

$$A_1(-3, 0) \quad e \quad A_2(3, 0)$$

b) Se fizermos $x = 0$ na equação (1), obteremos:

$$-\frac{y^2}{4} = 1$$

ou:

$$y^2 = -4$$

que é uma equação impossível no conjunto dos reais. Isto significa que a curva não corta o eixo dos y.

c) A simetria da qual falamos em 7.3 torna-se bem evidente pela análise desta equação. Por exemplo, o ponto $P_1(6,\sqrt{12})$ pertence a esta hipérbole por ser verdadeira a afirmação:

$$\frac{(6)^2}{9} - \frac{(\sqrt{12})^2}{4} = 1$$

e da mesma forma pertencem também os pontos $P_2(6,-\sqrt{12})$, $P_3(-6,\sqrt{12})$ e $P_4(-6,-\sqrt{12})$. Portanto, a hipérbole é simétrica em relação aos eixos coordenados e em relação à origem.

d) As assíntotas são retas que passam pela origem e, portanto, têm equação do tipo:

y = mx

sendo m a declividade.

A assíntota r da figura anterior tem declividade:

$$m_1 = \frac{b}{a} = \frac{2}{3},$$

enquanto a assíntota s tem declividade:

$$m_2 = -\frac{b}{a} = -\frac{2}{3}$$

Logo, as equações das assíntotas são:

$$y = \frac{2}{3}x \quad e \quad y = -\frac{2}{3}x$$

2) A equação reduzida da hipérbole ao lado é:

$$\frac{y^2}{4} - \frac{x^2}{9} = 1$$

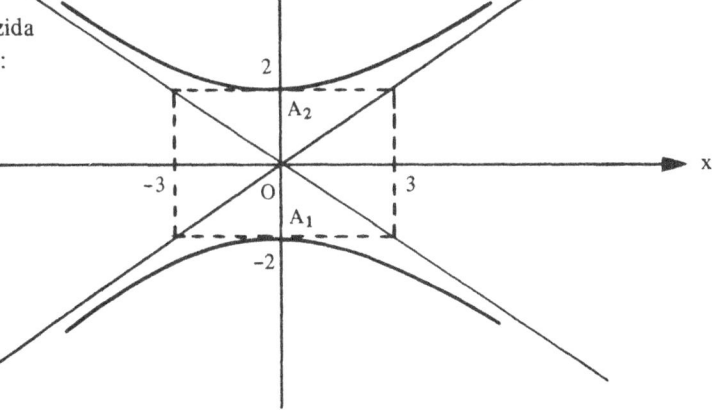

7.3.2.1 *Problemas resolvidos*

Nos problemas 13 a 15, determinar, para cada uma das hipérboles:

a) a medida dos semi-eixos

b) um esboço do gráfico

c) os vértices

d) os focos

e) a excentricidade

f) as equações das assíntotas

13) $9x^2 - 7y^2 - 63 = 0$

Solução

$$9x^2 - 7y^2 = 63$$

ou:

$$\frac{9x^2}{63} - \frac{7y^2}{63} = \frac{63}{63}$$

ou:

$$\frac{x^2}{7} - \frac{y^2}{9} = 1$$

que é a equação reduzida da hipérbole com eixo real sobre o eixo dos x.

a) $a^2 = 7$ $\therefore$ $a = \sqrt{7}$
    $b^2 = 9$ $\therefore$ $b = 3$

b)

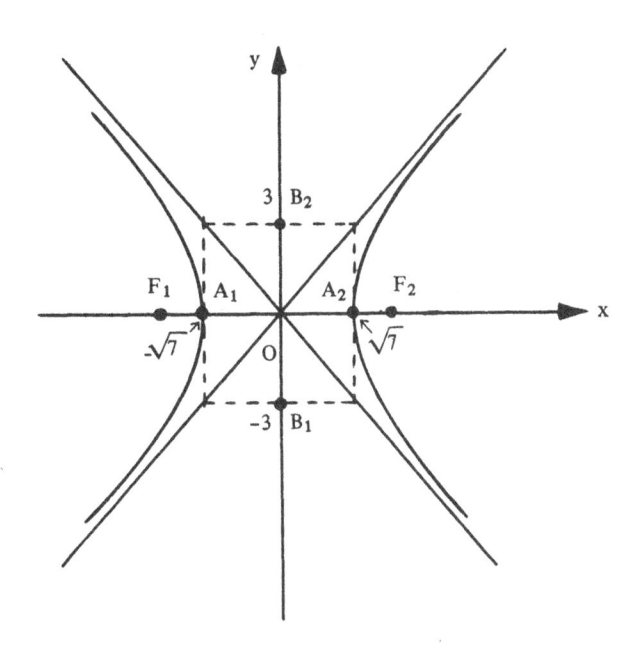

c) Vértices: $A_1(-\sqrt{7}, 0)$ e $A_2(\sqrt{7}, 0)$

d) Para determinar os focos, precisamos do valor de c:

$c^2 = a^2 + b^2$

$c^2 = 7 + 9$

$c^2 = 16$

$c = 4$

Logo, os focos são: $F_1(-4, 0)$ e $F_2(4, 0)$

e) Excentricidade:

$e = \dfrac{c}{a} = \dfrac{4}{\sqrt{7}}$

f) Equações das assíntotas:

$$y = \pm \frac{3}{\sqrt{7}} x$$

14) $x^2 - 4y^2 + 16 = 0$

Solução

$$x^2 - 4y^2 = -16$$

ou:

$$4y^2 - x^2 = 16$$

ou:

$$\frac{y^2}{4} - \frac{x^2}{16} = 1$$

que é a equação reduzida da hipérbole com eixo real sobre o eixo dos y.

a) $a^2 = 4 \therefore a = 2$
$b^2 = 16 \therefore b = 4$

b)

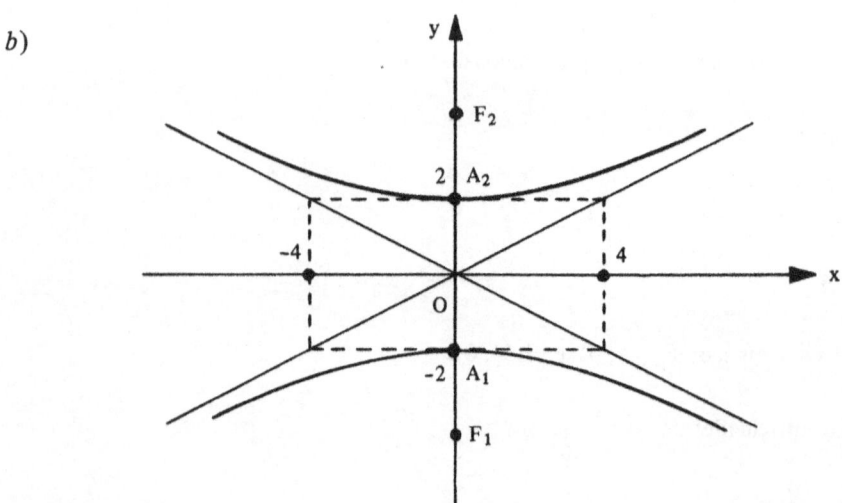

c) Vértices: $A_1(0, -2)$ e $A_2(0, 2)$

d) Para determinar os focos, precisamos do valor de c:

$c^2 = a^2 + b^2$

$c^2 = 4 + 16$

$c = \sqrt{20} = 2\sqrt{5}$

logo, os focos são: $F_1(0, -2\sqrt{5})$ e $F_2(0, 2\sqrt{5})$

e) Excentricidade:

$e = \dfrac{c}{a} = \dfrac{2\sqrt{5}}{2} = \sqrt{5}$

f) Equações das assíntotas:

$y = \pm \dfrac{1}{2} x$

15) $x^2 - y^2 = 4$

Solução

$x^2 - y^2 = 4$

ou:

$\dfrac{x^2}{4} - \dfrac{y^2}{4} = 1$

que é a equação reduzida da hipérbole com eixo real sobre o eixo dos x.

a) $a^2 = b^2 = 4$ ∴ $a = b = 2$ (hipérbole eqüilátera)

b)

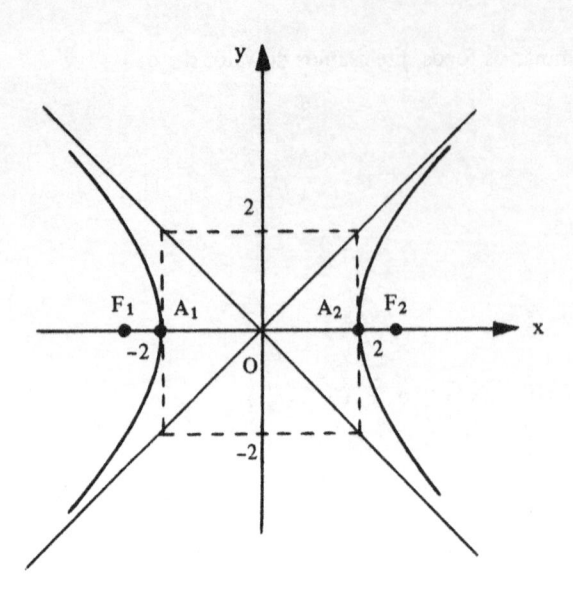

c) Vértices: $A_1(-2, 0)$ e $A_2(2, 0)$

d) $c^2 = a^2 + b^2$
$c^2 = 4 + 4$
$c = \sqrt{8} = 2\sqrt{2}$

logo, os focos são: $F_1(-2\sqrt{2}, 0)$ e $F_2(2\sqrt{2}, 0)$

e) Excentricidade:

$e = \dfrac{c}{a} = \dfrac{2\sqrt{2}}{2} = \sqrt{2}$

Observemos que, em qualquer hipérbole eqüilátera, a excentricidade é sempre igual a $\sqrt{2}$.

f) Equações das assíntotas:

$y = \pm x$

16) Uma hipérbole tem focos em $F_1(-5, 0)$ e $F_2(5, 0)$ e a medida do eixo real é igual a 6. Determinar sua equação.

Solução

Tendo em vista que os focos são pontos do eixo dos x, a equação desta hipérbole é da forma:

$$\frac{x^2}{a^2} - \frac{y^2}{b^2} = 1$$

Precisamos determinar a e b.

De F_1 e F_2, vem:

$$c = 5$$

Mas, o eixo real mede:

$$2a = 6$$

logo:

$$a = 3$$

De

$$c^2 = a^2 + b^2$$

vem:

$$25 = 9 + b^2$$

ou:

$$b^2 = 16$$

e, portanto, a equação procurada é:

$$\frac{x^2}{9} - \frac{y^2}{16} = 1$$

7.3.3 Equação da Hipérbole de Centro Fora da Origem do Sistema

1º caso: *O eixo real é paralelo ao eixo dos x*

Consideremos uma hipérbole de centro $C(h, k)$ e seja $P(x, y)$ um ponto qualquer da mesma.

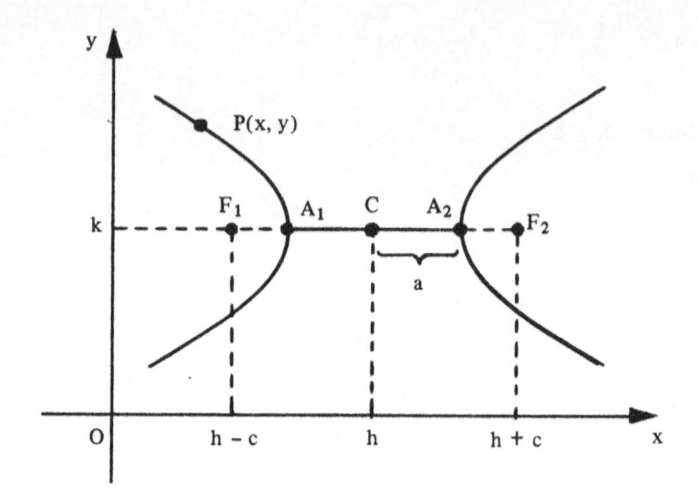

O que comentamos em 7.2.3 para o caso da elipse também vale aqui.

Assim:

$$\frac{x^2}{a^2} - \frac{y^2}{b^2} = 1$$

é a equação de uma hipérbole de centro $C(0, 0)$ e eixo real sobre o eixo dos x; quando o eixo real for paralelo ao eixo dos x e o centro é $C(h, k)$, sua equação passa a ser:

$$\frac{(x-h)^2}{a^2} - \frac{(y-k)^2}{b^2} = 1$$

2º caso: *O eixo real é paralelo ao eixo dos y*

De forma análoga, temos:

$$\frac{(y-k)^2}{a^2} - \frac{(x-h)^2}{b^2} = 1$$

```
         y
         |
  k + c  |- - - - - - • F₂
         |             |
         |            ⎫
         |         A₂ ⎬ a
         |          C ⎭
    k    |- - - - - - •
         |             |
         |          A₁
         |             •
  k - c  |- - - - - - • F₁   P(x, y)
         |             |        •
         |             |
         |_____|_____→ x
         O             h
```

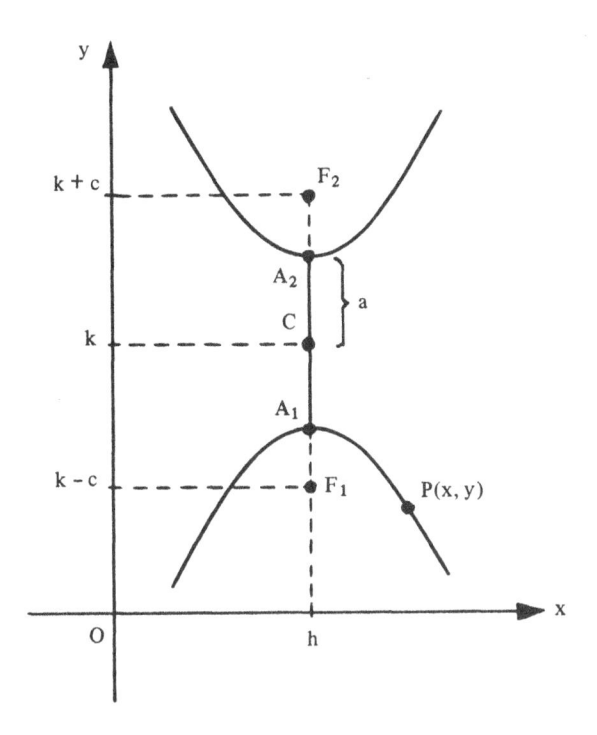

7.3.3.1 *Problemas resolvidos*

17) Determinar a equação da hipérbole de vértices $A_1(1, -2)$ e $A_2(5, -2)$, sabendo que $F(6, -2)$ é um de seus focos.

Solução

Em função dos dados do problema, vamos esboçar o gráfico desta hipérbole.

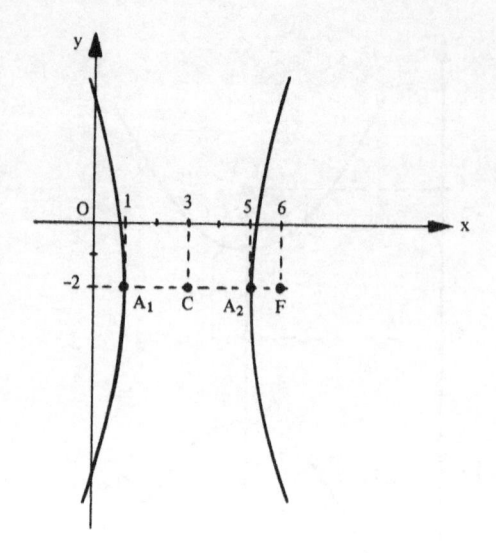

Sendo o eixo real paralelo ao eixo dos x, a equação da hipérbole é da forma:

$$\frac{(x-h)^2}{a^2} - \frac{(y-k)^2}{b^2} = 1$$

O centro é o ponto médio do segmento $A_1 A_2$.

Logo: $C(3, -2)$

É imediato que:

$a = d(C, A_1) = 2$ e $c = d(C, F) = 3$

Da relação:

$c^2 = a^2 + b^2$

vem:

$9 = 4 + b^2$

ou:

$b^2 = 5$

Logo, a equação da hipérbole é:

$$\frac{(x-3)^2}{4} - \frac{(y+2)^2}{5} = 1$$

Eliminando os denominadores e desenvolvendo os quadrados, encontramos:

$$5(x^2 - 6x + 9) - 4(y^2 + 4y + 4) = 20$$

ou:

$$5x^2 - 30x + 45 - 4y^2 - 16y - 16 - 20 = 0$$

ou, ainda:

$$5x^2 - 4y^2 - 30x - 16y + 9 = 0$$

18) Determinar o centro, um esboço do gráfico, os vértices e os focos da hipérbole de equação:

$$9x^2 - 4y^2 - 54x + 8y + 113 = 0$$

Solução

Primeiramente vamos conduzir esta equação a uma das formas de 7.3.3.

Agrupando os termos de mesma variável, temos:

$$(9x^2 - 54x) - (4y^2 - 8y) = -113$$

Pondo em evidência os coeficientes de x^2 e y^2:

$$9(x^2 - 6x) - 4(y^2 - 2y) = -113$$

ou:

$$9(x^2 - 6x + 9) - 4(y^2 - 2y + 1) = -113 + 9(9) - 4(1)$$

ou:

$$9(x - 3)^2 - 4(y - 1)^2 = -36$$

Com o objetivo de obter 1 positivo no segundo membro, dividiremos ambos os membros da equação por -36:

$$\frac{(y-1)^2}{9} - \frac{(x-3)^2}{4} = 1$$

que representa uma hipérbole de centro $C(3, 1)$ e eixo real paralelo ao eixo dos y.

É imediato que:

$a^2 = 9$ e $b^2 = 4$

e, portanto:

$a = 3$ e $b = 2$

Pelo esboço do gráfico, os demais elementos solicitados obtém-se facilmente:

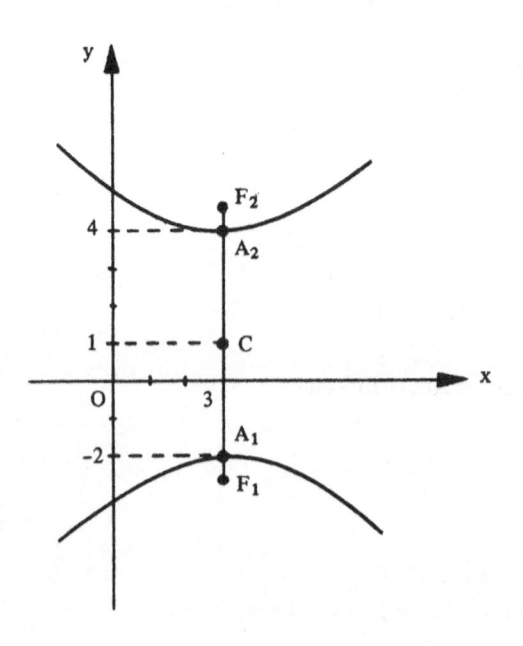

Vértices: $A_1(3, -2)$ e $A_2(3, 4)$

Para determinar os focos precisamos conhecer o valor de c:

$$c^2 = a^2 + b^2$$

$$c^2 = 9 + 4$$

$$c = \sqrt{13}$$

Logo, os focos são:

$$F_1(3, 1 - \sqrt{13}) \text{ e } F_2(3, 1 + \sqrt{13})$$

19) Obter a equação reduzida resultante de uma translação de eixos, classificar, dar os elementos e esboçar o gráfico da equação:

$$7x^2 - 9y^2 + 28x + 54y - 116 = 0$$

Solução

Do mesmo modo que no problema anterior, mudemos a equação dada para a forma:

$$\frac{(x-h)^2}{a^2} - \frac{(y-k)^2}{b^2} = 1$$

Assim:

$$(7x^2 + 28x) - (9y^2 - 54y) = 116$$

$$7(x^2 + 4x) - 9(y^2 - 6y) = 116$$

$$7(x^2 + 4x + 4) - 9(y^2 - 6y + 9) = 116 + 7(4) - 9(9)$$

$$7(x + 2)^2 - 9(y - 3)^2 = 63$$

Pelas fórmulas de translação de 7.1.3, façamos:

$$x' = x + 2$$
$$y' = y - 3$$

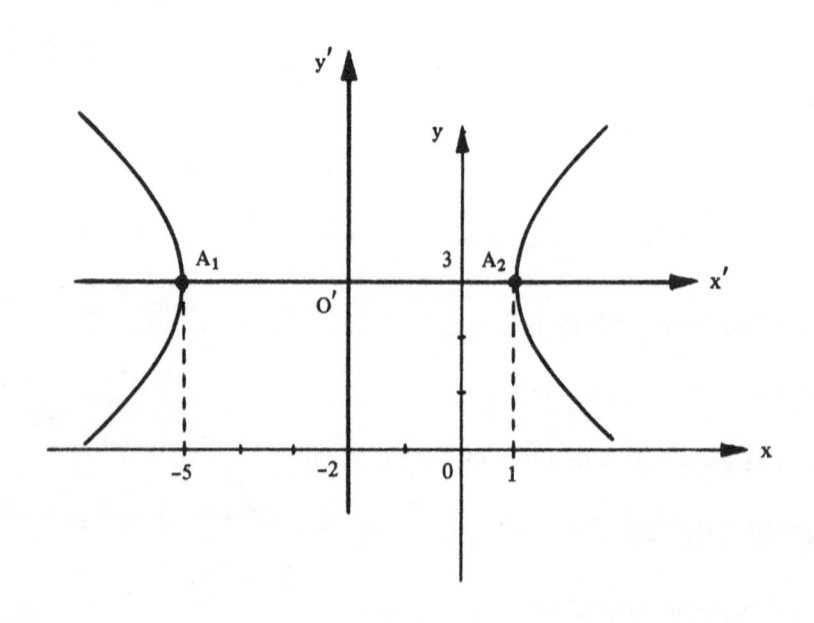

e, portanto:

$$7x'^2 - 9y'^2 = 63$$

ou:

$$\frac{x'^2}{9} - \frac{y'^2}{7} = 1$$

que é a equação reduzida da hipérbole dada em relação ao sistema $x'O'y'$, sendo $O'(-2, 3)$.
Mas:

$$a^2 = 9 \quad e \quad b^2 = 7$$

e:

$$a = 3 \quad e \quad b = \sqrt{7}$$

Logo:
    eixo real: $2a = 6$
    eixo imaginário: $2b = 2\sqrt{7}$

Sendo:

$$c^2 = a^2 + b^2$$
$$c^2 = 9 + 7$$
$$c = 4,$$

os focos são: $F_1(-6, 3)$ e $F_2(2, 3)$.

7.3.4 Problemas Propostos

Em cada um dos problemas 1 a 10, determinar os vértices, os focos e a excentricidade das hipérboles dadas. Esboçar o gráfico.

1) $\dfrac{x^2}{100} - \dfrac{y^2}{64} = 1$

2) $\dfrac{y^2}{100} - \dfrac{x^2}{64} = 1$

3) $9x^2 - 16y^2 = 144$

4) $4x^2 - 5y^2 + 20 = 0$

5) $x^2 - 2y^2 - 8 = 0$

6) $3x^2 - y^2 + 3 = 0$

7) $x^2 - y^2 = 1$

8) $x^2 - y^2 = 2$

9) $y^2 - 4x^2 = 1$

10) $2y^2 - 4x^2 = 1$

Em cada um dos problemas 11 a 24, determinar a equação da hipérbole que satisfaz as condições dadas.

11) focos $F(\pm 5, 0)$, vértices $A(\pm 3, 0)$

12) focos $F(0, \pm 3)$, vértices $A(0, \pm 2)$

13) vértices $A(\pm 4, 0)$, passando por $P(8, 2)$

14) centro $C(0, 0)$, eixo real sobre Oy, $b = 8$ e excentricidade $\frac{5}{3}$

15) focos $F(0, \pm 5)$, comprimento do eixo imaginário 4

16) vértices $A(\pm 3, 0)$, equações das assíntotas $y = \pm 2x$

17) vértices em $(5, -2)$ e $(3, -2)$, um foco em $(7, -2)$

18) vértices em $(5, 5)$ e $(5, -1)$, excentricidade $e = 2$

19) centro $C(5, 1)$, um foco em $(9, 1)$, eixo imaginário mede $4\sqrt{2}$

20) focos $F_1(-1, -5)$ e $F_2(5, -5)$, hipérbole eqüilátera

21) vértices $A_1(-3, -4)$ e $A_2(-3, 4)$, hipérbole eqüilátera

22) centro $C(2, -3)$, eixo real paralelo a Oy, passando por $(3, -1)$ e $(-1, 0)$

23) centro $C(-2, 1)$, eixo real paralelo a Ox, passando por $(0, 2)$ e $(-5, 6)$

24) focos em $(3, 4)$ e $(3, -2)$, excentricidade $e = 2$

Em cada um dos problemas 25 a 30, determinar o centro, os vértices, os focos e a excentricidade das hipérboles dadas. Esboçar o gráfico.

25) $9x^2 - 4y^2 - 18x - 16y - 43 = 0$

26) $x^2 - 4y^2 + 6x + 24y - 31 = 0$

27) $9x^2 - 4y^2 - 54x + 8y + 113 = 0$

28) $4x^2 - y^2 - 32x + 4y + 24 = 0$

29) $9x^2 - y^2 + 36x + 6y + 63 = 0$

30) $16x^2 - 9y^2 - 64x - 18y + 199 = 0$

31) Obter a equação reduzida resultante de uma translação de eixos, classificar, dar os elementos e representar graficamente as equações:

   a) $x^2 + 4y^2 - 4x - 24y + 36 = 0$

   b) $x^2 - y^2 - 8x - 4y + 11 = 0$

   c) $y^2 - 8x + 6y + 17 = 0$

   d) $3x^2 + 2y^2 - 12x + 8y + 19 = 0$

   e) $x^2 + 2x + 8y - 15 = 0$

   f) $9x^2 - 4y^2 - 54x + 45 = 0$

   g) $9y^2 - 25x^2 - 90y - 50x = 25$

7.3.4.1 *Respostas dos problemas propostos*

1) $A(\pm 10, 0)$, $F(\pm 2\sqrt{41}, 0)$, $e = \dfrac{\sqrt{41}}{5}$

2) $A(0, \pm 10)$, $F(0, \pm 2\sqrt{41})$, $e = \dfrac{\sqrt{41}}{5}$

3) $A(\pm 4, 0)$, $F(\pm 5, 0)$, $e = \dfrac{5}{4}$

4) $A(0, \pm 2)$, $F(0, \pm 3)$, $e = \dfrac{3}{2}$

5) $A(\pm 2\sqrt{2}, 0)$, $F(\pm 2\sqrt{3}, 0)$, $e = \dfrac{\sqrt{6}}{2}$

6) $A(0, \pm\sqrt{3})$, $F(0, \pm 2)$, $e = \dfrac{2\sqrt{3}}{3}$

7) $A(\pm 1, 0)$, $F(\pm\sqrt{2}, 0)$, $e = \sqrt{2}$

8) $A(\pm\sqrt{2}, 0)$, $F(\pm 2, 0)$, $e = \sqrt{2}$

9) $A(0, \pm 1)$, $F(0, \pm \frac{\sqrt{5}}{2})$, $e = \frac{\sqrt{5}}{2}$

10) $A(0, \pm \frac{\sqrt{2}}{2})$, $F(0, \pm \frac{\sqrt{3}}{2})$, $e = \frac{\sqrt{6}}{2}$

11) $16x^2 - 9y^2 - 144 = 0$

12) $4x^2 - 5y^2 + 20 = 0$

13) $x^2 - 12y^2 - 16 = 0$

14) $16y^2 - 9x^2 - 576 = 0$

15) $\frac{y^2}{21} - \frac{x^2}{4} = 1$

16) $\frac{x^2}{9} - \frac{y^2}{36} = 1$

17) $8x^2 - y^2 - 64x - 4y + 116 = 0$

18) $x^2 - 3y^2 - 10x + 12y + 40 = 0$

19) $x^2 - y^2 - 10x + 2y + 16 = 0$

20) $2x^2 - 2y^2 - 8x - 20y - 51 = 0$

21) $x^2 - y^2 + 6x + 25 = 0$

22) $5x^2 - 8y^2 - 20x - 48y - 25 = 0$

23) $24x^2 - 5y^2 + 96x + 10y = 0$

24) $12y^2 - 4x^2 - 24y + 24x - 51 = 0$

25) $C(1, -2)$, $A_1(-1, -2)$, $A_2(3, -2)$, $F(1 \pm \sqrt{13}, -2)$, $e = \frac{\sqrt{13}}{2}$

26) $C(-3, 3)$, $A_1(-5, 3)$, $A_2(-1, 3)$, $F(-3 \pm \sqrt{5}, 3)$, $e = \dfrac{\sqrt{5}}{2}$

27) $C(3, 1)$, $A_1(3, -2)$, $A_2(3, 4)$, $F(3, 1 \pm \sqrt{13})$, $e = \dfrac{\sqrt{13}}{3}$

28) $C(4, 2)$, $A_1(1, 2)$, $A_2(7, 2)$, $F(4 \pm 3\sqrt{5}, 2)$, $e = \sqrt{5}$

29) $C(-2, 3)$, $A_1(-2, -3)$, $A_2(-2, 9)$, $F(-2, 3 \pm 2\sqrt{10})$, $e = \dfrac{\sqrt{10}}{3}$

30) $C(2, -1)$, $A_1(2, -5)$, $A_2(2, 3)$, $F_1(2, -6)$, $F_2(2, 4)$, $e = \dfrac{5}{4}$

31) a) $\dfrac{x'^2}{4} + y'^2 = 1$, elipse, eixo maior 4, eixo menor 2, focos $F(2 \pm \sqrt{3}, 3)$

   b) $x'^2 - y'^2 = 1$, hipérbole, eixo real 2, eixo imaginário 2, $F(4 \pm \sqrt{2}, -2)$

   c) $y'^2 = 8x'$, parábola, $p = 4$, diretriz: $x = -1$, $F(3, -3)$

   d) $3x'^2 + 2y'^2 = 1$, elipse, eixo maior $\sqrt{2}$, eixo menor $\dfrac{2\sqrt{3}}{3}$, $F(2, -2 \pm \dfrac{\sqrt{6}}{6})$

   e) $x'^2 = -8y'$, parábola, $p = -4$, $F(-1, 0)$, diretriz: $y = 4$

   f) $\dfrac{x'^2}{4} - \dfrac{y'^2}{9} = 1$, hipérbole, eixo real 4, eixo imaginário 6, $F(3 \pm \sqrt{13}, 0)$

   g) $\dfrac{y'^2}{25} - \dfrac{x'^2}{9} = 1$, hipérbole, eixo real 10, eixo imaginário 6, $F(-1, 5 \pm \sqrt{34})$.

Observação — A equação geral do 2º grau a duas variáveis, $ax^2 + by^2 + 2cxy + dx + ey + f = 0$, onde pelo menos um dos coeficientes a, b, c é diferente de zero, representa uma parábola, uma elipse ou uma hipérbole e será estudada como aplicação das formas quadráticas no plano em Álgebra Linear*.

---

* Ver Capítulo 7 de Álgebra Linear, Editora McGraw-Hill, dos autores.

7.4 As Seções Cônicas

Sejam duas retas e e r concorrentes em O e não perpendiculares. Conservemos fixa a reta e e façamos r girar 360° em torno de e mantendo constante o ângulo entre estas retas. Nestas condições, a reta r gera uma superfície cônica circular infinita formada por duas folhas separadas pelo vértice O (Fig. 7.4).

A reta r é chamada *geratriz* da superfície cônica e a reta e, *eixo* da superfície.

Chama-se *seção cônica* ao conjunto de pontos que formam a interseção de um plano com a superfície cônica.

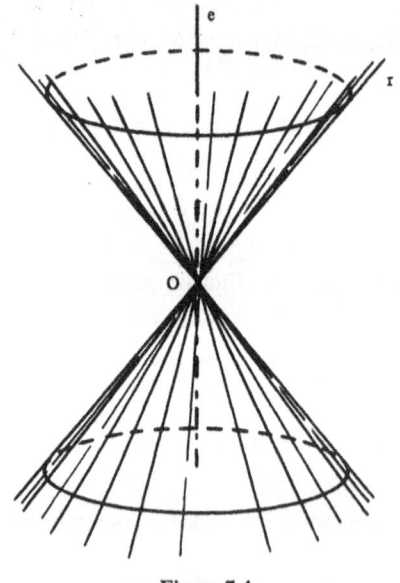

Figura 7.4

Quando uma superfície cônica é seccionada por um plano π qualquer que não passa pelo vértice O, a seção cônica será:

a) uma *circunferência* se π for perpendicular ao eixo é da superfície (Fig. a);

b) uma *elipse* se π for oblíquo ao eixo e, cortando apenas uma das folhas da superfície (Fig. b);

c) uma *parábola* se π for paralelo a uma geratriz da superfície (Fig. c);

d) uma *hipérbole* se π for paralelo ao eixo e (Fig. d);

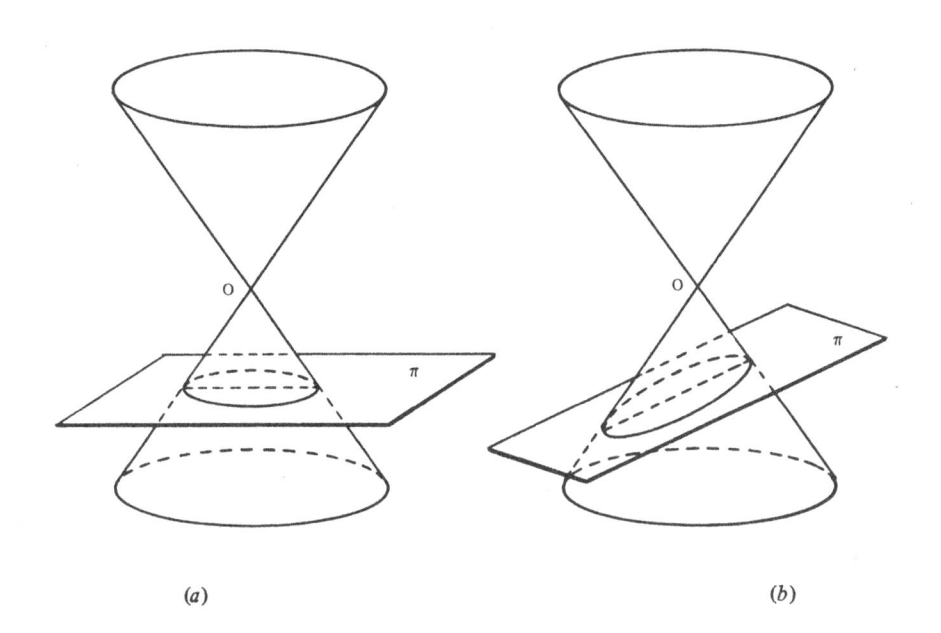

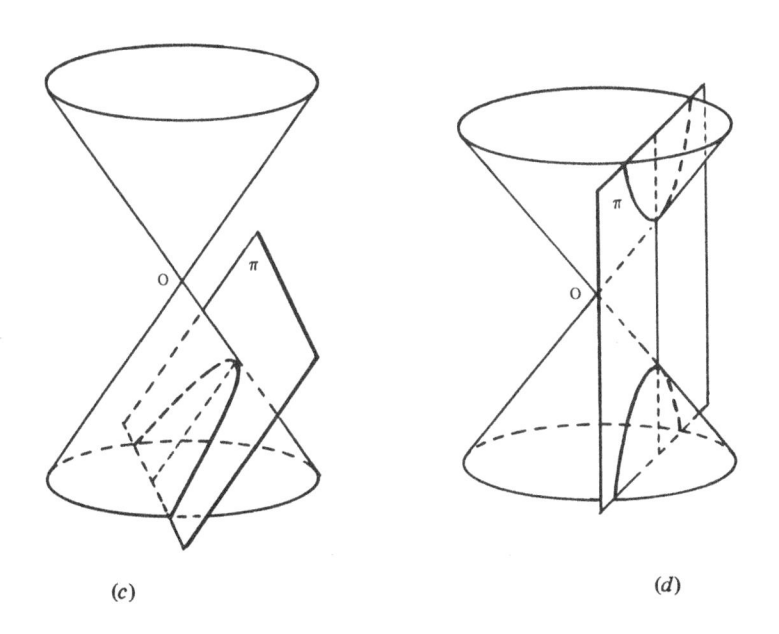

(a)

(b)

(c)

(d)

No caso de o plano π passar pelo vértice O, obtemos as cônicas degeneradas:

a) um *ponto* se π só tem o ponto O em comum com a superfície (Fig. e);

b) uma *reta* se π tangencia a superfície cônica (Fig. f);

c) duas *retas* se π forma com o eixo um ângulo menor do que este faz com a geratriz (Fig. g).

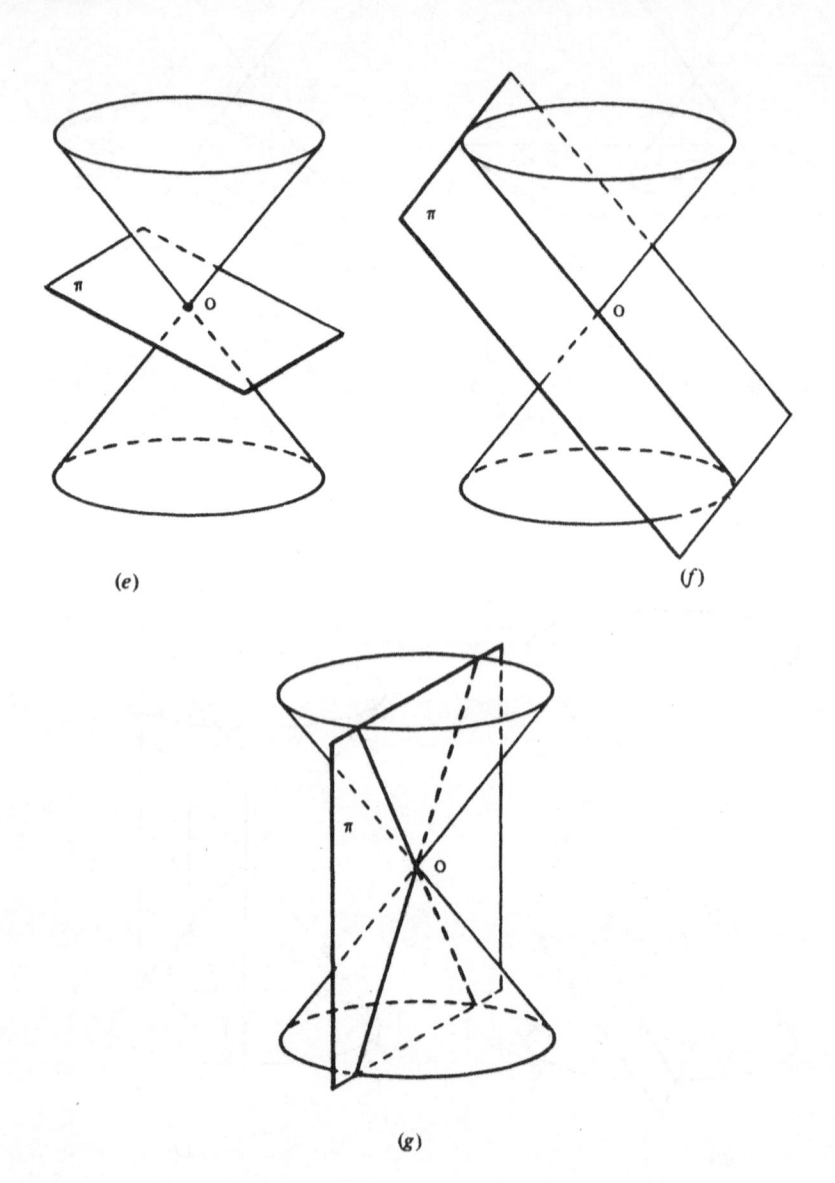

(e)

(f)

(g)

CAPÍTULO

8

SUPERFÍCIES QUÁDRICAS

8.1 Introdução

A equação geral do 2º grau nas três variáveis x, y e z:

$$ax^2 + by^2 + cz^2 + 2dxy + 2exz + 2fyz + mx + ny + pz + q = 0, \qquad (1)$$

onde pelo menos um dos coeficientes a, b, c, d, e ou f é diferente de zero, representa uma *superfície quádrica* ou simplesmente uma *quádrica*.

Observemos que se a superfície quádrica dada pela equação (1) for cortada pelos planos coordenados ou por planos paralelos a eles, a curva de interseção será uma *cônica*. A interseção de uma superfície com um plano é chamada *traço* da superfície no plano.

Por exemplo, o traço da superfície quádrica (1) no plano z = 0 é a cônica

$$ax^2 + by^2 + 2dxy + mx + ny + q = 0$$

contida no plano z = 0, isto é, no plano xOy.

Por outro lado, através de mudanças de coordenadas (rotação e/ou translação), a equação (1) pode ser transformada em uma das formas:

$$Ax^2 + By^2 + Cz^2 = D \qquad (2)$$

ou:

$$\begin{aligned} Ax^2 + By^2 + Rz &= 0 \\ Ax^2 + Ry + Cz^2 &= 0 \\ Rx + By^2 + Cz^2 &= 0 \end{aligned} \qquad (3)$$

onde a equação (2) representa uma quádrica *centrada* e as equações (3) quádricas *não centradas*.

Nosso objetivo é identificar e esboçar o gráfico de uma quádrica, conhecida sua equação.

8.2 Superfícies Quádricas Centradas

Se nenhum dos coeficientes da equação (2) for nulo, ela pode ser escrita sob uma das formas:

$$\pm \frac{x^2}{a^2} \pm \frac{y^2}{b^2} \pm \frac{z^2}{c^2} = 1 \qquad (4)$$

denominadas, qualquer delas, *forma canônica* ou *padrão* de uma superfície quádrica centrada.

As possíveis combinações de sinais nesta equação permitem concluir a existência de apenas três tipos de superfícies, conforme sejam três, dois ou um o número de coeficientes positivos dos termos do 1º membro da equação. Se os referidos coeficientes forem todos negativos, não existe lugar geométrico.

8.2.1 Elipsóide

O *elipsóide* é a superfície representada pela equação

$$\frac{x^2}{a^2} + \frac{y^2}{b^2} + \frac{z^2}{c^2} = 1 \qquad (5)$$

em que todos os coeficientes dos termos do 1º membro da equação (4) são positivos, onde a, b e c são reais positivos e representam as medidas dos semi-eixos do elipsóide (Fig. 8.2.1-a).

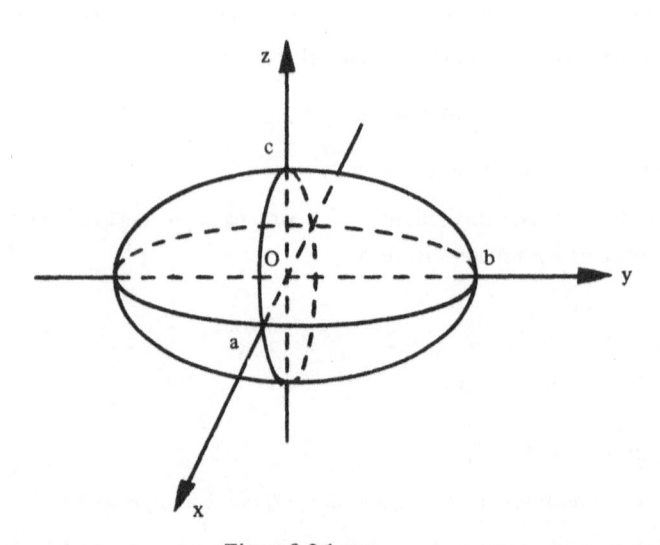

Figura 8.2.1-a

O traço no plano xOy é a elipse:

$$\frac{x^2}{a^2} + \frac{y^2}{b^2} = 1, \quad z = 0$$

e os traços nos planos xOz e yOz são as elipses:

$$\frac{x^2}{a^2} + \frac{z^2}{c^2} = 1, \quad y = 0 \quad e \quad \frac{y^2}{b^2} + \frac{z^2}{c^2} = 1, \quad x = 0, \text{ respectivamente.}$$

Se pelo menos dois dos valores a, b e c são iguais, o elipsóide é de *revolução*. Por exemplo, se a = c, o elipsóide é obtido girando a elipse

$$\frac{y^2}{b^2} + \frac{z^2}{c^2} = 1, \quad x = 0$$

do plano yOz em torno do eixo dos y. A Figura 8.2.1-b mostra o elipsóide de revolução:

$$\frac{x^2}{4} + \frac{y^2}{16} + \frac{z^2}{4} = 1$$

onde a = c = 2, que se obtém girando a elipse:

$$\frac{y^2}{16} + \frac{z^2}{4} = 1, \quad x = 0 \text{ em torno do eixo dos y.}$$

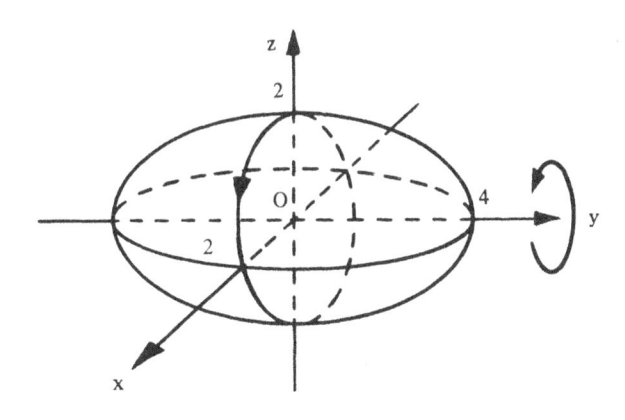

Figura 8.2.1-b

O traço no plano xOz é a circunferência:

$$\frac{x^2}{4} + \frac{z^2}{4} = 1, \quad y = 0.$$

No caso de $a = b = c$, a equação (5) toma a forma:

$$x^2 + y^2 + z^2 = a^2$$

e representa uma superfície esférica de centro $(0, 0, 0)$ e raio a.

Consideremos um plano paralelo ao plano xOy, isto é, um plano da forma $z = k$. Substituindo z por k na equação (5) vem:

$$\frac{x^2}{a^2} + \frac{y^2}{b^2} = 1 - \frac{k^2}{c^2}$$

Se $|k| < c$, $1 - \frac{k^2}{c^2} > 0$, e, portanto, o traço no plano $z = k$ é uma elipse. Se $|k| = c$, os planos $z = c$ e $z = -c$ tangenciam o elipsóide nos pontos $(0, 0, c)$ e $(0, 0, -c)$. Se $|k| > c$, $1 - \frac{k^2}{c^2} < 0$ e, conseqüentemente, não existe gráfico. Considerações análogas podem ser feitas relativamente aos planos paralelos aos planos xOz e yOz.

Se o centro do elipsóide é o ponto (h, k, ℓ) e seus eixos forem paralelos aos eixos coordenados, a equação (5) assume a forma:

$$\frac{(x-h)^2}{a^2} + \frac{(y-k)^2}{b^2} + \frac{(z-\ell)^2}{c^2} = 1$$

obtida através de uma translação de eixos.

Da mesma forma, a superfície esférica de centro (h, k, ℓ) e raio a, tem equação:

$$(x - h)^2 + (y - k)^2 + (z - \ell)^2 = a^2.$$

8.2.2 Hiperbolóide de Uma Folha

Se na equação (4) dois coeficientes dos termos do 1º membro são positivos e um é negativo, a equação representa um *hiperbolóide de uma folha*.

A equação

$$\frac{x^2}{a^2} + \frac{y^2}{b^2} - \frac{z^2}{c^2} = 1 \tag{6}$$

é uma forma canônica da equação do hiperbolóide de uma folha ao longo do eixo dos z (Fig. 8.2.2). As outras duas formas canônicas são:

$$\frac{x^2}{a^2} - \frac{y^2}{b^2} + \frac{z^2}{c^2} = 1 \quad \text{e} \quad -\frac{x^2}{a^2} + \frac{y^2}{b^2} + \frac{z^2}{c^2} = 1$$

e representam hiperbolóides de uma folha ao longo dos eixos Oy e Ox, respectivamente.

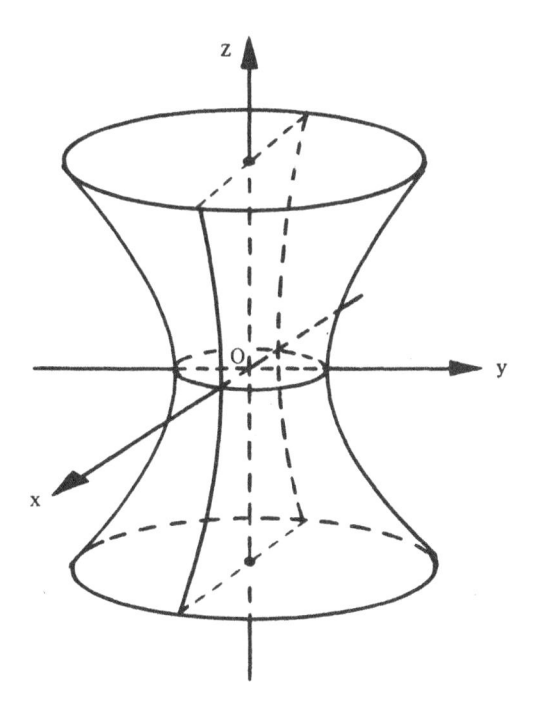

Figura 8.2.2

O traço no plano xOy em (6) é a elipse:

$$\frac{x^2}{a^2} + \frac{y^2}{b^2} = 1, \quad z = 0$$

e os traços nos planos xOz e yOz são as hipérboles:

$$\frac{x^2}{a^2} - \frac{z^2}{c^2} = 1, \quad y = 0$$

$$e \quad \frac{y^2}{b^2} - \frac{z^2}{c^2} = 1, \quad x = 0$$

respectivamente.

Um traço no plano $z = k$ é uma elipse que aumenta de tamanho à medida que o plano se afasta do plano xOy. Os traços nos planos $x = k$ $y = k$ são hipérboles.

Se na equação (6) tivermos $a = b$, o hiperbolóide é de revolução, gerado pela rotação de uma hipérbole em torno de seu eixo imaginário, no caso, o eixo Oz. O traço no plano xOy é a circunferência

$$\frac{x^2}{a^2} + \frac{y^2}{a^2} = 1, \quad z = 0$$

ou:

$$x^2 + y^2 = a^2, \quad z = 0.$$

8.2.3 Hiperbolóide de Duas Folhas

Se na equação (4) um coeficiente dos termos do 1º membro é positivo e dois são negativos, a equação representa um *hiperbolóide de duas folhas*.

A equação

$$-\frac{x^2}{a^2} + \frac{y^2}{b^2} - \frac{z^2}{c^2} = 1 \tag{7}$$

é uma forma canônica da equação do hiperbolóide de duas folhas ao longo do eixo dos y (Fig. 8.2.3). As outras duas formas canônicas são:

$$\frac{x^2}{a^2} - \frac{y^2}{b^2} - \frac{z^2}{c^2} = 1 \quad e \quad -\frac{x^2}{a^2} - \frac{y^2}{b^2} + \frac{z^2}{c^2} = 1$$

e representam hiperbolóides de duas folhas ao longo dos eixos Ox e Oz, respectivamente.

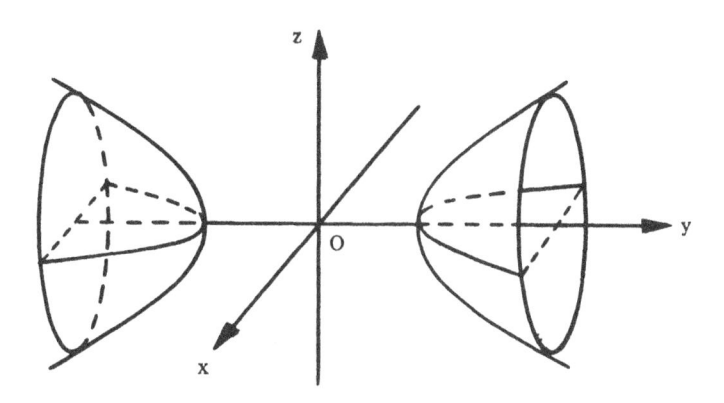

Figura 8.2.3

Os traços nos planos xOy e yOz em (7) são, respectivamente, as hipérboles:

$$\frac{y^2}{b^2} - \frac{x^2}{a^2} = 1, \quad z = 0$$

e:

$$\frac{y^2}{b^2} - \frac{z^2}{c^2} = 1, \quad x = 0$$

O plano xOz não intercepta a superfície, nem qualquer plano y = k, onde |k| < b.

Se |k| > b, o traço no plano y = k é a elipse:

$$\frac{x^2}{a^2} + \frac{z^2}{c^2} = \frac{k^2}{b^2} - 1, \; y = k$$

Os traços nos planos x = k e z = k são hipérboles.

Se na equação (7) tivermos a = c, o hiperbolóide é de revolução, gerado pela rotação de uma hipérbole em torno de seu eixo real. O traço no plano y = k, |k| > b, é a circunferência:

$$-\frac{x^2}{a^2} + \frac{k^2}{b^2} - \frac{z^2}{a^2} = 1, \quad y = k$$

ou:

$$\frac{x^2}{a^2} + \frac{z^2}{a^2} = \frac{k^2}{b^2} - 1, y = k$$

8.3 Superfícies Quádricas Não Centradas

Se nenhum dos coeficientes dos termos do 1º membro das equações (3) for nulo, elas podem ser escritas sob uma das formas:

$$\pm \frac{x^2}{a^2} \pm \frac{y^2}{b^2} = cz; \pm \frac{x^2}{a^2} \pm \frac{z^2}{c^2} = by; \pm \frac{y^2}{b^2} \pm \frac{z^2}{c^2} = ax \qquad (8)$$

denominadas, qualquer delas, *forma canônica* ou *padrão* de uma superfície quádrica não centrada.

As possíveis combinações de sinais nesta equação permitem concluir a existência de apenas dois tipos de superfícies, conforme os coeficientes dos termos de segundo grau tenham o mesmo sinal ou sinais contrários.

8.3.1 Parabolóide Elíptico

Se nas equações (8) os coeficientes dos termos de segundo grau tiverem sinais iguais, a equação representa um *parabolóide elíptico*.

A equação:

$$\frac{x^2}{a^2} + \frac{y^2}{b^2} = cz \qquad (9)$$

é uma forma canônica da equação do parabolóide elíptico ao longo do eixo dos z (Fig. 8.3.1). As outras duas formas canônicas são:

$$\frac{x^2}{a^2} + \frac{z^2}{c^2} = by \quad e \quad \frac{y^2}{b^2} + \frac{z^2}{c^2} = ax$$

e representam parabolóides elípticos ao longo dos eixos Oy e Ox, respectivamente.

O traço no plano xOy em (9) é a origem (0, 0, 0) e os traços nos planos xOz e yOz são as parábolas

$$\frac{x^2}{a^2} = cz, \ y = 0 \quad e \quad \frac{y^2}{b^2} = cz, \ x = 0,$$

respectivamente.

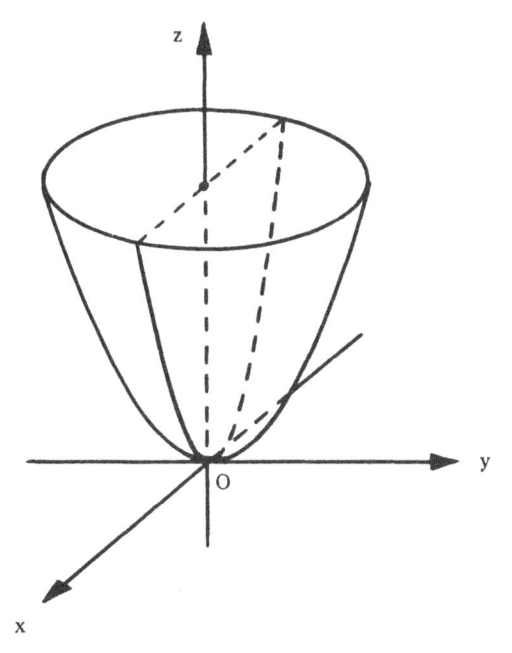

Figura 8.3.1

Se $c > 0$, a superfície situa-se inteiramente acima do plano xOy e, para $c < 0$, a superfície está inteiramente abaixo deste plano. Assim, o sinal de c coincide com o de z, pois caso contrário não haveria lugar geométrico.

Um traço no plano $z = k$, $k > 0$ (Fig. 8.3.1), é uma elipse que aumenta de tamanho à medida que o plano se afasta do plano xOy. Os traços nos planos $x = k$ e $y = k$ são parábolas.

Se na equação (9) tivermos $a = b$, o parabolóide é de revolução e pode ser gerado pela rotação da parábola:

$$\frac{y^2}{b^2} = cz, \quad x = 0$$

em torno do eixo dos z. Neste caso, o traço no plano $z = k$ é uma circunferência.

8.3.2 Parabolóide Hiperbólico

Se nas equações (8) os coeficientes dos termos de segundo grau tiverem sinais contrários, a equação representa um *parabolóide hiperbólico*.

A equação:

$$\frac{y^2}{b^2} - \frac{x^2}{a^2} = cz \tag{10}$$

é uma forma canônica da equação do parabolóide hiperbólico ao longo do eixo dos z (Fig. 8.3.2). As outras formas canônicas são

$$\frac{z^2}{c^2} - \frac{x^2}{a^2} = by \quad e \quad \frac{z^2}{c^2} - \frac{y^2}{b^2} = ax$$

e representam parabolóides hiperbólicos situados ao longo dos eixos Oy e Ox, respectivamente.

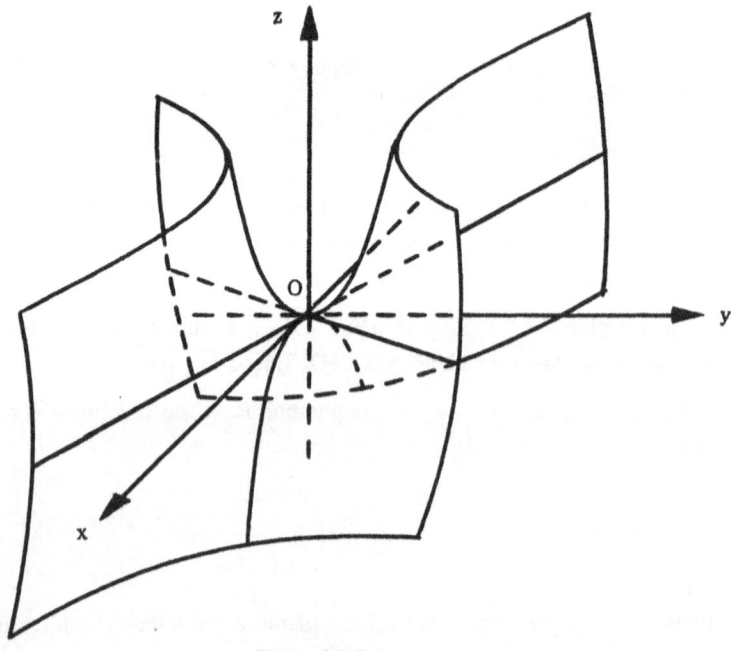

Figura 8.3.2

A figura mostra um esboço de um parabolóide hiperbólico descrito pela equação (10), onde $c > 0$.

O traço em (10) no plano xOy é o par de retas:

$$\frac{y^2}{b^2} - \frac{x^2}{a^2} = 0, \quad z = 0,$$

isto é: $\frac{y}{b} + \frac{x}{a} = 0$, $z = 0$ e $\frac{y}{b} - \frac{x}{a} = 0$, $z = 0$ e os traços nos planos xOz e yOz são as parábolas:

$$-\frac{x^2}{a^2} = cz, \quad y = 0 \quad e \quad \frac{y^2}{b^2} = cz, \quad x = 0$$

que têm o eixo dos z como eixo de simetria e concavidade para baixo e para cima, respectivamente.

O traço no plano $z = k$ é uma hipérbole cujo eixo real é paralelo ao eixo dos y se $k > 0$ e paralelo ao eixo dos x se $k < 0$. Os traços nos planos $x = k$ e $y = k$ são parábolas.

8.4 Superfície Cônica

Superfície cônica é uma superfície gerada por uma reta que se move apoiada numa curva plana qualquer e passando sempre por um ponto dado não situado no plano desta curva.

A reta é denominada *geratriz*, a curva plana é a *diretriz* e o ponto fixo dado é o *vértice* da superfície cônica.

Consideremos o caso particular da superfície cônica cuja diretriz é uma elipse (ou circunferência) com o vértice na origem do sistema e com seu eixo sendo um dos eixos coordenados. Nestas condições, a superfície cônica cujo eixo é o eixo dos z (Fig. 8.4) tem equação:

$$\frac{x^2}{a^2} + \frac{y^2}{b^2} - \frac{z^2}{c^2} = 0$$

O traço no plano xOy é o ponto $(0, 0, 0)$.

O traço no plano yOz tem equações:

$$\frac{y^2}{b^2} - \frac{z^2}{c^2} = 0, \quad x = 0$$

ou:

$$\left(\frac{y}{b} - \frac{z}{c}\right)\left(\frac{y}{b} + \frac{z}{c}\right) = 0, \quad x = 0$$

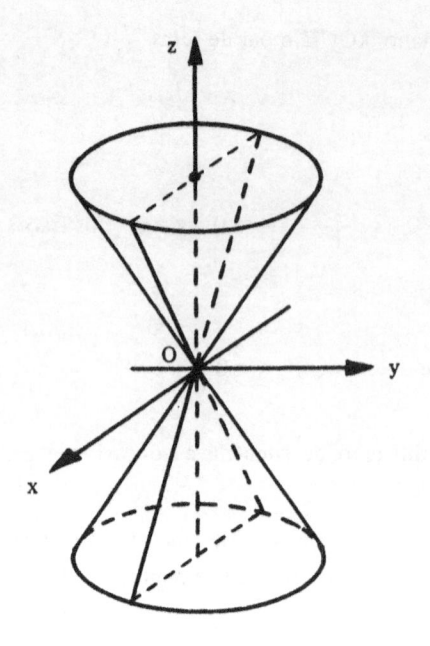

Figura 8.4

donde obtemos as duas retas que passam pela origem:

$$y = \frac{b}{c} z, \quad x = 0$$

e:

$$y = -\frac{b}{c} z, \quad x = 0$$

O traço no plano xOz, de forma análoga, é constituído por duas retas que passam pela origem.

Os traços nos planos $z = k$ são elipses e se $a = b$, são circunferências. Neste caso, temos a superfície cônica *circular reta*.

Os traços no plano $x = k$ e $y = k$ são hipérboles.

As superfícies cônicas cujos eixos são os eixos dos x e dos y, têm equações

$$-\frac{x^2}{a^2} + \frac{y^2}{b^2} + \frac{z^2}{c^2} = 0 \quad e \quad \frac{x^2}{a^2} - \frac{y^2}{b^2} + \frac{z^2}{c^2} = 0,$$

respectivamente.

8.5 Superfície Cilíndrica

Seja C uma curva plana e f uma reta fixa não contida nesse plano.

Superfície cilíndrica é a superfície gerada por uma reta r que se move paralelamente à reta fixa f em contato permanente com a curva plana C.

A reta r que se move é denominada *geratriz* e a curva C é a *diretriz* da superfície cilíndrica (Fig. 8.5-a).

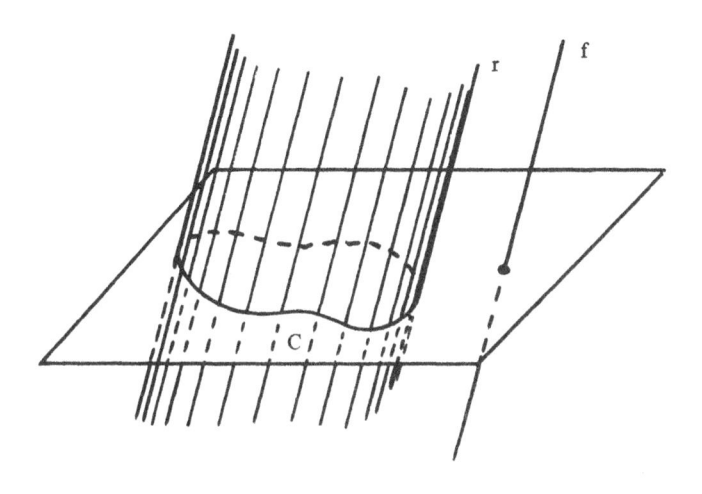

Figura 8.5-a

Em nosso estudo consideramos apenas superfícies cilíndricas cuja diretriz é uma curva que se encontra num dos planos coordenados e a geratriz é uma reta paralela ao eixo coordenado não contido no plano. Neste caso, a equação da superfície cilíndrica é a mesma de sua diretriz.

Por exemplo, se a diretriz for a parábola:

$$x^2 = 2y,$$

a equação da superfície cilíndrica também será:

$$x^2 = 2y \quad \text{(Fig. 8.5-b)}.$$

Conforme a diretriz seja uma circunferência, elipse, hipérbole ou parábola, a superfície cilíndrica é chamada *circular, elíptica, hiperbólica* ou *parabólica*.

Figura 8.5-b

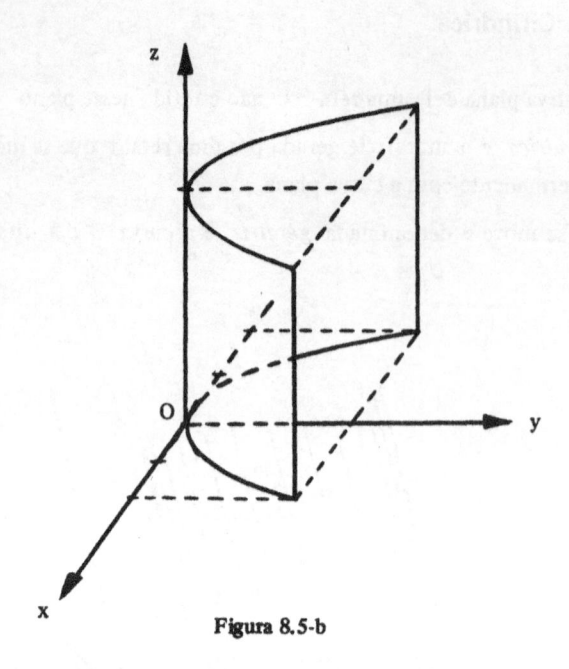

É importante observar que, em geral, o gráfico de uma equação que não contém uma determinada variável corresponde a uma superfície cilíndrica cujas geratrizes são paralelas ao eixo da variável ausente e cuja diretriz é o gráfico da equação dada no plano correspondente.

Por exemplo, a equação

$$\frac{x^2}{4} + \frac{z^2}{9} = 1$$

representa uma superfície cilíndrica com geratrizes paralelas ao eixo dos y, sendo a diretriz uma elipse no plano xOz (Fig. 8.5-c).

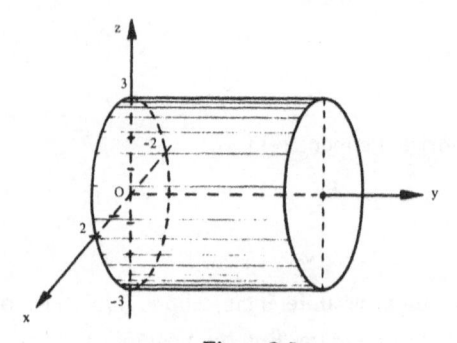

Figura 8.5-c

Observação

O gráfico da equação geral $ax^2 + by^2 + cz^2 + 2dxy + 2exz + 2fyz + mx + ny + pz + q = 0$ poderá representar quádricas degeneradas. Alguns exemplos são:

a) $x^2 - 16 = 0$; dois planos paralelos: $x = 4$ e $x = -4$.

b) $3y^2 = 0$; um plano: o plano $y = 0$.

c) $x^2 + 2y^2 = 0$; uma reta: o eixo dos z.

d) $2x^2 + 4y^2 + 5z^2 = 0$; um ponto: a origem $(0, 0, 0)$.

e) $3x^2 + 2y^2 + z^2 = -3$; o conjunto vazio.

8.6 Problemas Propostos

1) Identificar as quádricas representadas pelas equações:

   a) $x^2 + y^2 + z^2 = 25$

   b) $2x^2 + 4y^2 + z^2 - 16 = 0$

   c) $x^2 - 4y^2 + 2z^2 = 8$

   d) $z^2 - 4x^2 - 4y^2 = 4$

   e) $x^2 + z^2 - 4y = 0$

   f) $x^2 + y^2 + 4z = 0$

   g) $4x^2 - y^2 = z$

   h) $z^2 = x^2 + y^2$

   i) $z = x^2 + y^2$

   j) $x^2 + y^2 = 9$

   l) $y^2 = 4z$

   m) $x^2 - 4y^2 = 16$

   n) $4y^2 + z^2 - 4x = 0$

   o) $-x^2 + 4y^2 + z^2 = 0$

   p) $16x^2 + 9y^2 - z^2 = 144$

   q) $16x^2 - 9y^2 - z^2 = 144$

   r) $2y^2 + 3z^2 - x^2 = 0$

   s) $4x^2 + 9y^2 = 36z$

2) Reduzir cada uma das equações à forma canônica, identificar e construir o gráfico da quádrica que ela representa.

   a) $9x^2 + 4y^2 + 36z^2 = 36$

   b) $36x^2 + 9y^2 - 4z^2 = 36$

   c) $36x^2 - 9y^2 - 4z^2 = 36$

   d) $x^2 + y^2 + z^2 = 36$

   e) $x^2 + y^2 - 9z = 0$

   f) $x^2 + 4z^2 - 8y = 0$

   g) $4x^2 - 9y^2 - 36z = 0$

   h) $x^2 + 4y^2 - z^2 = 0$

   i) $x^2 - y^2 + 2z^2 = 4$

   j) $y^2 = x^2 + z^2$

   l) $4x^2 + 2y^2 + z^2 = 1$

   m) $x^2 + y + z^2 = 0$

   n) $x^2 - 9y^2 = 9$

   o) $x^2 - 4y^2 = 0$

3) Representar graficamente as seguintes superfícies cilíndricas:

a) $y = 4 - x^2$

b) $\dfrac{x^2}{4} + \dfrac{z^2}{9} = 1$

c) $x^2 + 4y^2 = 16$

d) $x^2 - 4y^2 = 16$ e $-3 \leqslant z \leqslant 3$

e) $x^2 + y^2 = 9$ e $0 \leqslant z \leqslant 4$

f) $z^2 = 4y$

g) $z = y^2 + 2$

h) $x - y = 0$

4) Determinar a equação de cada uma das superfícies esféricas definidas pelas seguintes condições:

a) Centro $C(2, -3, 1)$ e raio 4.

b) O segmento de extremos $A(-1, 3, -5)$ e $B(5, -1, -3)$ é um de seus diâmetros.

c) Centro $C(4, -1, -2)$ e tangente ao plano xOy.

d) Centro $C(-2, 3, 4)$ e tangente ao eixo dos z.

e) Centro $C(0, -4, 3)$ e tangente ao plano de equação: $x + 2y - 2z - 2 = 0$.

8.6.1 Respostas de Problemas Propostos

1) a) Superfície esférica

b) Elipsóide

c) Hiperbolóide de uma folha

d) Hiperbolóide de duas folhas

e) Parabolóide circular

f) Parabolóide circular

g) Parabolóide hiperbólico

h) Superfície cônica circular

i) Parabolóide circular

j) Superfície cilíndrica circular

l) Superfície cilíndrica parabólica

m) Superfície cilíndrica hiperbólica

n) Paraboloide elíptico

o) Superfície cônica elíptica

p) Hiperbolóide de uma folha

q) Hiperbolóide de duas folhas

r) Superfície cônica elíptica

s) Paraboloide elíptico

2) *a*) $\dfrac{x^2}{4} + \dfrac{y^2}{9} + \dfrac{z^2}{1} = 1$, elipsóide

b) $\dfrac{x^2}{1} + \dfrac{y^2}{4} - \dfrac{z^2}{9} = 1$, hiperbolóide de uma folha

c) $\dfrac{x^2}{1} - \dfrac{y^2}{4} - \dfrac{z^2}{9} = 1$, hiperbolóide de duas folhas

d) $\dfrac{x^2}{36} + \dfrac{y^2}{36} + \dfrac{z^2}{36} = 1$, superfície esférica de raio 6

e) $\dfrac{x^2}{1} + \dfrac{y^2}{1} = 9z$, paraboloide circular

f) $\dfrac{x^2}{4} + \dfrac{z^2}{1} = 2y$, paraboloide elíptico

g) $\dfrac{x^2}{9} - \dfrac{y^2}{4} = z$, paraboloide hiperbólico

h) $\dfrac{x^2}{4} + \dfrac{y^2}{1} - \dfrac{z^2}{4} = 0$, superfície cônica

i) $\dfrac{x^2}{4} - \dfrac{y^2}{4} + \dfrac{z^2}{2} = 1$, hiperbolóide de uma folha

j) $\dfrac{x^2}{1} + \dfrac{z^2}{1} - \dfrac{y^2}{1} = 0$, superfície cônica

l) $\dfrac{x^2}{\frac{1}{4}} + \dfrac{y^2}{\frac{1}{2}} + \dfrac{z^2}{1} = 1$, elipsóide

m) $\dfrac{x^2}{1} + \dfrac{z^2}{1} = -y$, paraboloide circular

n) $\dfrac{x^2}{9} - \dfrac{y^2}{1} = 1$, superfície cilíndrica hiperbólica

o) dois planos: x = 2y e x = -2y

4)   a) $x^2 + y^2 + z^2 - 4x + 6y - 2z - 2 = 0$

       b) $x^2 + y^2 + z^2 - 4x - 2y + 8z + 7 = 0$

       c) $x^2 + y^2 + z^2 - 8x + 2y + 4z + 17 = 0$

       d) $x^2 + y^2 + z^2 + 4x - 6y - 8z + 16 = 0$

       e) $9x^2 + 9y^2 + 9z^2 + 72y - 54z - 31 = 0$